Antonie Klotz,
Hans G. Linder,
Brigitte Wallstabe-Watermann

Geldanlage für Mutige

Inhaltsverzeichnis

- 4 **Was wollen Sie wissen?**

- 9 **Mut zahlt sich aus**
- 10 Was es bedeutet, Mut bei der Geldanlage zu beweisen
- 12 Mutige Anleger handeln rational
- 16 Stufe für Stufe zum Vermögen

- 21 **Bausteine für mutige Anleger**
- 22 Geldwertanlagen versus Sachwertanlagen
- 24 Zinspapiere – das Sicherheitsnetz fürs Depot
- 29 Aktien – Firmenbeteiligungen mit hohem Ertragspotenzial
- 37 Investmentfonds – Sparen für jeden Geldbeutel
- 39 ETF – einfach in einen Börsenindex investieren
- 42 Das Basisportfolio für ein breit gestreutes Depot
- 48 Nachhaltig anlegen – saubere Renditen erzielen
- 50 Depoterweiterungen für Fortgeschrittene

- 59 **Renditekick mit Aktienstrategien**
- 60 Das richtige Handwerkszeug für die Auswahl der Aktien
- 69 Interessante Anlagestrategien für jedermann

- 85 **Für ganz Mutige**
- 86 Rohstoffe – Gewinnchancen dank knapper Ressourcen
- 88 Währungen – mit Dollar, Yen und Pfund Gewinne einfahren
- 91 Zertifikate – Möglichkeiten für jede Markterwartung
- 98 Hebelpapiere sorgen für Dynamik
- 107 Was eignet sich wann?
- 110 Social Trading – (Heiße) Infos von und für Tippgeber

- 113 **Abseits regulierter Börsen**
- 116 Im Fokus: Contracts for Difference (CFD)
- 119 Im Check: Bitcoin, Ether & Co – Kryptowährungen und Token
- 125 Im Trend: Crowdinvesting
- 129 Vermeintliche Steuerwunder: Geschlossene Fonds (AIF)
- 132 Nicht verwechseln: Genüsse und Genossenschaftsanteile

98
Optionen kaufen
Mit Calls und Puts auf Kursverläufe setzen

69
Strategien nutzen: Kriterien für die Aktienauswahl

48
Nachhaltig anlegen:
Rendite mit gutem
Gewissen

Risiken erkennen:
Kryptowährungen
verstehen

119

161
Richtig entscheiden:
goldene Regeln für
Anleger

149
Depot absichern:
Stoppkurse nutzen

135 Praxis: Pläne clever umsetzen
136 Filialbank oder Onlinebroker – wo bin ich besser aufgehoben?
141 Robo-Advisor: computergestützte Geldanlage
144 Richtig handeln an der Börse
149 Das Depot gezielt anpassen und absichern
154 Geldanlagen richtig versteuern

161 Goldene Regeln für Anleger
162 Das Geheimnis des Erfolgs

170 Hilfe
170 Fachbegriffe erklärt
181 Die günstigsten Depotanbieter auf einen Blick
182 Diese ETF sind 1. Wahl
186 Anlagestrategien mit ETF nachbilden
188 Stichwortverzeichnis

Was wollen Sie wissen?

Fonds, ETF, Anleihen, Aktien? Das sind keine Fremdwörter für Sie, doch richtig herangetraut haben Sie sich noch nicht? Oder Sie haben schon Erfahrungen, aber möchten mehr wissen, zum Beispiel, wie Sie Ihr Depot sinnvoll ergänzen können? Dann haben Sie mit diesem Buch einen guten Griff getan. Hier erfahren Sie alles Wichtige rund um die Geldanlage, vorausgesetzt, Sie bringen etwas Mut mit.

> **Was bedeutet „Mut" in der Geldanlage?**

Beim Begriff „Mut" denkt mancher von Ihnen vielleicht an seine Kindheit zurück: als Sie sich zum ersten Mal getraut haben, allein in den dunklen Keller zu gehen oder allein die dreistündige Zugfahrt zu den Großeltern anzutreten. Vielleicht erinnern Sie sich auch daran, wie stolz Sie waren, als Sie Ihr Unbehagen erfolgreich überwunden hatten. Ähnlich wird es Ihnen auch ergehen, wenn Sie sich überwinden, künftig ein wenig mehr Mut bei der Geldanlage aufzubringen und zum Beispiel Ihr Geld gezielt an der Börse zu investieren. Sie werden sehen: Wenn Sie bestimmte Regeln beachten, Durchhaltevermögen mitbringen und sich nicht beirren lassen, falls der Wert Ihrer Geldanlagen zwischenzeitlich auch mal sinkt, dann können Sie auf längere Sicht deutlich höhere Erträge erzielen als derzeit. Wie man das macht, worauf man dabei achten muss und was man besser lässt, all das erfahren Sie in diesem Buch.

Welche Anlageformen verlangen überhaupt Mut?

Wer sein Geld in börsengehandelte Anlagen investiert, allen voran Aktien, Aktienfonds oder -ETF, muss ein gewisses Maß an Mut aufbringen, um Kursschwankungen ertragen zu können. Zum Ausgleich winken allerdings langfristig deutlich höhere Renditechancen. Da die minimalen Zinsen von sicheren Anlagen wie Sparbuch, Tages- und Festgeld für einen schleichenden Schwund des Vermögens sorgen, ist es aber auch rational, in renditeträchtige Anlagen wie Aktien zu investieren. Es gibt natürlich noch andere Anlageformen, die erheblich mehr Mut, aber auch sehr detaillierte Kenntnisse erfordern, weil die Risiken noch größer sind. Von manchen Anlagen müssen wir auch komplett abraten. Dazu erfahren Sie das Wichtigste in diesem Buch (siehe Kapitel ab Seite 85 und Seite 113) – auch, um Sie davor zu warnen, allzu forsch bei der Geldanlage vorzugehen. Das wäre nämlich tollkühn und nicht mutig.

Welche Anlagestrategien haben sich für Privatanleger bewährt?

Es gibt in der Tat Strategien, die sich seit Jahrzehnten bewährt haben und auch von Privatanlegern ohne großen Aufwand genutzt werden können. Das A und O besteht in einer breiten Streuung der Anlagerisiken über viele Regionen, Länder und Branchen hinweg. Interessant ist auch das Investment in Substanzwerte, die als unterbewertet gelten, oder in Unternehmen, die dauerhaft attraktive Dividenden zahlen. Daneben gibt es weitere Strategien, die wir Ihnen ab Seite 59 präsentieren. Dort erhalten Sie auch das nötige Rüstzeug, um diese Unternehmen ausfindig zu machen. Und Sie erfahren auch, wie Sie kostengünstig mit ETF und Fonds von diesen Strategien profitieren.

Welche Möglichkeiten gibt es, die Risiken zu verringern?

Die wichtigste Grundregel einer langfristigen Geldanlage besteht darin, die Risiken breit zu streuen. Mit Aktienfonds oder -ETF lassen sich auch kleinere Beträge auf eine Vielzahl von Investments verteilen. Wenn einzelne Werte einmal nicht so gut laufen, wird das durch andere auf lange Sicht in der Regel mehr als ausgeglichen. Und: Ein guter Mix Ihrer Geldanlagen ist ganz zentral. Dabei Mut aufzubringen heißt aber nicht, dass Sie Ihr gesamtes verfügbares Kapital an die Börse tragen sollen – ganz im Gegenteil! Wie man sein Geld sinnvoll auf die wichtigsten Anlageklassen aufteilt, erfahren Sie ab Seite 42.

Viele reden von Bitcoins – taugen die zur langfristigen Geldanlage?

Für eine solide langfristige Geldanlage eignen sich Kryptowährungen wie Bitcoin oder Ether nicht! Die einzelnen Bausteine der Vermögensanlage müssen ein stabiles Fundament vorweisen, das fehlt den Kryptowährungen. Sie sind zwar populär und seit 2009 auf dem Markt, aber – mit Ausnahme von El Salvador – weltweit nicht als gesetzliche Zahlungsmittel anerkannt. Einzelne Länder arbeiten an neuen Regularien, während andere – zum Beispiel China – Transaktionen in Kryptowährungen komplett verboten haben. Wenn Sie trotz dieser Risiken dennoch Bitcoins kaufen wollen, sollten Sie das als heiße Spekulation betrachten und Ihren Kapitaleinsatz strikt begrenzen! Denn das Risiko ist sehr hoch, Kryptowährungen schwanken extrem stark und werden öfters mal von Cyberkriminellen gestohlen. Mehr über Kryptowährungen und wie man sich vor Diebstahl schützt, erfahren Sie in „Abseits regulierter Börsen" ab Seite 113.

Ein Freund von mir bekommt angeblich noch 8 Prozent Zinsen auf eine sichere Anlage. Wie kann das sein?

Alle Alarmglocken sollten schrillen, wenn Sie so etwas hören oder gar ein Produktverkäufer bei Ihnen anruft, um Ihnen eine solche „Geldanlage" schmackhaft zu machen. Bei Geldanlagen gibt es eine eherne Gesetzmäßigkeit: Höhere Renditen winken nur als Ausgleich für ein höheres Risiko. Bei Geldanlagen, die angeblich 100 Prozent sicher sind, aber deutlich mehr Ertrag bringen sollen als andere Investments, handelt es sich mit hoher Wahrscheinlichkeit um dubiose Angebote, um die man besser einen weiten Bogen macht. Zu groß ist die Gefahr, dass Sie Ihr Geld nicht wiedersehen. Wie Sie unseriöse Geldanlagen besser erkennen, erfahren Sie auf den Seiten 114/115 und 166.

Mein Bankberater hat mir Zertifikate empfohlen. Sind die nicht besonders riskant?

Jein. Zertifikate bergen zwei ganz unterschiedliche Risiken: Zum einen hängt die Rückzahlung maßgeblich von der Entwicklung einer Aktie oder eines anderen Wertes ab, und während der Laufzeit beeinflussen auch die Zinsentwicklung, die Höhe der Dividenden oder die von den Marktteilnehmern erwarteten Schwankungen die Kurse von Zertifikaten. Zum anderen sind Zertifikate Anleihen einer Bank, weshalb im Fall einer Pleite der Bank Verluste drohen (siehe Seite 91). Ganz abgesehen von diesen Risiken sollten Sie aber im Hinterkopf behalten, dass in der Regel für alle Papiere, die am Bankschalter angeboten werden, Vertriebsgebühren anfallen. Jedes Prozent, das der Bankberater an Vertriebsprovision kassiert, entgeht Ihnen als Ertrag. Die Bankberater sind im Übrigen verpflichtet, Ihnen genau Auskunft über die Höhe der Gebühren zu geben.

Mut zahlt sich aus

Mit Zins- und Versicherungsprodukten lassen sich nur schwer akzeptable Erträge erwirtschaften. Doch wer etwas Mut aufbringt und sich an risikoreichere Geldanlagen wie Aktien wagt, hat die Chance auf attraktive Renditen.

Sind Sie eine mutige Anlegerin oder ein mutiger Anleger? Mit großer Wahrscheinlichkeit ja – oder Sie haben zumindest fest vor, in Zukunft beim Geldanlegen mehr als bisher zu wagen. Sonst hätten Sie sich dieses Buch nicht gekauft. Es würde Sie wohl auch kaum interessieren, wie sehr es sich auszahlen kann, wenn Sie sich Gedanken über Finanzprodukte machen, die nach landläufiger Meinung nur für mutige Anleger geeignet sind. Denn Sie ahnen schon, dass bei der Geldanlage das Sprichwort gilt: „Wer nicht wagt, der nicht gewinnt." Viel mehr als in „normalen" Zeiten zeigt es sich in der Niedrig- und Negativzinsphase, dass nur mutige Anleger dauerhaft attraktive Erträge erwirtschaften können. In den zehn Jahren bis Ende September 2021 haben die Weltaktienmärkte im Schnitt 14 Prozent Rendite pro Jahr gebracht, der Dax mit den großen deutschen Aktien immerhin knapp 11 Prozent. Und das trotz zwischenzeitlich gravierender Kurseinbrüche – in der Euro-Krise 2011/2012 und beim Corona-Crash 2020. Vermögen, das in Bankeinlagen & Co. angelegt war, hat dagegen bestenfalls geringfügig zugenommen. Seit den 1970er-Jahren haben Aktienmärkte im Schnitt 7–8 Prozent pro Jahr zugelegt. Langfristig in Aktien und Ähnlichem anzulegen ist nicht nur mutig, sondern auch rational. Grund genug, sich näher mit der Börse zu beschäftigen!

Was es bedeutet, Mut bei der Geldanlage zu beweisen

Die meisten Deutschen haben eine oft unbegründete Furcht vor jeder Art von Verlustrisiko bei der Geldanlage und lassen sich Renditechancen entgehen. Doch was heißt eigentlich Mut?

Der amerikanische Schriftsteller Mark Twain hat es vor mehr als 100 Jahren treffend so beschrieben: „Mut ist Widerstand gegen die Angst, Sieg über die Angst, aber nicht Abwesenheit von Angst." In der Geldanlage bedeutet Mut etwa, die Angst vor Anlageformen wie Aktien zu überwinden, die das Risiko von Einbußen – vorübergehenden oder endgültigen – bergen, aber erwiesenermaßen langfristig deutlich höhere Renditechancen aufweisen als „sichere" Anlagen.

Viele sehen nur die möglichen Gefahren von Aktien, Rohstoffen, Devisen, Unternehmensanleihen und anderen Risikoinvestments, aber nicht die Chancen. Ihr Geld legen sie daher am liebsten in Sparformen an, mit denen sie zwar nur geringe Erträge erwirtschaften, sich vor Einbußen jedoch geschützt fühlen: Spar- und Termineinlagen, Staatsanleihen und Kapitallebensversicherungen halten sie für risikolos. Tatsächlich gehen Anleger dadurch, dass sie sich überwiegend auf sichere Sparformen konzentrieren, allerdings viel mehr Risiko ein, als sie denken.

Viele Anleger unterschätzen das Inflationsrisiko
Warum ist das so? Weil es eine „unsichtbare" Gefahr gibt, welche die Ersparnisse sozusagen schleichend auszehren kann, die viele Anleger aber nicht auf der Rechnung haben. Die Rede ist vom Inflationsrisiko. Die meisten Zinssparer erleiden zwar auf dem Papier keine Verluste, aber die Erträge liegen seit einiger Zeit unterhalb der Inflationsrate. Das bedeutet, dass die Kaufkraft ihrer Ersparnisse mit der Zeit abnimmt.

Das Inflationsrisiko ist zwar kurzfristig viel weniger augenfällig als das Risiko starker Kursschwankungen bei Wertpapieren, aber gerade deshalb bedeutsam. Entscheidend für den langfristigen Anlageerfolg ist nämlich die reale Rendite. Sie wird vereinfacht berechnet, indem vom Ertrag eines Jahres die Inflationsrate abgezogen wird. Bei 3 Prozent Rendite und 2 Prozent Anstieg der Lebenshaltungskosten beträgt die reale Rendite also nur 1 Prozent. In den vergangenen Jahren war die reale Rendite jedoch meistens negativ, was zu einem Kaufkraftverlust für Zins-Sparer führt.

Wie massiv sich dieser auswirkt, zeigt ein Rechenbeispiel: Fast ein Drittel – gut 2,3 Billionen Euro – des gesamten Geldvermögens der Deutschen von rund sieben Billionen Euro lagerte im Mai 2021 auf Tagesgeldkonten mit minus 0,01 Prozent Durchschnittszins und auf Sparbüchern mit 0,09 Prozent. Die Bundesbank schätzte im Juni die durchschnittliche Inflationsrate für 2021 auf 2,6 Prozent. Das würde eine reale Verzinsung von weniger als minus 2,5 Prozent bedeuten, die Kaufkraft von 1000 Euro würde also bis Ende 2021 auf rund 975 Euro schrumpfen. Sollte die Realverzinsung in Deutschland in den kommenden fünf Jahren im Schnitt bei minus 2,5 Prozent verharren, würden die 1000 Euro dann nur noch rund 881 Euro Kaufkraft aufweisen. Das entspricht einem Verlust von fast 12 Prozent des Vermögens, gemessen an der Kaufkraft.

Dass mögliche Einbußen auch bei Ihnen Ängste auslösen, ist nur natürlich. Das beste Mittel dagegen ist Wissen – nämlich das Basiswissen, wie Finanz- und Anlagemärkte funktionieren, und die Kenntnis, dass es bewährte, wissenschaftlich untersuchte Möglichkeiten gibt, Risiken zu begrenzen und dennoch attraktive Renditen zu erzielen.

Was Sie in diesem Buch erfahren

Vermutlich wissen Sie als mutiger Anleger bereits einiges über Kapitalanlagen. Wir wollen Ihre Kenntnisse auffrischen, vertiefen und erweitern. In diesem Buch geht es unter anderem darum,

- wie viel Risiko Sie und Ihre Familie bei der Geldanlage „vertragen",
- welche Investments aus der reichhaltigen Palette rentabler Anlageformen für Ihre persönlichen Ziele und Zwecke besonders geeignet sind und
- wie Sie Risiken durch planvolles, strategisches Vorgehen deutlich reduzieren können – vor allem, indem Sie Ihre Ersparnisse breit streuen.

Dazu geben wir Ihnen einen umfassenden Überblick über die wichtigsten Anlageklassen Aktien, Anleihen, Fonds, ETF et cetera und benennen ganz klar ihre Vor- und Nachteile, ihre Besonderheiten sowie die Einsatzmöglichkeiten.

Wir stellen Ihnen defensive Alternativen zu den mager verzinsten Tages- und Festgeldkonten vor, aber auch hochspekulative Anlagen wie Hebelprodukte, Kryptowährungen (Bitcoin & Co) oder Crowdinvesting – nicht ohne ihre teils enormen Risiken aufzuzeigen. Und wir erklären Ihnen, was hinter Strategien wie der technischen Wertpapieranalyse steckt und ob sie als Entscheidungshilfe taugen, um das Chance-Risiko-Verhältnis Ihrer Geldanlagen zu verbessern. Wir zeigen auf, dass mutig und rational anzulegen kein Hexenwerk ist. Sie können beim Lesen dieses Buches Schritt für Schritt vorgehen und auch einzelne Kapitel, die Sie weniger interessieren, überspringen. Auf jeden Fall wünschen wir Ihnen dabei Vergnügen und Wissenszuwachs.

Mutige Anleger handeln rational

Wer seine Investments gezielt streut und längerfristig anlegt, kann seine Risiken deutlich reduzieren und gleichzeitig seine Ertragschancen verbessern.

Sie wollen mehr aus Ihrem Geld machen, aber nicht zocken? Ein kluger Ansatz, bei dem Sie aber auch ein Risiko eingehen. In der Finanzwelt gibt es verschiedene Arten von Risiken – in der Regel ist mit diesem Begriff die Gefahr gemeint, dass Sie, wenn Sie Ihre Ersparnisse benötigen, weniger Geld herausbekommen, als Sie eingezahlt haben. Sie würden also einen Verlust erleiden. Das kann Ihnen bei Aktien ebenso passieren wie bei Gold, Unternehmensanleihen, Zertifikaten oder Kryptowährungen. Bei „sicheren" Anlageformen sind Sie davor gefeit – denn wenn Sie Geld aufs Sparbuch oder auf ein Tagesgeldkonto gelegt haben, bekommen Sie den vollen angesparten Betrag zurück. Das gilt zumindest, wenn Ihr Geldinstitut keine Negativzinsen oder Verwahrentgelte berechnet. Sollte die Bank pleitegehen, schützt Sie die gesetzliche Einlagensicherung vor Verlusten (siehe Kasten „Gesetzliche Einlagensicherung" unten). Und die Zinshöhe kennen Sie im Voraus, da der Zinssatz in der Regel für eine gewisse Zeit festgelegt ist. Auch bei einer klassischen Kapitallebensversicherung können Sie sich sicher sein, dass Sie im Normalfall zumindest den Sparanteil Ihrer Versicherungsbeiträge plus den sogenannten Garantiezins bekommen. Der fällt allerdings für Verträge,

---

Gesetzliche Einlagensicherung Bankkunden in Deutschland haben seit Mitte 2015 einen Rechtsanspruch auf Entschädigung ihrer Einlagen bis 100 000 Euro; für Paare mit Gemeinschaftskonto gelten 200 000 Euro. Dazu zählen Guthaben auf Giro-, Spar-, Tages- und Termingeldkonten. Wer wegen eines besonderen Lebensereignisses kurzzeitig mehr Geld auf dem Konto hat, genießt im Pleitefall der Bank noch höheren Schutz – maximal 500 000 Euro bis sechs Monate nach Einzahlung.

die ab 2022 abgeschlossen werden, mit 0,25 Prozent pro Jahr ausgesprochen mager aus.

Im Gegensatz dazu ist die Höhe der Erträge von Geldanlagen unsicher, die an Börsen oder anderen Finanzplätzen laufend gehandelt werden, bei denen also für jedes Geschäft ein Kurs ermittelt wird. Niemand kann exakt voraussagen, welchen Kurs die Aktie A in einer Minute, einem Monat, einem Jahr oder einem Jahrzehnt haben wird. Und niemand kann genau prognostizieren, wie hoch die künftig den Anlegern zufließenden Ausschüttungen bei Aktien, Investmentfonds oder ETF sein werden. Mit Aktien und anderen Wertpapieren, mit Gold oder Währungsanlagen können die laufenden Erträge deshalb ebenso wenig genau geplant werden wie die Höhe des Vermögens, das durch Wertzuwächse oder -verluste nach einer bestimmten Zeit erreicht wird.

→ **Die rechtliche Konstruktion der Geldanlagen**

Ein wichtiger Unterschied zwischen Zinsanlagen und Aktien liegt in ihrer rechtlichen Konstruktion. Bankeinlagen und Anleihen sind Gläubigerpapiere. Das bedeutet, Anleger räumen der Bank oder dem Emittenten, sprich dem Herausgeber der Wertpapiere, de facto einen Kredit ein, denn sie stellen ihnen damit Kapital zur Verfügung. Bei Anleihen erwerben Anleger das Recht auf Rückzahlung zuzüglich der vereinbarten Zinsen. Diese Einnahmen sind planbar und sicher – solange der Emittent nicht in Zahlungsschwierigkeiten gerät oder pleitegeht. Zwischenzeitlich kann es Kursverluste geben, wenn die Zinsen steigen. Anleger, die ihre Papiere aber bis zur Fälligkeit halten, erhalten ihr Geld am Laufzeitende zurück.

Aktien dagegen sind Teilhaberpapiere, der Aktionär ist also Miteigentümer des Unternehmens. Seine Erträge, sowohl Dividenden als auch der Kurs beim Verkauf der Aktien, sind vom Wohl und Wehe „seiner" Aktiengesellschaft abhängig. Da die Gewinne eines Unternehmens von vielen Faktoren abhängen, sind sie risikobehaftet und nicht exakt planbar. Ähnliches gilt für Immobilien und andere Anlagen, die Eigentumsrechte verbürgen.

Alle diese Anlageformen weisen Wertschwankungen auf, die in Crashs beängstigende Ausmaße annehmen können, und das nicht nur bei Aktien. Wer jedoch langfristig agiert und seine Risiken breit streut, kann seine Renditechancen steigern, ohne dafür in gleichem Maße sein Risiko zu erhöhen. Den Beweis für eine höhere Rendite aufgrund der sogenannten Diversifikation der Risiken erbrachte der US-Wirtschaftswissenschaftler Harry Max Markowitz, der für seine Arbeit zu diesem Thema 1990 den Nobelpreis erhalten hat. Markowitz hat (mathematisch) hergeleitet, warum die Streuung der Investments auf verschiedene Anlagen einen positiven Effekt auf das Rendite-Risiko-Verhältnis eines Portfolios ausübt. Wenn Anleger ihr Vermögen also auf verschiedene Anlagen verteilen, bewirkt das auf der Ertragsseite einfach nur, dass die Renditen der Anlagen gemittelt werden. Die Risiken hingegen werden dadurch überproportional reduziert. Diversifikation verbessert also das Rendite-Risiko-Verhältnis, da die einzelnen Anlagen sich nicht immer im Gleichtakt entwickeln.

Die Zeit kann Wunden heilen

In der Vergangenheit hat sich gezeigt, dass das Verlustrisiko von Aktien mit der Anlagedauer erheblich abnimmt. Ein eindrucksvolles Beispiel dazu liefert die zurückgerechnete Entwicklung des Deutschen Aktienindex Dax bis Ende 2020, wie sie das Renditedreieck des Deutschen Aktieninstituts (DAI) zeigt: Es stellt die Kurs- und Dividendenentwicklung in Aktien des Dax über beliebige Zeiträume von einem bis zu 50 Jahren dar. In allen Einjahreszeiträumen endeten fast drei von vier Jahren mit Gewinnen, nur 12 der 50 Jahre schlossen mit Verlusten ab.

Betrachtet man Fünfjahreszeiträume, gab es bereits 86 Prozent Gewinnerzeiträume, in allen Zehnjahresperioden waren es sogar 96 Prozent. Und ab 13 Jahren Anlagedauer hat der Dax stets Gewinne geliefert, im Schnitt der letzten 50 Jahre 8,8 Prozent jährlich.

Diese Ergebnisse decken sich übrigens weitgehend mit denjenigen des wichtigsten US-Börsenbarometers. Die Daten für den S&P 500, den Index mit 500 der größten Aktiengesellschaften der USA, reichen sogar bis 1928 zurück. Dort gab es in den 93 Jahren bis 2020 78 Prozent Gewinnerjahre. Im Schnitt betrug die Rendite (einschließlich Dividenden) 9,8 Prozent pro Jahr. Wer also einen langen Anlagehorizont von mindestens zehn, besser 15 Jahren hat, kann am besten von den höheren Renditechancen von Aktien profitieren. Bei einem Anlagehorizont von 20 bis 30 Jahren betrug die Rendite in der Vergangenheit von 6 bis 10 Prozent – und zwar pro Jahr und allen zwischenzeitlichen Turbulenzen zum Trotz. Bei diesen Renditen verdoppelt sich das eingesetzte Vermögen in etwa zehn Jahren. Zum Vergleich: Mit Zinsanlagen ist bei den aktuellen Renditen von nahe null eine Verdoppelung fast unmöglich – egal in welchem Zeitraum. Die Grafik auf Seite 15 zeigt am Beispiel des MSCI-World-Index, wie das kurzfristige Verlustrisiko mit der Anlagedauer abnimmt und sich die jährlichen Renditen dem Durchschnitt immer mehr annähern.

Das sind überzeugende Daten, die an den wichtigsten Aktienmärkten weltweit ähnlich aussehen. Und das nicht erst seit 1948, sondern sogar bis ins Jahr 1900 zurück. Die drei Professoren Elroy Dimson, Paul Marsh und Mike Staunton von der London Business School berechnen jedes Jahr die Durchschnittserträge von Aktien, Anleihen und

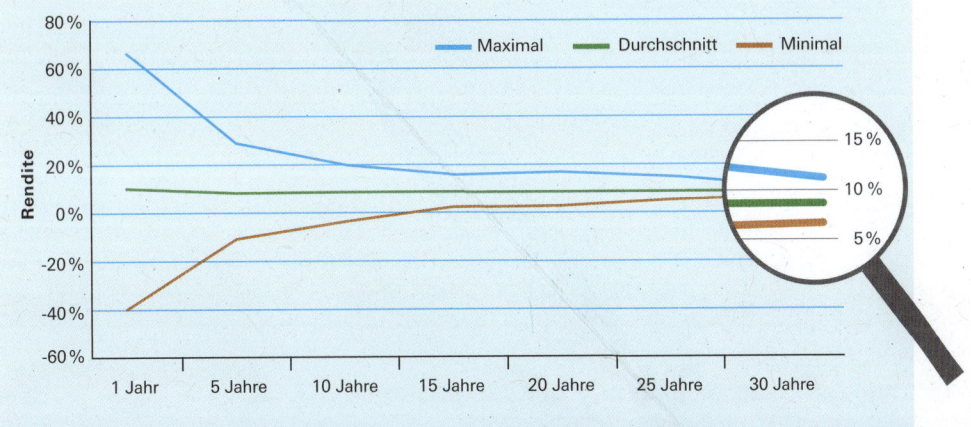

Wie die Anlagedauer das Risiko reduziert

Beim MSCI-World-Index, der circa 1 500 Aktien aus 23 Industrienationen enthält, lagen die Renditen in Euro (inklusive Dividenden) in allen Einjahresperioden von 1969 bis 31.7.2021 im Durchschnitt bei 10,1 Prozent – aber die Renditen schwankten zwischen plus 66,1 Prozent und minus 39,1 Prozent. Mit zunehmender Spardauer nahm die Spanne zwischen besten und schlechtesten Renditen deutlich ab. Bei 10 Jahren lag der Ertrag im Durchschnitt bei 9,0 Prozent pro Jahr, im schlechtesten Fall bei minus 3,8 und im besten bei plus 20,2 Prozent. Bei 15 Jahren bringt selbst der schlechteste Zeitabschnitt 2,1 Prozent Gewinn, der beste 16,1 Prozent. Und bei 30 Jahren gleichen sich die Renditen im besten (plus 11,3 Prozent) und schlechtesten Zeitraum (plus 6,8 Prozent) dem Durchschnitt von 8,8 Prozent deutlich an.

Quelle: Thomson Reuters, eigene Berechnungen. Stand: 31.07.2021

Cash für 23 Länder. Die Aktienrenditen pro Jahr bewegen sich in den 120 Jahren seit 1900 im Weltdurchschnitt bei über 8 Prozent. Die Risikoprämie, also die Mehrrendite gegenüber kurzfristigen Zinsanlagen, betrug durchschnittlich knapp 5 Prozent, im Vergleich zu langfristigen Staatsanleihen lag der Renditeaufschlag bei gut 3,0 Prozent.

Angesichts der genannten Zahlen erstaunt es schon, dass in einer 2015 durchgeführten repräsentativen Befragung des DAI nicht einmal jeder dritte Bundesbürger ganz oder weitgehend der Aussage zustimmte: „Eine Geldanlage in Aktien oder Aktienfonds bringt langfristig mehr Rendite als andere Anlageformen." Dass sich an dieser Meinung in der Zwischenzeit Entscheidendes geändert hat, ist nicht zu erwarten.

Was bedeutet das für Sie? Je länger Ihr Anlagehorizont, desto mehr Risiko können Sie sich leisten. Das gilt vor allem beim Sparen für den Ruhestand. Junge Menschen haben Jahrzehnte, 40- bis 50-Jährige auch noch eine Menge Zeit. Sie können Phasen mit Kursverlusten regelrecht „aussitzen" und auf hohe langfristige Renditen bauen. Der Zinseszinseffekt, auf den wir später eingehen, sorgt dafür, dass bereits ein geringer jährlicher Renditevorteil langfristig erheblich höhere Gesamterträge bringt. Mut bei der Geldanlage kann sich also auszahlen. Allerdings sollten Sie keinesfalls tollkühn Ihre gesamten Ersparnisse in risikoreiche Investments stecken! Sie sollten genau abwägen, welcher Risikograd für Sie am besten geeignet ist. Kurz: Sie brauchen einen guten Plan.

Stufe für Stufe zum Vermögen

Ein passender Plan ist der Ausgangspunkt für eine sinnvolle Geldanlage. Wenn Sie systematisch vorgehen und Fehler vermeiden, haben Sie gute Erfolgsaussichten.

Viele Menschen sind verunsichert, wie sie am besten Vermögen aufbauen – sie sind mutlos und gehen das Thema deshalb gar nicht erst an. Andere neigen zum gegenteiligen Extrem: Sie sind viel zu mutig und setzen zu viel Geld auf allzu riskante Strategien. Daher ist es wichtig, die Grundlagen eines sinnvollen Vermögensaufbaus zu verstehen. Denn man kann nur das Geld längerfristig anlegen, das man auch wirklich dauerhaft entbehren kann. Sie zahlen noch einen Konsumentenkredit ab? Dann tilgen Sie erst diesen Kredit, bevor Sie sich an die Geldanlage begeben. Alles andere wäre unvernünftig statt mutig.

Das Terrassenmodell liefert Orientierung

Auf gut Deutsch: Sie müssen dauerhaft mehr einnehmen, als Sie regelmäßig ausgeben – und Ihre laufenden Finanzen gut im Griff haben. Doch wie gehen Sie damit um? Orientierung liefert das Terrassenmodell für den Vermögensaufbau. Wer sich dauerhaft daran hält, bleibt nicht nur Monat für Monat flüssig. Er weiß auch, wie groß sein Spielraum ist, sinnvollen Vermögensaufbau zu betreiben. Und er erfährt, welche Geldanlagen für welche finanziellen Ziele geeignet sind – und welche nicht. Auf diese Weise verhindert das Modell, dass Sie sich finanziell überfordern oder beim Sparen auf ein bestimmtes Ziel hin allzu große Risiken eingehen. So funktioniert es:

Stufe 1

Auf der ersten Stufe geht es um den laufenden Zahlungsverkehr. Dafür brauchen Sie ein gutes und günstiges Girokonto. Finanztest veröffentlicht regelmäßig Übersichten zu den besten Konten (test.de/Girokonto). Faustregel: Mehr als 60 Euro pro Jahr sollten Sie für ein Konto inklusive Girocard und Onlinebuchungen nicht zahlen.

Auf Stufe 1 legen Sie zunächst also das Geld beiseite, das Sie für die laufenden monatlichen Ausgaben brauchen. Es empfiehlt sich, dauerhaft etwa eine durchschnittliche Monatsausgabe auf dem Girokonto parat liegen zu haben. Aber nicht mehr, denn zumeist gibt es auf das hier deponierte Geld keine Zinsen.

Ganz wichtig: Ein Abrutschen in den Dispositionskredit sollte tabu sein. Denn der Überziehungskredit auf dem Girokonto ist ganz besonders teuer.

Stufe 2

Liegt auf dem Girokonto das erste Finanzpolster, geht es weiter auf Terrassenstufe 2. Hier bauen Sie die finanzielle Notreserve auf, damit unvorhergesehene größere Ausgaben Sie nicht auf dem falschen Fuß erwischen.

Damit man bei Bedarf jederzeit an das Geld herankommt, bietet sich ein Tagesgeldkonto als Parkplatz an. Angesichts der Nullzinspolitik der Europäischen Zentralbank sind die Zinsen darauf derzeit aber extrem niedrig, der Ausgleich der Teuerung gelingt damit nicht. Sollten die Zinsen irgendwann in der Zukunft mal steigen, könnte das wieder anders aussehen.

Nach einer Daumenregel sollte man in der Notfallreserve etwa zwei bis vier Nettomonatsgehälter deponieren – je nach eigenem Sicherheitsbedürfnis und finanziellem Spielraum. Wer lieber etwas mehr Puffer hätte, kann auch noch ein bis zwei Nettogehälter dazu packen. Vorsicht: Bei höheren Anlagesummen drohen auf eine bestimmte Summe übersteigende Beträge zum Teil Negativzinsen oder Verwahrentgelte.

Stufe 3

Nach dem Aufbau der Notfallreserve geht es für Sie weiter auf Stufe 3. Dort sparen Sie Geld für mittelfristige Ziele an. Das kann zum Beispiel das Eigenkapital für eine Eigentumswohnung sein, die Sie in ein paar Jahren erwerben möchten, oder das Geld für eine halbjährige Auszeit vom Job. Wie viel Geld Sie auf dieser Stufe sparen, hängt vom Ziel selbst ab. Wie man beim Sparen vorgeht, hängt wiederum davon ab, wie viel Zeit man sich geben will, um das Ziel zu erreichen. Wenn man sein Ziel schon in zwei, drei Jahren erreichen möchte, sollte man beim Sparen darauf vorsichtiger agieren, als wenn man sich länger Zeit lassen kann. Daher gilt: Je schneller das Ziel erreicht werden soll, desto stärker muss man auf sichere Zinsanlagen und weniger auf schwankungsanfällige Anlagen setzen. Infrage kommen zum Beispiel Anlageformen wie Termingelder oder auf die Spardauer abgestimmte Anleihen von soliden Schuldnern.

Stufe 4

Erst wenn Sie diese drei Stufen nacheinander genommen und auf jeder die entsprechende Geldsumme angehäuft haben, sollten Sie den langfristigen Vermögensaufbau angehen. Wir sprechen jetzt von längeren Sparzeiträumen ab sieben, besser noch zehn Jahren und mehr. Jetzt kann man die freien Mittel investieren, die man übrig hat – sowie Gelder, die man nun idealerweise aus dem laufenden Einkommen aufbringen kann. Dabei gilt: Je länger der Sparhorizont, desto stärker kann man hier auf langfristig renditestarke Anlagen wie Aktien, Investmentfonds & Co setzen. Denn mit Zinsanlagen allein kann man derzeit nicht einmal die Inflationsrate schlagen, langfristig ist das vor allem mit Sachwertanlagen wie Aktien zu schaffen.

Wichtig: Wenn wir im weiteren Verlauf des Buches die Grundtypen der Geldanlage beschreiben, handelt es sich – mit Ausnahme der von Seite 85 bis 133 vorgestellten besonders risikoreichen Möglichkeiten – zumeist um Anlagen für Stufe 4.

Wer das Terrassenmodell für sich nutzen möchte, sollte die Stufen 1 bis 4 Schritt für Schritt erklimmen. Es ist nicht sinnvoll, von Stufe 1 mit einem großen Satz direkt auf Stufe 4 zu springen, aber die Stufen 2 oder 3 auszulassen. Entscheidend ist, dass die Geldanlage zum eigenen Zeithorizont passt. Wenn man das Prinzip einmal verstanden hat, ist es in jedem Lebensalter und in jeder Lebenslage auch leicht in die Tat umsetzbar.

→ **Wichtig:**
Mussten Sie einmal Geld auf den Stufen 1 bis 3 entnehmen, sollten Sie die nächsten Monate mit Ihren Sparraten den entsprechenden Topf wieder auffüllen. Mit dem Sparen auf Stufe 4 sollten Sie so lange pausieren. So bleiben Sie liquide – und behalten trotzdem das Ziel des langfristigen Vermögensaufbaus im Blick.

Stufe 5
Diese Stufe existiert im klassischen Terrassenmodell eigentlich nicht, aber Anleger, die es sich leisten können und die entsprechenden Nerven haben, können noch einen Schritt weiter gehen, vorausgesetzt, sie haben die Stufen 1 bis 4 erklommen und ihr Vermögensaufbau ist solide. Denn nur, wenn Sie es verschmerzen können, dass Sie Ihren Einsatz komplett verlieren, können Sie einen kleinen Anteil Ihres Geldes als „Spielgeld" bestimmen. Ist das der Fall und juckt es Sie in den Fingern, bei der Geldanlage noch etwas mehr herauszuholen, dann finden Sie ab Seite 85 einige interessante Beimischungen für den Renditekick und weitere Ideen für besonders Mutige.

Die richtige Anlageform je Stufe
Aber wie sieht denn nun die perfekte Geldanlage für die jeweiligen Terrassenstufen aus? Klar, werden Sie jetzt vielleicht sagen, sie sollte hohe Renditen erwirtschaften, dabei zugleich vollkommen sicher sein und man sollte sie jederzeit wieder abstoßen können, wenn man anderweitig Geld braucht. Leider zu schön, um wahr zu sein.

Mithilfe des sogenannten magischen Dreiecks der Geldanlage lässt sich dieses Spannungsfeld gut erklären. Jedes Anlageprodukt hat demnach in den drei Dimensionen des magischen Dreiecks im Zusammenspiel mit der Dauer der geplanten Geldanlage ein klares Profil, das es von anderen Anlageprodukten unterscheidet. Ein Anleger, der ein passendes Produkt für eine bestimmte Stufe seines persönlichen Terrassenmodells sucht, sollte sich dies vor Augen halten:

▶ **Sicherheit** bedeutet den Werterhalt des eingesetzten Geldes.

- **Verfügbarkeit oder Liquidität** besagt, wie rasch sich eine Geldanlage wieder zu Geld machen lässt.
- **Rendite oder Rentabilität** meint den Ertrag, den man mit einer Geldanlage einfahren kann.

Das größte Spannungsverhältnis im magischen Dreieck besteht grundsätzlich zwischen Rentabilität und Sicherheit: Denn als besonders sicher geltende Anlagen erbringen in aller Regel eine vergleichsweise geringe Rendite. Umgekehrt gehen höhere Chancen auf Renditen zumeist auch mit mehr Risiko einher.

Warum das so ist, liegt auf der Hand: Wenn zwei Geldanlageformen gleich sicher wären, würde jeder die Alternative wählen, die mehr Rendite verspricht. Eine höhere Renditechance ist somit eine Kompensation für ein erhöhtes Risiko. Auch Rentabilität und Liquidität können in einem gewissen Spannungsverhältnis stehen, sehr liquide Anlagen wie Bargeld oder Tagesgeld sind oft mit vergleichsweise geringen Renditen verbunden. Privatanleger sind also gut beraten, Geldanlageprodukte anhand ihres Profils im magischen Dreiecks unter die Lupe zu nehmen und für jede Stufe ihres Finanzplans die passenden Instrumente auszuwählen – langfristig rentable, aber riskante Anlageformen wie Aktien oder Aktienfonds und -ETF sind erst ab Stufe 4 geeignet, hochspekulative Anlageformen nur für das „Spielgeld" auf Stufe 5.

Gut zu wissen

Nachhaltige Geldanlagen In Ergänzung zum klassischen magischen Dreieck lassen sich weitere Aspekte, insbesondere Nachhaltigkeitskriterien, in die Betrachtung von Finanzprodukten einbeziehen. Immer mehr Anleger, die etwa Atomenergie, Kinderarbeit oder Rauchen ablehnen, möchten ihren Grundsätzen auch bei der Geldanlage treu bleiben.
Rund 335,3 Milliarden Euro umfasste der Gesamtmarkt der sogenannten nachhaltigen Geldanlagen Ende 2020 in Deutschland, so die Daten des Forums Nachhaltige Geldanlagen. Dieser Begriff bezeichnet nachhaltige, ethisch, sozial und ökologisch orientierte Investments. Bei der Auswahl von Geldanlagen wird also nicht nur auf wirtschaftliche Aspekte geachtet, sondern auch darauf, inwieweit die Unternehmen nachhaltige Kriterien beachten. Dabei spielen Umweltaspekte (Schadstoffausstoß, Klimaschutz, etc.) genauso eine Rolle wie soziale Kriterien (gute Arbeitsbedingungen, Chancengleichheit, etc.) oder die Unternehmensführung (Ethik, Vermeidung von Korruption und Bestechung, etc.). Mehr dazu ab Seite 48.

Bausteine für mutige Anleger

Ein gut geplantes Haus fußt auf einem soliden Fundament und hat wohlproportionierte Räume. Es besteht aus verschiedenen Bausteinen, die aufeinander abgestimmt sein müssen. So sollten Sie auch Ihre Geldanlage konzipieren.

Sie sind fest entschlossen, bei der langfristigen Geldanlage mehr Risiko zu wagen, um höhere Erträge für Ihre Ersparnisse zu erzielen? Nun gilt es, die Anlageformen herauszufinden, die sich für Ihre Zwecke eignen. Die Grundtypen der Geldanlage sind dabei so etwas wie die Bausteine, aus denen Sie Ihr persönliches Depot aufbauen können.

Spar- und Investmentprodukte gibt es in Hülle und Fülle. Jeder Finanzdienstleister, ob Bank, Versicherungs- oder Fondsgesellschaft, will Sie davon überzeugen, dass seine Angebote am besten für Ihre Ziele geeignet sind. Wem sollen Sie glauben?

Den richtigen Weg durch den dichten Dschungel der Geldanlagen finden Sie am leichtesten, wenn Sie die charakteristischen Eigenschaften der Sparformen sowie ihre Vor- und Nachteile kennen. Wir stellen Ihnen daher in diesem Kapitel die Grundtypen der Geldanlagen für Mutige vor – fast alles, was am Markt angeboten wird, lässt sich auf diese Grundtypen zurückführen oder fußt auf ihnen.

Daneben erfahren Sie, wie die Börse funktioniert – und wie Sie sich ohne viel Aufwand und Mühe ein Basisportfolio für die langfristige Geldanlage (auf Stufe 4 des Terrassenmodells) zusammenstellen.

Geldwertanlagen versus Sachwertanlagen

Im Großen und Ganzen lassen sich alle Sparformen in zwei Kategorien einteilen: Geldwertanlagen und Sachwertanlagen. Die Unterschiede sind gravierend.

Geldwertanlagen sind Sparformen, die eine Rückzahlung des angelegten Geldbetrags plus der vereinbarten Erträge – meistens Zinsen – in voller Höhe versprechen. Als Anleger gewähren Sie sozusagen einen Kredit, der Ihnen zuzüglich der Zinsen zurückgezahlt wird. Schuldner sind etwa bei Termin-, Spar- oder Festgeldeinlagen die Banken oder Sparkassen, bei denen die Gelder verwahrt werden. Bei festverzinslichen Wertpapieren sind deren Emittenten die Schuldner – zumeist sind das Staaten, Unternehmen oder Geldinstitute.

Anleger geben der Bank oder dem Anleiheschuldner ein Darlehen – zum Beispiel über 1 000 Euro. Im Normalfall erhalten sie genau die 1 000 Euro plus Zinsen zurück, wenn sie Geld vom Konto abheben oder die Anleihen am Ende der Laufzeit getilgt werden. Ob sich zwischenzeitlich der Wert des Geldes, also die Kaufkraft, verändert hat, spielt keine Rolle. Geldwertanlagen bieten daher keinen direkten Schutz vor Teuerung (Inflation). Denn egal, wie stark die Lebenshaltungskosten in der Zwischenzeit gestiegen sind, zurückgezahlt wird der vereinbarte Betrag. Im Normalfall sollten die Zinsen mindestens den Kaufkraftverlust ausgleichen. Das ist bei Inflationsraten von 3,0 Prozent, wie sie die führenden Wirtschaftsforschungsinstitute in der Herbstprognose für 2021 erwartet haben, und Zinsen nahe null längst nicht mehr der Fall. Nach Berücksichtigung der Teuerung machen die Deutschen mit Tagesgeld, Spareinlagen oder Festgeld unter dem Strich klare Verluste.

Eine Börse gleicht einem Marktplatz, an dem sich Käufer und Verkäufer treffen, um ihre Waren, sprich Wertpapiere und Geld, auszutauschen. An den Wertpapierbörsen werden nur Papiere wie Aktien und Anleihen oder Zertifikate gehandelt, aber keine reinen Sachwerte wie Immobilien oder Goldmünzen.

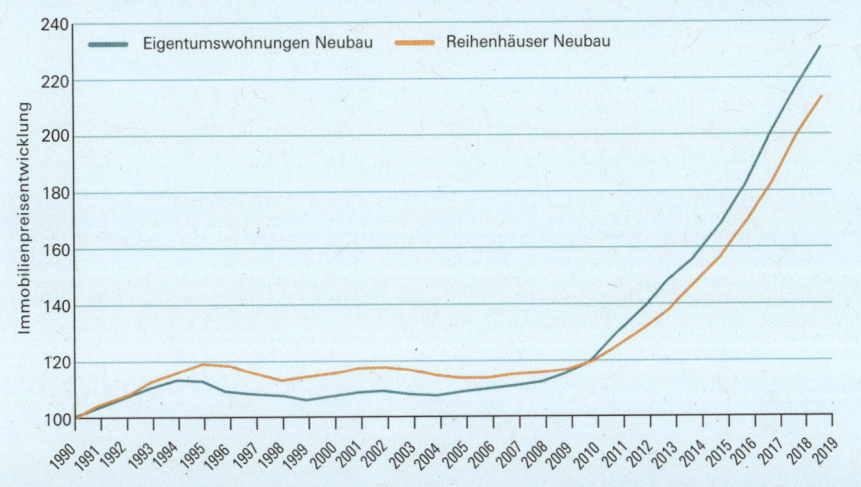

Auch Immobilien können im Wert fallen

Von 1990 (bei einem Basiswert von 100) bis 2019 haben sich die Preise für neue Eigentumswohnungen und neue Reihenhäuser in Deutschland zwar mehr als verdoppelt – aber zwischenzeitlich ging es auch bergab. Erst seit 2006 klettern die Preise für Wohnimmobilien ununterbrochen steil nach oben.

Quelle: BulwienGesa, Basis 1990 = 100

Sachwerte sind dagegen keine Kredite. Als Anleger werden Sie nicht Gläubiger, sondern Eigentümer. Zu den Sachwerten zählen physische Güter wie Immobilien, Maschinen, Windkraftanlagen oder Gold – aber auch Unternehmen. Deren Erfolg hängt nicht nur von „Sachen" ab, sondern von vielen anderen Faktoren wie Patenten, Markenrechten, Kundenbeziehungen oder dem Know-how der Mitarbeiter. Für Sachwerte gibt es keine Garantien auf Rückzahlung der Einlage oder auf feste Erträge. Ihr Wert, der Börsenkurs, richtet sich nach Angebot und Nachfrage an den Finanzmärkten und schwankt dementsprechend. Die wichtigsten Sachwerte sind Unternehmensbeteiligungen, insbesondere Aktien, sowie Immobilien, Edelmetalle und andere Rohstoffe. Da deren Preise und Erträge fallen können, sind vorübergehende oder dauerhafte Verluste möglich. Deshalb gelten sie als risikoreich. Das trifft auch auf Immobilien und Gold zu, die viele Menschen als „sichere Häfen" betrachten. „Betongold" und Gold unterliegen jedoch ebenfalls den Gesetzen von Angebot und Nachfrage. Ihre Preise haben in den vergangenen Jahrzehnten stark geschwankt.

Sachwerte sind zwar wegen ihrer Kursschwankungen unsicher, dafür bieten sie in der Regel einen gewissen Schutz vor Inflation. Warum? Eine Werkzeugmaschine, eine Wohnimmobilie oder ein Goldbarren ändern ihre Funktion mit höheren Lebenshaltungskosten nicht. Wenn eine Drehmaschine pro Stunde 100 Metallteile bearbeitet, so erledigt sie das bei 1 Prozent Preisanstieg ebenso wie bei 5 Prozent Teuerung. Und ein 100-Gramm-Goldbarren bleibt immer ein 100-Gramm-Goldbarren. Auch das Knowhow eines Unternehmens und seiner Mitarbeiter ist unabhängig vom Preisniveau.

Firmen können zudem ihre Preise erhöhen, wenn die Kosten steigen. In der Vergangenheit hat sich gezeigt, dass die meisten Sachwerte langfristig nicht unter höheren Lebenshaltungskosten leiden, bei überdurchschnittlich hoher Inflation sogar davon profitieren können. Denn in einem solchen Fall nimmt die „Flucht in Sachwerte" zu, weil Zinsanleger erkennen, dass die Kaufkraft ihrer Ersparnisse abnimmt. Aktien haben sich langfristig als besonders inflationsresistent erwiesen, und das in nahezu allen Industrie- und Schwellenländern. Das zeigen zahlreiche wissenschaftliche Studien und Analysen, die zum Teil mehr als 100 Jahre Börsenhistorie umfassen.

Zinspapiere – das Sicherheitsnetz fürs Depot

Staatsanleihen & Co – die Renditen börsennotierter Rentenwerte hängen von etlichen Einflussfaktoren ab. Hier erfahren Sie, welche Anleihen sich für Ihre Zwecke eignen.

Quizfrage: Was ist der Unterschied zwischen einer Anleihe, einem Bond, einer Obligation, einem festverzinslichen Wertpapier, einem Rentenwert und einer Schuldverschreibung? Sie ahnen es – eigentlich gibt es keinen. Diese vielen Begriffe bezeichnen dasselbe: Wertpapiere, mit denen sich ein Schuldner einen größeren Geldbetrag, gestückelt in viele kleine Anteile, für eine gewisse Zeit bei Anlegern ausleiht und dafür Zinsen als eine Art Leihgebühr entrichtet. Die Rückzahlung erfolgt zum vereinbarten Termin, die Höhe der Zinsen wird meistens für die gesamte Laufzeit festgelegt. Der im deutschen Sprachgebrauch bekannteste Begriff für diese Wertpapiergattung lautet Anleihe. Die wichtigsten Zinspapiere hierzulande sind Bundesanleihen, die vom deutschen Staat ausgegeben (oder emittiert, so der Fachbegriff) werden.

Festverzinsliche Wertpapiere werden zwar in der Regel an Börsen gehandelt, dem Renten- oder Anleihenmarkt. Allerdings findet bei Anleihen mit relativ geringem Volumen oft kein Handel statt, weil sie häufig als Daueranlagen betrachtet und deshalb bis zur Fälligkeit gehalten werden. Der Börsenkurs richtet sich vor allem nach der Entwicklung des allgemeinen Zinsniveaus (der sogenannten Marktrendite), der restlichen Laufzeit der Anleihe, den Inflationserwartungen und der Kreditwürdigkeit des Schuldners, also seiner Bonität. Wer eine Anleihe bis zur Fälligkeit behält, bekommt den Nennwert zurück, vorausgesetzt, der Emittent bleibt zahlungsfähig (das ist mitnichten immer der Fall). Während der Laufzeit kann der Kurs einer Anleihe mitunter erheblich schwanken. Wer eine Anleihe während der Laufzeit verkaufen will, kann Verluste erleiden, aber auch Gewinne erzielen.

Anleihekurse steigen, wenn die Zinsen am Markt fallen; sobald sie steigen, drohen Verluste. Das klingt kompliziert, lässt sich aber an einem Beispiel erklären: Angenommen, eine Anleihe mit fünf Jahren Laufzeit ist mit einem Zinssatz von 2 Prozent und einem Kurs von 100 Prozent ausgestattet – pro 100 Euro Anleihe gibt es also 2 Euro Zinsen pro Jahr. Nun klettert das allgemeine Zinsniveau auf 3 Prozent, also 3 Euro pro Jahr. Wenn der Besitzer der 2-Prozent-Anleihe sein Wertpapier vor dem Ende der Laufzeit verkaufen will, wird er keinen Käufer finden, der ihm die Anleihe zu 100 Prozent abnimmt. Denn der würde ja auf eine jährliche Rendite von einem Prozentpunkt verzichten. Der Kurs muss also so weit sinken, bis die Rendite 3 Prozent erreicht.

Nicht nur die Bundesregierung finanziert einen Großteil ihrer Schulden mit Anleihen. Ausländische Staaten und Regionen, Unternehmen und Banken aus dem In- und

HÄTTEN SIE'S GEWUSST?

Anleihen notieren in Prozent, Aktien werden in Stückzahlen gehandelt. Aber warum ist das so? Anleihe kommt von Leihen, also aus dem Kreditgeschäft.

So leiht zum Beispiel die Bank dem Kunden 100 Euro, verlangt Zinsen und will natürlich das geliehene Geld am Ende wieder zu 100 Prozent zurückgezahlt bekommen. Eine Anleihe ist nichts anderes: Anleger leihen dem Schuldner, auch Emittent genannt, Geld.

Bei Aktien hingegen erwirbt man einen Anteil an der Gesellschaft und wird dadurch Miteigentümer. Aktionäre können bei der jährlichen Hauptversammlung mitbestimmen und erhalten anstelle von Zinsen eine Dividende.

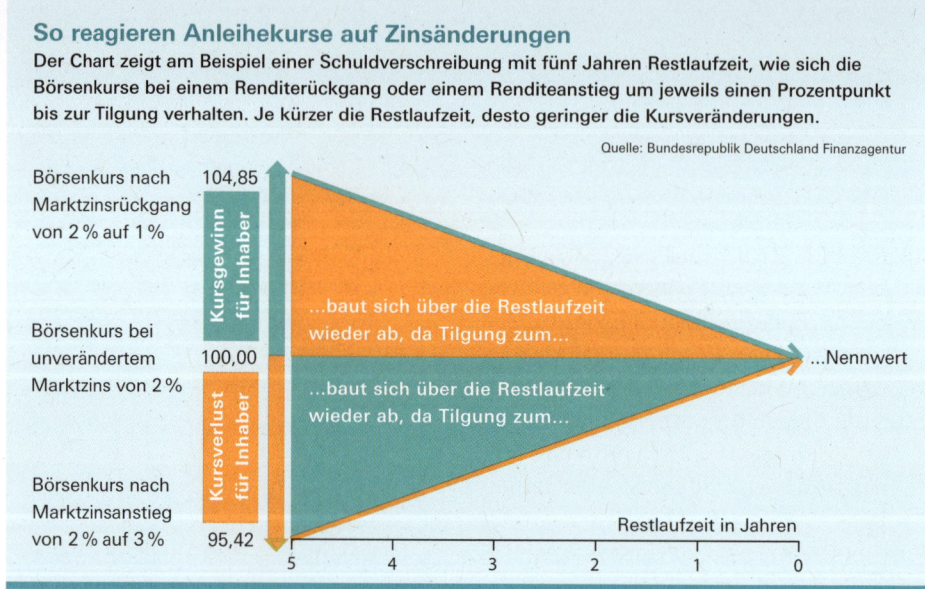

Ausland praktizieren das ebenso. Zudem werden Anleihen in allen gängigen Währungen aufgelegt, nicht nur in Euro und US-Dollar, sondern auch in britischen Pfund, Schweizer Franken, kanadischen Dollar etc.

Die wichtigsten Anleiheformen in Deutschland

Für deutsche Anleger, die einen Stabilitätsanker für ihr Depot suchen, waren lange Zeit Schuldverschreibungen, die auf Euro lauten, am besten geeignet. Die heimischen Anleihen werden in diese Hauptkategorien eingeteilt:

❶ **Bundeswertpapiere** und andere öffentliche Anleihen werden von staatlichen Stellen aufgelegt. Der größte Emittent ist die Bundesrepublik Deutschland mit Bundesanleihen und Bundesobligationen. Sie weisen eine Sonderstellung auf, weil sie als eine der sichersten Anlagen gelten. Diese Sicherheit hat ihren Preis: Die Renditen von Bundesanleihen gehören weltweit zu den niedrigsten, in fast allen Laufzeitbereichen liegen sie inzwischen im negativen Bereich.

❷ **Hypothekenpfandbriefe** dürfen nur von speziellen Banken ausgegeben werden und sind durch Grundpfandrechte an Immobilien abgesichert. Da maximal 60 Prozent des Immobilienwerts mit Hypotheken finanziert werden dürfen, sind Pfandbriefe sehr sicher, aber meist nicht liquide. Sie bringen etwas höhere Renditen als Bundesanleihen.

❸ **Öffentliche Pfandbriefe** werden anstelle von Immobilien mit Krediten an staatliche Stellen abgesichert. Auch sie sind sicher und werfen etwas mehr ab als Bundesanleihen.

❹ **Unternehmensanleihen** werden von Firmen ausgegeben. Die Rendite hängt wesentlich von der Bonität des Anleiheemittenten ab und weist eine große

Bandbreite auf, weil die Kreditwürdigkeit der Schuldner höchst unterschiedlich ist. Anleger lassen sich die größeren Risiken eines Zahlungsausfalls mit einem Renditeaufschlag bezahlen. Das gilt vor allem für hochspekulative Ramschanleihen, auch Junk-Bonds genannt, bei denen die Schuldner finanziell auf wackligen Beinen stehen.

Vorsicht: Zu den spekulativen Rentenwerten gehören auch Mittelstandsanleihen, die in Deutschland seit 2010 ein eigenes Marktsegment bilden. Kleine und mittelgroße Unternehmen beschaffen sich dort Kapital. Da vor allem in der Anfangsphase viele Firmen mit geringer Bonität Mittelstandsanleihen emittiert haben, gab es Pleiten und Zahlungsausfälle. Anleger sollten sich deshalb von hohen Renditen nicht blenden lassen und bei Mittelstandsanleihen sehr vorsichtig agieren.

→ Ungewöhnlich: Renditen unterhalb der Inflationsrate

Dass die Renditen von Anleihen unterhalb der Inflationsrate liegen, ist historisch ungewöhnlich. Normalerweise bringen Anleihen mit mittleren und langen Laufzeiten einen Aufschlag auf die Inflationsrate. Dass dies seit Jahren nicht mehr zutrifft, liegt an der Geldpolitik der Notenbanken. Die Europäische Zentralbank (EZB) ist in der Euro-Staatsschuldenkrise dem Beispiel der USA gefolgt und hat im Rahmen ihres „Quantitative Easing" massiv Anleihen gekauft. Während der Corona-Krise legte sie ein zusätzliches Kaufprogramm auf. Bis Mitte 2021 hat die EZB insgesamt für mehr als 4 Billionen Euro Anleihen erworben. Diese Zusatznachfrage ließ die Renditen von Staatsanleihen im Euro-Raum abstürzen – nicht nur in Deutschland bis in den Minusbereich.

Warum aber kaufen Anleger Anleihen, wenn sie dadurch inflationsbereinigt Kapitalverluste erleiden? Wertpapierdepots bestehen in der Regel aus zwei Hauptkomponenten: Aktien und Anleihen – als Einzelwerte und als Investmentfonds und ETF. Die Funktion der beiden Bestandteile unterscheidet sich gewaltig: Aktien sind quasi für die Rendite

Gut zu wissen

Der Begriff Rente hat in der Geldanlage eine andere Bedeutung als im üblichen Sprachgebrauch, in dem er für Altersbezüge steht. In der Finanzmathematik bezeichnet Rente eine regelmäßige Zahlung. Da Schuldverschreibungen seit Jahrhunderten eine bedeutende Quelle für stetige Einkünfte sind, wurde der Begriff darauf übertragen.

Gut zu wissen

Bonität drückt die Kreditwürdigkeit eines Schuldners aus. Bei Anleihen werden von speziellen Ratingagenturen wie Standard & Poor's und Moody's Noten vergeben. Je größer sie die Wahrscheinlichkeit einer vollständigen Rückzahlung und der laufenden Zinszahlungen einschätzen, desto besser fallen ihre Noten aus. Bei Standard & Poor's ist AAA, auch „Triple A" genannt, die Höchstnote. Den sogenannten Investment Grade erhalten relativ sichere Schuldner, er reicht von AAA bis BBB-. Schlechtere Ratings bis hin zu D weisen auf ein erhöhtes bis hohes Ausfallrisiko hin. D heißt default, da ist der Ausfall schon eingetreten. Es gilt: Je besser die Bonitätsnoten, desto niedriger die Renditen. Deutsche Bundesanleihen haben mit AAA die höchste Bonität.

des Depots zuständig, Anleihen für die Stabilität, also für die Risikobegrenzung.

Anleihekurse schwanken viel weniger stark als Aktienkurse, und Schuldverschreibungen werden am Ende der Laufzeit verlustfrei zurückgezahlt. Zudem sorgen sie in normalen Zeiten für planbare und sichere laufende Einnahmen. Viele institutionelle Investoren wie Versicherungen und Pensionskassen müssen deshalb einen großen Teil des ihnen anvertrauten Geldes in sicheren Anleihen anlegen. Auch für viele andere Anleger ist ein kleiner, aber planbarer Verlust oft besser als ein unwägbares Risiko.

Finanztest empfiehlt Privatanlegern inzwischen, anstelle von Anleihen Tages- oder Festgeld für den Sicherheitsbaustein zu wählen. Egal, wie sich die Zinsen – und damit die Anleihen – in Zukunft entwickeln werden, stellen Tages- und Festgeld bei Marktzinsen um die null Prozent erst einmal die empfehlenswertere Anlage dar.

Passenden Mix wählen

Wie hoch der Anteil sicherer Zinsanlagen und der Aktienanteil ausfallen sollten, hängt von der Risikotragfähigkeit und -bereitschaft (siehe Seite 42/43) jedes Einzelnen ab – und in starkem Maße von der Anlagedauer. Nur wer lange investieren will, kann einen hohen Aktienanteil wählen, denn wer viel Zeit für den Vermögensaufbau hat, kann Kursverluste in Ruhe aussitzen.

Wer umgekehrt einen kurzen Anlagehorizont hat (weil er – etwa als Eigenkapitalstock zur Finanzierung einer Immobilie – bald eine größere Geldsumme benötigt) oder wer zu viel Angst vor den Kursschwankungen bei Aktien hat, der sollte vor allem in Tages- oder Festgeld anlegen, auch wenn es im Moment nicht attraktiv aussieht. Da die Banken auch für größere Beträge Negativzinsen berechnen, lohnt es sich, das Kapital auf mehrere Adressen zu verteilen.

Aktien – Firmenbeteiligungen mit hohem Ertragspotenzial

Wenn Sie langfristig vom Wachstum der Wirtschaft und vom technischen Fortschritt profitieren möchten, sind Aktien für Sie das wichtigste Basisinvestment.

Was denken Sie? Ist es genauso riskant, Geld an der Börse anzulegen, wie ins Spielcasino zu gehen? Vermutlich schütteln Sie jetzt verwundert den Kopf, wie man Sie so etwas fragen könne. Sie wissen, dass Aktien kein Glücksspiel, sondern eine wichtige Säule der Geldanlage sind. Mit dieser Meinung gehören Sie jedoch in Deutschland zu einer Minderheit.

Ende 2017 hat der Versicherungskonzern Axa in einer repräsentativen Umfrage genau diese Frage gestellt. 46 Prozent der Befragten hielten die Börse für ebenso riskant wie ein Spielcasino, nur 38 Prozent verneinten dies, und 16 Prozent machten keine Angaben. Dazu passt das Ergebnis einer ebenfalls repräsentativen Studie, die Anfang 2018 von der „Aktion pro Aktie" durchgeführt wurde, einer von Direktbanken getragenen Initiative. Bei der Frage „Was ist die Aktie aus Ihrer Sicht?" kreuzten 48 Prozent der Teilnehmer an, dass es sich um ein Spekulationsobjekt handelt. Für eine gute Geldanlage hielten die Aktie nur 29 Prozent – dabei waren Mehrfachnennungen möglich. Über Aktien, das zeigen nicht nur diese beiden Umfragen, wissen die meisten Bundesbürger also herzlich wenig.

Vorurteile bestimmen das Bild. Dabei zahlt es sich aus, über Aktien Bescheid zu wissen und sie ins persönliche Anlagekonzept einzubauen. Denn Aktien werfen im Durchschnitt langfristig höhere Erträge ab als andere für Privatanleger zugängliche Anlageformen.

Warum Aktienanlagen auf Dauer hohe Renditen bringen

Es gibt viele Erklärungen für die im Schnitt langfristig hohen Renditen von Aktien: Erstens wachsen Unternehmen und ihre Erträge im Durchschnitt mit der Weltwirtschaft. Eine weitere Expansion ist bei steigender Bevölkerungszahl, verbesserter Produktivität und technischem Fortschritt vorgezeichnet. Zweitens investierten Unternehmen kaum Eigenkapital, erwarteten sie nicht, damit auf Dauer deutlich mehr Ertrag zu erzielen als mit sicheren Zinsanlagen; kein Unternehmer nimmt Kredite auf, wenn seine Gewinnerwartungen nicht die Kreditkosten übersteigen. Drittens: Anleger verlangen von Aktien höhere Renditen als von Zinspapieren, weil sie kurzfristig ein höheres Verlustrisiko aufweisen.

Aktionäre sind kleine Unternehmer
Aktien sind Wertpapiere, die einen Miteigentumsanteil an Unternehmen garantieren. Alle ausgegebenen Aktien zusammen bilden bei einer Aktiengesellschaft (AG) das Grundkapital. Wenn es also 1 Million Aktien gibt, verbürgt jede Aktie den millionsten Teil des gesamten Unternehmens. Jeder Aktionär ist damit quasi Mitunternehmer, seine Rechte und Pflichten sind im Aktiengesetz klar geregelt.

Die Pflicht besteht vor allem darin, Aktien, die bei einem Börsengang oder einer Kapitalerhöhung gezeichnet werden, zu bezahlen. Eigentlich eine Selbstverständlichkeit. Die Liste der Rechte ist hingegen deutlich länger. Sie umfasst Stimmrechte in der Hauptversammlung, auf der grundlegende Beschlüsse über die AG gefällt werden, und ein Auskunftsrecht gegenüber der Unternehmensleitung. Vor allem aber ist für Anleger das Vermögensrecht von Interesse. Denn deswegen kaufen sie ja Aktien. Es garantiert ihnen nämlich eine Beteiligung am gesamten Vermögen der Aktiengesellschaft, kurz AG genannt, und an all ihren künftigen Gewinnen. Das gilt sowohl für den Teil der Erträge, der als Dividenden ausgeschüttet wird, als auch für Gewinne, die im Unternehmen zur Finanzierung von Investitionen verbleiben.

Um Gewinne dreht sich auch bei der Bewertung von Aktien fast alles. Vor allem gilt das für börsennotierte Aktien. Deren Kursverlauf hängt maßgeblich von der Entwicklung der Unternehmenserträge ab. Allerdings bestimmen nicht die bereits veröffentlichten Gewinne vergangener Jahre und Quartale die Kurse. Die sind Schnee von gestern.

An der Börse wird nicht die Vergangenheit gehandelt, sondern die Zukunft. Und die hängt von vielen Faktoren ab, die niemand zuverlässig voraussagen kann. An dieser Unsicherheit liegt es, dass die Kurse vor allem kurzfristig stark schwanken. Langfristig, das zeigen zahlreiche Untersuchungen, bewegen sich die Aktienkurse in etwa im Gleichklang mit den Unternehmensgewinnen.

Die wirtschaftlichen Aussichten sind nie genau vorhersehbar. Ökonomen, Analysten, Strategen und Anleger versuchen, sich anhand von Indikatoren, Annahmen, Trends und wirtschaftlichen Gesetzmäßigkeiten ein Bild von der Zukunft einer Volkswirtschaft, eines Aktienmarkts oder von einzelnen Unternehmen zu machen. Anders als in den Naturwissenschaften, wo physikalische oder chemische Gesetzmäßigkeiten Ergebnisse vorhersehbar machen, ist das mit ökonomischen Gesetzmäßigkeiten nicht der Fall. Dafür ist das wirtschaftliche Geschehen zu komplex. In Wirtschaft und Politik spielen außerdem Menschen die Hauptrolle – und Menschen handeln oft emotional statt

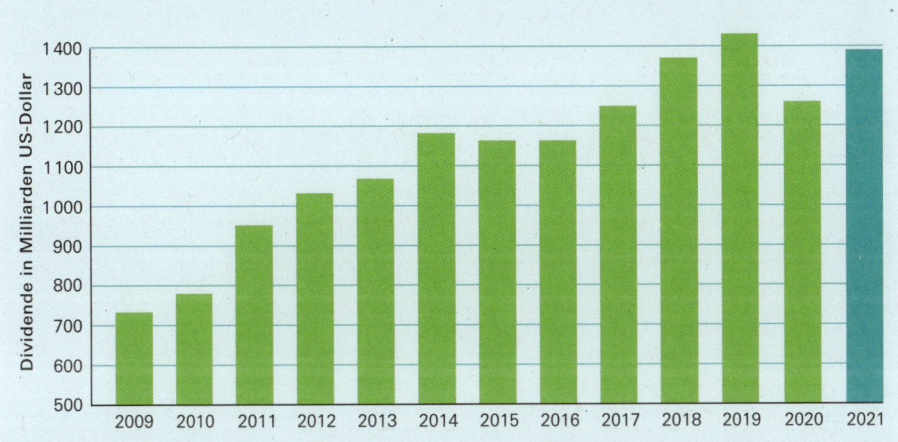

Rund 1,4 Billionen Dollar Dividenden
Aktiengesellschaften weltweit haben 2019 den Rekordbetrag von 1,43 Billionen Dollar an ihre Aktionäre ausgeschüttet. Coronabedingt ging die Dividendensumme 2020 und 2021 aber deutlich zurück.
Quelle: Janus Henderson Investors, Stand 2021

rational. Das gilt auch für die Akteure an den Börsen.

Auch Aktienkäufe sind Zukunftsinvestitionen, hier geht es für Anleger vorwiegend darum, die Unternehmen herauszufiltern, die am besten für die Zukunft gerüstet scheinen. Die Börse ist eine Art Seismograf, der künftige Entwicklungen vorwegzunehmen versucht – üblicherweise um sechs bis neun Monate. Werden die Erwartungen übertroffen, steigen die Aktienkurse in der Regel, werden sie hingegen verfehlt, fallen sie häufig.

Zwei Arten von Risiken
Aktiengesellschaften sind eingebettet in die Gesamtwirtschaft und werden von zahlreichen externen Faktoren beeinflusst. Ihr Wohl und Wehe hängt nur zum Teil vom eigenen Geschick ab. Die Finanzwissenschaft unterscheidet deshalb zwischen zwei Risikoarten, die den Aktienkurs eines Unternehmens bestimmen:

❶ **Das Einzelwertrisiko,** auch unsystematisches Risiko genannt, hängt vom Geschäftserfolg der jeweiligen AG ab. Einflussfaktoren auf die Gewinnentwicklung sind beispielsweise die Konkurrenzfähigkeit des Unternehmens, seine Strategie, ein fähiges Management und vielversprechende Produkte.

❷ Aber selbst wenn das alles gut aussieht, kann der Kurs in die Knie gehen – wenn das zweite Risiko die Herrschaft übernimmt: **das allgemeine Marktrisiko,** auch systematisches Risiko genannt. Es umfasst die Aktienmärkte in ihrer Gesamtheit, und das weltumspannend oder zumindest regional, und betrifft damit mehr oder weniger alle Aktien. Beispiele dafür sind Crashs wie 2008/2009 nach der geplatzten US-Immobilienblase, 2011 in der Euro-Krise und im Februar/März 2020 am Anfang der Corona-Pandemie mit großen zwischenzeitlichen Kursverlusten.

Wie Sie Einzelaktien bewerten und die für Sie richtigen aus dem großen Aktienuniversum herausfiltern können, erfahren Sie ausführlich in dem Abschnitt „Das richtige Handwerkszeug für die Auswahl der Aktien" ab Seite 60. Hier geht es um diejenigen Faktoren, die das Geschehen an den Aktienmärkten insgesamt stark beeinflussen, sprich: das allgemeine Marktrisiko.

Die Aktienkurse laufen der Wirtschaft voraus

Es leuchtet ein, dass Unternehmen in einer aufwärtsgerichteten Konjunkturphase wesentlich bessere Chancen auf gute Geschäfte haben als während eines Abschwungs. Wenn die Wirtschaftsleistung zunimmt, steigt auch die Nachfrage nach den Produkten der Unternehmen. Zudem fällt es den Firmen leichter, die Verkaufspreise anzuheben. Kritisch wird es jedoch, wenn die Konjunktur kippt und in eine Rezession zu münden droht, wenn also die Wirtschaftsleistung einer Volkswirtschaft sinkt. Aus den Daten der amtlichen Statistiker lässt sich die Stärke der Konjunktur aber erst einige Monate später feststellen.

Da die Börse jedoch weit nach vorne blickt, suchen die Anleger nach Anhaltspunkten, die frühzeitig eine konjunkturelle Wende anzeigen. Deshalb beobachten Börsianer vor allem Wirtschaftsdaten, die der Konjunktur vorauslaufen, die sogenannten Frühindikatoren. Die wichtigsten sind die Auftragseingänge der Industrie großer Länder, weil sie die Produktion von morgen vorgeben, das ifo-Geschäftsklima für Deutschland und die EU, das die Stimmung in der Wirtschaft widerspiegelt, sowie seit einigen Jahren zunehmend die Einkaufsmanagerindizes. Sie werden vom britischen Markit-Institut in monatlichen Befragungen von Einkaufsmanagern in allen großen Staaten und Regionen nach derselben Methode erhoben. Daher sind sie gut vergleichbar.

Das Schema ist einfach: Alle Werte über 50 Punkte zeigen eine wirtschaftliche Expansion an, alle darunter eine Verlangsamung. So weit zumindest die Theorie. In der Praxis hat es sich allerdings herausge-

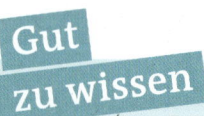

Gut zu wissen

Der Deutsche Aktienindex Dax hat seit September 2021 ein anderes Gesicht: Statt bisher 30 Aktien versammelt er jetzt 40. Die 10 „Neuen" kommen aus dem MDax, der von 60 auf 50 Aktien geschrumpft ist. Gleichzeitig ist, wie international üblich, die Höhe des Börsenwerts einer Aktie und nicht mehr zusätzlich deren Handelsumsatz das wichtigste Auswahlkriterium für die Aufnahme. Durch die Aufstockung deckt der Dax ein breiteres Unternehmensspektrum ab, das Gewicht von Zukunftsbranchen hat zugenommen.

stellt, dass die Grenze zum Abschwung leicht unterhalb von 50 Zählern liegt

Die Anleger schauen bei Konjunkturdaten besonders auf die Daten der Länder, die das Wirtschaftswachstum weltweit am meisten beeinflussen. Hier spielen die USA als Staat mit der stärksten Wirtschaftskraft sowie China als bevölkerungsreichstes und schnell wachsendes Land eine Schlüsselrolle. Aber auch die Daten aus Japan und Deutschland, den zentralen Wirtschaftsnationen ihrer Region und besonders exportstarken Volkswirtschaften, werden viel beachtet.

Anleger reagieren schnell auf Konjunkturindikatoren

Wenn die Indikatoren der international wichtigen Volkswirtschaften einen bevorstehenden Konjunkturabschwung anzeigen, beginnen die ersten Anleger mit umfangreichen Aktienverkäufen. Dann fangen die Kurse an zu fallen, obwohl „harte" Wirtschaftsdaten wie die Industrieproduktion oder die Konsumausgaben noch auf eine gute Konjunktur hindeuten. Und oft, aber nicht immer, zeigt es sich, dass die Frühindikatoren recht behalten.

Bei einem schwächeren Wirtschaftswachstum fällt es den Unternehmen zunehmend schwerer, die Gewinnerwartungen zu erfüllen, und in einer Rezession schreiben viele Firmen rote Zahlen, manche gehen sogar pleite. Die Aktienmärkte gehen daher in solchen Phasen deutlich in die Knie – Kursverluste der Börsenindizes von 20 Prozent und mehr sind dann üblich.

Allerdings stürzen die Kurse meistens schon ab, bevor die Konjunktur in die Rezession abrutscht. Ist der Rückgang der Wirtschaftsleistung klar ersichtlich, ist an der Börse oft das Schlimmste überstanden. Dann suchen die Anleger schon wieder nach ersten Anzeichen einer Erholung – und sobald sie sichtbar werden, beginnen die Kurse mitten in der Rezession zu steigen.

→ Konjunkturseismograf Börse

Ein gutes Beispiel liefert die Corona-Krise 2020. Nach dem Ausbruch der Pandemie stürzten die Börsen Mitte Februar aus Angst vor einer Weltwirtschaftskrise steil ab. Als aber die Notenbanken sofort Billionen von Dollar in die Märkte pumpten und die Regierungen milliardenschwere Hilfsprogramme auflegten, drehte sich das Blatt: Die Anleger rechneten damit, dass dies das Schlimmste verhindern werde. Sie erwarteten eine heftige, aber kurze Rezession – was sich bewahrheitete: Der Tiefpunkt des Abschwungs lag im zweiten Quartal, ab der Jahresmitte ging es mit der Konjunktur deutlich aufwärts. Die Aktienmärkte nahmen das ab Mitte März vorweg, als der Crash einem kräftigen Kursaufschwung Platz machte.

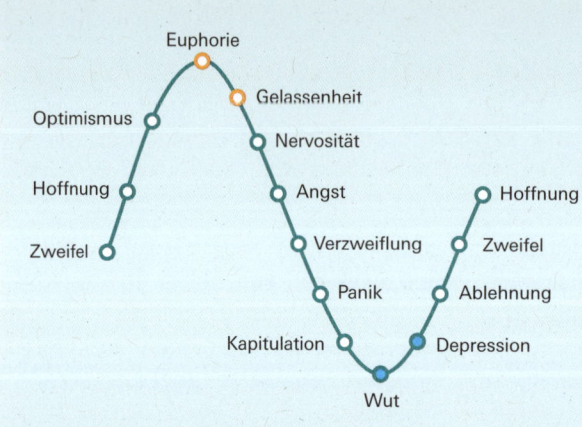

Das typische Anlegerverhalten im Börsenzyklus

Eine berühmte Börsenweisheit lautet: „Eine Hausse wird in der Panik geboren, wächst im Zweifel und stirbt in der Euphorie." Sie bringt das Anlegerverhalten gut auf den Punkt. Denn die Stimmung der Aktionäre beschreibt im Laufe eines Börsenzyklus eine Berg- und Talfahrt. Dargestellt wird die psychische Verfassung typischer Anleger im Verlauf eines Börsenzyklus.

Niedrigzinsen befeuern die Kurse an den Aktienmärkten

Die kräftige Kurserholung an den Aktienmärkten ab dem März 2020 trotz düsterer Wirtschaftslage war vor allem einer entschlossenen Geldpolitik der Notenbanken zu verdanken. Die US-Zentralbank Fed senkte die Leitzinsen auf nahe null Prozent, und sie ebenso wie die EZB und die meisten anderen großen Notenbanken fluteten die Wirtschaft mit frischem Geld in vorher nie erlebten Größenordnungen.

Extrem niedrige Zinsen und eine stark expandierende Liquidität wurden, wie schon so oft, zum Lebenselixier für Konjunktur und Börsen. Warum aber spielt die Geldpolitik eine so bedeutende Rolle an den Aktienmärkten? Das hat mehrere Gründe:

▶ Zinsen beeinflussen die Konjunktur sehr stark. Niedrige Kreditkosten erleichtern den Unternehmen die Finanzierung von Investitionen und privaten Verbrauchern den Kauf von Immobilien oder Konsumgütern.

▶ Die zusätzliche Liquidität, die Notenbanken in Krisenzeiten schaffen, sucht nach rentablen Anlagen. Und da bieten sich bei fallenden Zinserträgen Aktien besonders an – oder Immobilien.

▶ Niedrige Zinsen erhöhen die Attraktivität von Aktien gegenüber Anleihen. Da Investoren stets auf der Suche nach einem günstigen Chance-Risiko-Verhältnis sind, schichten sie einen Teil ihrer Zinspapiere in Aktien um, wenn die Rendite von Anleihen sinkt. Die Risikoprämie, also der Mehrertrag von Aktien im Vergleich zu Zinsanlagen, erhöht sich bei niedrigeren Zinsen.

▶ Dividenden werden dadurch zu einer großen Konkurrenz zu Zinsen. Das ist vor allem für Anleger wichtig, die Wert auf regelmäßige Zahlungen legen. Allerdings sind Zinseinkünfte und Dividenden nicht vergleichbar. Zinsen aus sicher angelegtem Geld sind zuverlässige Einkünfte. Dividenden können schwanken und sogar ausbleiben. Bis 2007 war es üblich, dass die Anleihezinsen über der Dividendenrendite (Dividende im Verhältnis zum Börsenkurs) liegen. Seit der Finanzkrise hat sich das geändert, die durchschnittliche Dividendenrendite übersteigt die Anleiherendite deut-

lich. Das kann sich allerdings in der Zukunft auch wieder einmal ändern.
- Zinsentscheidungen der Notenbanken beeinflussen auch die Wechselkursentwicklung. Steigen die Zinsen zum Beispiel im Euroraum stärker an als in anderen Ländern wie den USA, lockt das mehr Auslandskapital an, folglich nimmt die Nachfrage nach Euro und damit dessen Kurs zu. Höhere Wechselkurse aber sind ab einem bestimmten Niveau schädlich für Aktien, weil sie die internationale Wettbewerbsfähigkeit der Unternehmen und die Gewinne verringern.

Wenn die Notenbanken die Zinsen erhöhen, um eine überschäumende Konjunktur und wachsende Inflationsgefahren zu bekämpfen, tritt der entgegengesetzte Effekt ein. Steigende Zinsen und eine geringere Liquiditätsversorgung durch die Notenbanken sind Gift für die Börsen, lautet eine Börsenweisheit. Aber auch in der Zinspolitik gilt: Entscheidend sind nicht die aktuellen Zinsen, sondern die erwarteten.

Politik und Psychologie wirken auf die Kurse

Politische Entscheidungen und Entwicklungen spielen eine zunehmende Rolle für die Aktienmärkte. Das gilt für nationale Weichenstellungen wie Steuersenkungen und -erhöhungen, Konjunkturprogramme oder Regierungskrisen genauso wie für international bedeutsame wie Kriege, Terroranschläge, Handelskonflikte oder Wirtschaftsabkommen. Es heißt zwar „politische Börsen haben kurze Beine", aber das trifft nicht immer zu, die Auswirkungen können auch längerfristige Kursausschläge bewirken.

Aber es kommt noch ein weiterer sehr wichtiger Einflussfaktor hinzu: die Psychologie. „Ich versteh' die Börse nicht", dieser Stoßseufzer ist Ihnen vermutlich auch schon entfahren, wenn sich die Aktienkurse anders entwickelt haben, als Sie es erwartet hatten. So geht es den meisten Anlegern, und auch bei Profis herrscht selten Einigkeit über die künftige Kursentwicklung: Einer setzt auf steigende Aktienkurse, ein anderer auf stagnierende, und ein Dritter rechnet mit fallenden Notierungen.

Ein Grund für seltsam anmutende Kursverläufe ist: Kein Anleger handelt immer logisch. Kauf- und Verkaufsentscheidungen erfolgen oft gefühlsbetont statt rational. Das wirkt sich besonders an den Finanzmärkten aus, weil dort das Auf und Ab von Angebot und Nachfrage für schwankende Kurse sorgten. Der Kursverlauf beeinflusst die Stimmung der Anleger und deren Stimmung wiederum die Kurse.

Es gibt sogar eine Wissenschaft, die Ökonomie und Psychologie vereint: die Behavioral Finance, die das Verhalten der Anleger an den Finanzmärkten untersucht und Gründe für irrationale Entscheidungen ausfindig machen will. Die Börsenstimmung wird demnach von Emotionen wie Angst, Gier oder Hoffnung beeinflusst.

Apropos Emotionen: Man nennt sie auch die ärgsten Feinde der Börsianer. So verkaufen zum Beispiel Anleger Positionen zu früh, weil sie Angst vor fallenden Kursen haben, oder gehen besonders risikoreiche Geschäfte ein, weil sie – getrieben von der Gier – auf schnelle, dicke Gewinne hoffen (siehe auch „15 Goldene Regeln", Seite 164, „Gehen Sie strategisch vor"). Irrationale Entscheidungen tragen entscheidend dazu bei, dass es an den Börsen insgesamt, ebenso wie bei einzelnen Aktien, Kursübertreibungen gibt – nach oben wie nach unten. Emotionen beeinflussen auch, wie viele Unternehmen sich neu an die Börse wagen.

Neuemissionen: Warum IPOs und SPACs boomen

Jahrelang war Flaute bei Neuemissionen, doch seit geraumer Zeit geht es zu wie in einem Eissalon an einem Hitzetag. Immer mehr stehen Schlange. Unternehmen suchen nach Kapitalgebern, wenn an den Börsen Sonnenschein herrscht, also die Kurse gut laufen. Je höher die Aktienkurse steigen, desto lockerer sitzt das Geld der Investoren, sprich, die Firmen können mehr Geld beim Gang an die Börse einsammeln.

Der klassische Börsengang einer Firma wird im Fachjargon auch IPO (Initial Public Offering) genannt. Dazu veröffentlicht das Unternehmen bisherige Zahlen sowie Geschäftsaussichten und präsentiert diese vor potenziellen Investoren, um diese für ein Investment zu begeistern. Auf dieser „Roadshow" wird auch ausgelotet, zu welchem Preis die Aktien angeboten werden können. Steht der Emissionspreis fest, können Investoren ihre Gebote abgeben, sprich die Aktien zeichnen. Bei großer Nachfrage wird zugeteilt, dann erfolgt die Börseneinführung.

In den USA hauchte das Interesse an IPOs auch dem Markt für SPACs (Special Purpose Acquisition Companies) wieder neues Leben ein. Dieser Trend schwappte Anfang 2021 auch nach Europa, in Deutschland wurden bis Ende Juni 2021 drei SPACs börsennotiert. Ein SPAC ist eine Firma, die kein operatives Geschäft betreibt. SPACs werden gegründet, um Kapital einzusammeln und mit einem anderen Unternehmen zu fusionieren. Nicht selten handelt es sich bei den Fusionskandidaten um Firmen, die dringend Geld benötigen oder ohne großen Aufwand möglichst schnell an die Börse wollen. Da zudem die SPAC-Gründer bei einem erfolgreichen Zusammenschluss hohe Gewinne einstreichen können, geriet das Geschäftsmodell in den USA in die Kritik.

Ein anderer Weg an die Börse ist ein „Direct Listing", die direkte Einführung in den Börsenhandel. Bekanntestes Beispiel hierfür ist Spotify. Beim Direct Listing bieten Unternehmen keine Aktien zur Zeichnung an und sammeln kein neues Kapital ein. Vielmehr wollen sie ihre Aktien zum Beispiel aus Reputationsgründen an der Börse zum Handel zulassen. Oder Mitarbeiter möchten Aktien leichter verkaufen können. Denn eine Börsennotiz erhöht die Bekanntheit.

Investmentfonds – Sparen für jeden Geldbeutel

Mit Fonds können Sie in allen wichtigen Anlageklassen, von Aktien über Anleihen bis Immobilien, eine breite Risikostreuung erreichen – und das schon für einen geringen Geldeinsatz.

Die Geschichte war fast zu schön, um wahr zu sein: Robert Fleming, der Großvater von Ian Fleming, dem Schöpfer des Roman- und Filmhelden James Bond, galt lange Zeit als Erfinder von Investmentfonds – 1873 in Schottland. Inzwischen weiß man aber, dass die Idee fast 100 Jahre älter ist: 1774 gründete der Niederländer Adriaan van Ketwich den ersten Investmentfonds und nannte ihn „Eintracht macht stark".

Dieser Name drückt gut aus, um was es bei der Fondsidee geht: Viele kleine und mittlere Sparer zahlen Geld in einen gemeinsamen Topf ein und werden dadurch so finanzstark wie Großanleger. Damit können sie sich eine professionelle Verwaltung des gemeinsamen Vermögens leisten. Sie überlassen also die Entscheidungen über die Verwendung der Geldmittel den Fondsmanagern.

Den Löwenanteil der Fonds für Privatanleger machen offene Fonds aus. Sie sind immer für Käufe und Verkäufe geöffnet, und der Höhe des Vermögens im Fonds sind in der Regel keine Grenzen gesetzt. Im Gegensatz dazu können Anleger bei geschlossenen Fonds (siehe Seite 129) keine Anteile mehr erwerben oder veräußern, sobald der Betrag erreicht ist, der für die geplanten Objekte – zum Beispiel Windkraftanlagen oder Schiffe – nötig ist.

In diesem Kapitel geht es nur um offene, aktiv gemanagte Investmentfonds. Sie weisen für private Anleger viele Vorteile auf:

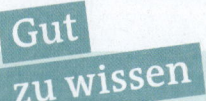

Gut zu wissen

Investmentfonds – egal ob aktiv gemanagte Fonds oder börsengehandelte Indexfonds (ETF) – gelten rechtlich als Sondervermögen. Sie sind daher ohne Wenn und Aber Eigentum der Anleger, und damit sind die investierten Gelder bei einer Insolvenz der Fondsgesellschaft oder Bank vollkommen geschützt. Zudem werden Investmentgesellschaften von den Aufsichtsbehörden streng reguliert und überwacht.

Fondsanteile können jederzeit wiederverkauft werden, sind also sehr liquide. Sie eignen sich auch für Sparpläne (siehe auch Seite 137) und damit für den gezielten Vermögensaufbau mit regelmäßigen Einzahlungen schon in relativ geringer Höhe. 50 oder 25 Euro sind gängige Raten. Aber es geht auch günstiger: Bei immer mehr Onlinebrokern sind Fondssparpläne bereits ab einer Sparrate von einem Euro monatlich erhältlich.

Die Angebotspalette ist sehr breit: Es gibt Fonds auf ein breites Spektrum verschiedenster Märkte. Es gibt vier Hauptkategorien von Fonds – Aktienfonds, Rentenfonds, Mischfonds und offene Immobilienfonds. Dazu später mehr.

Anleger können zwischen Fonds wählen, die ihre laufenden Erträge, also Zinsen und Dividenden, größtenteils ausschütten oder diese sofort wieder anlegen – der Fachausdruck dafür lautet thesaurieren. Darüber hinaus ist die Sicherheit von Investmentfonds sehr hoch, da es sich um sogenannte Sondervermögen handelt (siehe „Gut zu wissen" auf Seite 37).

Zu den Nachteilen zählen vergleichsweise hohe Kosten bei aktiv verwalteten Fonds. Beim Kauf fällt ein Ausgabeaufschlag an, der in der Regel zwischen 3 und 5 Prozent der Anlagesumme beträgt. Kostet ein Fondsanteil, dessen Preis sich stets aus dem Wert aller enthaltenen Anlagen berechnet, 100 Euro und der Ausgabeaufschlag beträgt 3 Prozent, so müssen Sie als Anleger beim Kauf 103 Euro bezahlen. Allerdings gibt es Fondsvertriebe wie Direktbanken, die ganz oder teilweise auf Ausgabeaufschläge verzichten. Hier lohnt sich ein Vergleich (mehr dazu siehe Kapitel „Praxis" ab Seite 135). Stärker zu Buche schlagen die jährlichen Verwaltungsgebühren, die je nach Fondsart und -anbieter verschieden sind und meist 1 bis 2 Prozent pro Jahr betragen. Fondsgesellschaften müssen die jährlichen laufenden Kosten (siehe Seite 177) für jeden einzelnen Fonds angeben. Auch hier kann Ihnen ein Vergleich viel Geld sparen, da die jährlichen Kosten langfristig die Fondserträge maßgeblich mitbestimmen.

Schwierig wird es für Sie als Anleger, die Gewinner unter den vielen Fonds herauszupicken. Mit dem Produktfinder unter test.de/fonds (kostenpflichtig) haben Sie ein gutes Hilfsmittel zur Hand, das die Fonds laufend analysiert. Wie gut Fondsmanager arbeiten, weiß man als Anleger aber leider erst im Nachhinein. Langfristig, das zeigen viele Untersuchungen, schneiden jedenfalls die meisten Investmentfonds nach Kosten schlechter ab als die Börsenindizes, an denen sie sich orientieren und anhand derer sie ihren Anlageerfolg messen.

Nicht zuletzt deshalb sind ETF zu einer harten Konkurrenz für aktiv verwaltete Fonds geworden. Sie verzeichnen ziemlich exakt die Kursentwicklung eines Index – und das zu niedrigeren Kosten als aktiv gemanagte Fonds. Mehr dazu im folgenden Abschnitt.

ETF – einfach in einen Börsenindex investieren

Indexfonds bilden Wertpapierindizes wie den Dax, den EuroStoxx 50 oder den MSCI World nach. Sie überzeugen mit breiter Streuung des Anlagerisikos und geringen Kosten.

„Suchen Sie nicht nach der Nadel im Heuhaufen, kaufen Sie gleich den ganzen Heuhaufen." Mit diesem Ratschlag hat der Amerikaner John Bogle, der als Erfinder von Indexfonds für Privatanleger gilt, das Prinzip von ETF treffend beschrieben. Denn Exchange Traded Funds – börsennotierte Indexfonds – enthalten alle Wertpapiere eines Wertpapierindex, während Manager von aktiv verwalteten Investmentfonds in dem riesigen Angebot an Aktien, dem „Heuhaufen", nach aussichtsreichen Einzelwerten suchen müssen.

In Deutschland rücken ETF vermehrt ins Blickfeld der Privatanleger: Ende März 2021 war laut dem Branchenverband BVI mit über 190 Milliarden Euro mehr als doppelt so viel Kapital in ETF angelegt wie 2014. Die ersten ETF waren in Deutschland im Jahr 2000 an die Börse eingeführt worden. Weltweit hatten private und institutionelle Anleger Ende Juli 2021 nach Berechnungen des Datenanbieters Morningstar rund 9,1 Billionen Dollar in ETF investiert – fast doppelt so viel wie Ende 2018 und sogar das Fünffache von Ende 2012.

Für diese weltweite Erfolgsgeschichte der Indexfonds gibt es gute Gründe. Der wichtigste ist zweifellos, dass Anleger sicher sein können, mit einem ETF ziemlich exakt von der Kursentwicklung des von ihnen ausgewählten Index zu profitieren. Nehmen wir den EuroStoxx 50, den Leitindex für Aktien aus dem Euroraum, als Beispiel. Wenn Sie ihn so genau wie ein ETF auf den EuroStoxx 50 nachbilden wollen, müssten Sie 50 Kaufaufträge erteilen – für jeden der Einzelwerte einen. Dass das erhebliche Spesen verschlingt, ist klar.

Mit einem ETF auf den EuroStoxx 50 genügt Ihnen dagegen eine einzige Order; damit fallen für Sie in etwa nur so hohe Kaufkosten an wie für eine einzelne Aktie; zum Teil bieten Onlinebanken ETF aktionsweise sogar kostenlos zum Kauf an.

ETF werden wie Aktien laufend an den Börsen gehandelt. Bei Indizes mit viel mehr Mitgliedern – zum Beispiel dem MSCI World, der mehr als 1 500 Aktien der Industrienationen umfasst –, wird der Vorteil noch offensichtlicher. Ähnliches gilt für diejenigen Renten-ETF, die globale Indizes mit zum Teil mehreren Tausend Anleihen aus vielen Ländern und in diversen Währungen nachbilden.

Die Kosten spielen natürlich bei der Geldanlage eine gewichtige Rolle. Dazu später ausführlich mehr. Entscheidend ist jedoch, was unter dem Strich herauskommt. Was nützt es, Kosten zu vermeiden, wenn die Renditen nicht stimmen? Gerade bei den Erträgen weisen ETF jedoch ihr wohl größtes Plus auf. Das klingt überraschend. Wie kann die durchschnittliche Rendite aller in einem Index vertretenen Wertpapiere höher sein als die Erträge, die hochbezahlte Experten wie Fondsmanager und Vermögensverwalter mit gezielter Aktien- und Anleiheauswahl durchschnittlich erzielen? Und doch ist es so, wie zahlreiche Untersuchungen seit langer Zeit zeigen.

ETF bringen langfristig oft höhere Renditen als aktive Fonds

Der Indexanbieter S&P Dow Jones Indices ermittelt jedes halbe Jahr, wie aktiv gemanagte Investmentfonds im Vergleich zu ihren jeweiligen Vergleichsindizes abgeschnitten haben. Bis Ende 2020 haben von allen in Euro aufgelegten Fonds mit Schwerpunkt europäische Aktien im Jahresvergleich immerhin 63 Prozent den S&P Europe 350 geschlagen. Bei drei Jahren Anlagedauer waren es nur noch 30 Prozent und bei zehn Jahren 14 Prozent. Mit anderen Worten: 86 Prozent der Aktienfonds haben auf längere Sicht schlechter als der Index abgeschnitten. Da sich Europas Fondsmanager mit europäischen Aktien anscheinend relativ gut auskennen, ist das sogar ein Spitzenergebnis. Bei globalen Aktienfonds, die weltweit investieren können, schneiden bereits nach drei Jahren nur noch 18 Prozent besser ab als der Index S&P Global 1200, nach zehn Jahren gerade noch gut 2 Prozent.

Gut zu wissen

ETF – verschieden konstruiert Bei der Konstruktion von ETF gibt es zwei Varianten, die nahezu gleiche Ergebnisse liefern. Bei der physischen Nachbildung enthält ein ETF die in einem Index enthaltenen Wertpapiere – nach Möglichkeit eins zu eins. Nach dieser Methode gehen die meisten ETF vor. Besteht ein Index aus sehr vielen Titeln oder sind einige schwer handelbar, können die Anbieter auch nur die größten Indexwerte kaufen. Profis sprechen dann von optimiert oder sampling. Dagegen werden bei der synthetischen Nachbildung ganz andere Wertpapiere erworben. Die Wertentwicklung des Index wird über Swaps – Tauschverträge mit Banken – garantiert. Verschiedene Methoden sorgen dafür, dass beide Varianten im Risiko vergleichbar sind.

Diese Beispiele belegen, dass es für aktiv gemanagte Aktienfonds umso schwieriger ist, den Index zu übertreffen, je länger die Anlagedauer ist.

Die Überlegenheit der Renditen von ETF im Vergleich zu aktiv verwalteten Produkten gilt übrigens auch für Anleihen.

Fünf Vorteile von ETF

1. **Breite Streuung.** Sie reduziert das Risiko gegenüber Einzelwerten und erhöht langfristig den Ertrag, da Anleger mit einem einzigen Wertpapier komplette Aktien- und Anleihemärkte nachbilden können.
2. **Geringe Kosten.** Sie lassen vom Ertrag der Kapitalanlagen netto mehr übrig als normale Fonds.
3. **Bessere Performance.** Sie bringen langfristig meist mehr Ertrag als vergleichbare Investments, wie zahlreiche Studien belegen.
4. **Laufender Börsenhandel.** Er sorgt für hohe Liquidität und Flexibilität, da Käufe und Verkäufe jederzeit getätigt werden können.
5. **Indexnachbildung.** Sie bringt Transparenz und Berechenbarkeit, da die Bestandteile eines Börsenbarometers stets einsehbar sind und der ETF-Kurs sich immer nahezu parallel zum Indexverlauf bewegt.

Der große Erfolg der ETF weltweit beruht, wie bereits angesprochen, auch auf ihren im Vergleich zu aktiven Investmentfonds deutlich niedrigeren Kosten. Da sich die Anbieter von Indexfonds teures Research und häufiges Handeln sparen, liegen die jährlichen laufenden Kosten (siehe Seite 177) bei Aktien-ETF im Durchschnitt mit weniger als 0,5 Prozent um etwa 1,5 Prozentpunkte niedriger als bei Aktienfonds. Für Standard-ETF auf bekannte Indizes wie Dax oder EuroStoxx 50 betragen sie aber nur einen Bruchteil davon. Bei langfristiger Anlage haben diese Kostenvorteile – auch wegen des Zinseszinseffekts – einen erheblichen Einfluss auf die Gesamtrendite.

Aber auch die einmaligen Kosten sind in der Regel niedriger als bei aktiv verwalteten Aktienfonds, bei denen Ausgabeaufschläge beim Erwerb von bis zu 5 Prozent anfallen. Allerdings geben viele Banken hohe Rabatte auf die Aufschläge, sodass die tatsächlichen Kosten deutlich günstiger sein können. Bei ETF, die an der Börse gehandelt werden, müssen Anleger dagegen ähnliche Börsenspesen zahlen wie bei Einzelaktien.

Die besonderen Vorteile von ETF macht sich das Basisportfolio zunutze, das wir im Folgenden im Detail vorstellen. Auch die aussichtsreichen Anlagestrategien, die wir im folgenden Kapitel schildern, können ganz einfach mit ETF umgesetzt werden.

Das Basisportfolio für ein breit gestreutes Depot

So einfach kann Geldanlage sein: Wer seine langfristige Geldanlage auf das Pantoffel-Portfolio von Finanztest gründet, hat später auch die Möglichkeiten zu Variationen.

Vielleicht haben Sie schon ein Wertpapierdepot, doch es setzt sich zusammen aus hier ein paar Aktien, dort ein paar Fondsanteilen, die Sie sich im Laufe der letzten Jahre mal gekauft haben? Keine Sorge, damit stehen Sie nicht allein! Doch ordentliche Diversifikation, also Streuung der Anlagerisiken, das ahnen Sie nun schon, sieht natürlich anders aus. Eine für Einsteiger genauso gut wie für Fortgeschrittene geeignete Form, sich ein gut diversifiziertes und langfristig aussichtsreiches Depot aufzubauen, ermöglicht das sogenannte Pantoffel-Portfolio von Finanztest.

Das Konzept ist einfach zu verstehen und zu handhaben – eben so bequem wie ein Pantoffel; es lässt sich de facto in allen Lebenslagen umsetzen und ist für viele Anlagezwecke geeignet: zum Beispiel zur Einmalanlage einer festen Summe oder zum gezielten Vermögensaufbau für die Altersvorsorge mittels eines Sparplans. Und selbst in späteren Jahren Ihres Lebens müssen Sie nicht auf ETF verzichten, wenn Sie sich aus Ihren Geldanlagen eine zusätzliche Rente genehmigen möchten.

Wichtig: Als Anleger sollten Sie Ihre Risikoneigung kennen. Da Sie sich als mutigen Geldanleger begreifen, bereiten Ihnen zwischenzeitliche Schwankungen an den Börsen vermutlich keine schlaflosen Nächte. Doch es gilt, Ihre – subjektive – Risikoneigung von Ihrer – objektiven – Risikotragfähigkeit zu unterscheiden. Beides ist für Ihre Anlagestrategie ausschlaggebend.

Das passende Risiko finden

Die Risikostruktur einer Geldanlage muss zur Lebenssituation des Anlegers passen. Dabei unterscheidet man zwei Begriffe:

▶ **Risikobereitschaft:** Darunter versteht man die ganz persönliche Neigung, Risiken einzugehen. Sowohl eine zu hohe als auch eine zu niedrige Risikobereitschaft kann negativ wirken.

▶ **Risikotragfähigkeit:** Sie bezeichnet den Spielraum für Verluste in den Finanzen des Anlegers. Je besser das Leben durch andere Einnahmequellen abgesichert ist, desto höher ist die Risikotragfähigkeit (siehe Checkliste rechts).

Stiftung Warentest | Bausteine für mutige Anleger

Checkliste

Risikotragfähigkeit

Wenn einer oder mehrere der folgenden Faktoren auf Sie zutreffen, haben Sie vermutlich eine höhere Risikotragfähigkeit als der Durchschnitt:

- ☐ Ihr Einkommen ist langfristig gesichert, zum Beispiel als Beamter oder durch andere sichere Quellen.

- ☐ Sie haben genügend finanzielle Reserven aufgebaut, die Sie im Zweifel in absehbarer Zeit wieder aufstocken können (siehe Terrassenmodell auf Seite 16).

- ☐ Die Basis Ihrer Altersvorsorge steht: mit Rentenansprüchen, vielleicht eigenen Immobilien oder Lebensversicherungen.

Wenn einer oder mehrere der folgenden Faktoren auf Sie zutreffen, haben Sie dagegen vermutlich eine verringerte Risikotragfähigkeit als der Durchschnitt:

- ☐ Ihre Einkommenssituation ist unsicher oder schwankt stark.

- ☐ Sie haben kaum finanzielle Reserven und Probleme, welche aufzubauen.

- ☐ In puncto Altersvorsorge sind Sie bisher noch schwach aufgestellt.

Ganz klar: Je höher Ihre Risikotragfähigkeit ist, desto stärker können Sie beim Aufbau Ihres Pantoffel-Portfolios auf Aktien-ETF setzen – mit der Aussicht auf langfristig überdurchschnittliche Renditen. Dennoch sollten Anleger mit kleinem finanziellen Spielraum und geringer Risikotragfähigkeit Aktien-ETF nicht ignorieren, um sich nicht der Chance auf höhere Vermögensbildung zu berauben. Denn bei einem Anlagezeitraum von mindestens zehn, besser 15 Jahren bieten aktienbasierte Anlagen hohe Gewinnchancen bei begrenztem Risiko, wie historische Daten belegen. Sofern Sie bereit sind, mindestens zehn bis 15 Jahre durchzuhalten, um Börsenkapriolen durchzustehen, ist das Pantoffel-Portfolio sehr gut für die langfristig renditestarke Geldanlage geeignet – für Einmalanlage und Sparplan.

Basisportfolio in drei Varianten

Das Pantoffel-Portfolio besteht aus zwei Bausteinen: einem Renditebaustein und einem Sicherheitsbaustein. Die Inhalte der jeweiligen Bausteine stellen sich die Anleger ganz einfach aus einer Art Baukasten selbst zusammen. Im einfachsten Fall besteht das Pantoffel-Portfolio lediglich aus einem globalen und somit besonders breit gestreuten Aktien-ETF auf den MSCI-World-Index (dazu gleich mehr) sowie aus Tagesgeld. Der Aktien-ETF dient als der langfristige Renditebringer fürs Depot, das Tagesgeld ist der Stabilitätsanker. Der Vorteil von Tagesgeld liegt darin, dass es eine der sichersten Anlagen ist. Bei höheren Anlagesummen muss man jedoch inzwischen darauf achten, dass keine Negativzinsen bzw. Verwahrentgelte berechnet werden und dass man die Einlagensicherung bis 100 000 Euro bedenkt. Die ist in der EU überall ähnlich, aber nicht jedes Land wird sie, wenn es hart auf hart kommt, auch reibungslos sicherstellen können. Mit Tagesgeld bleiben Anleger außerdem flexibel – das ist besonders in der derzeitigen Niedrigstzinsphase von Vorteil, da man, anders als bei Anleihen-ETF, keine Kursverluste riskiert.

Je nach Risikobereitschaft unterscheidet sich der prozentuale Anteil des Aktien-ETF im Depot. Defensive Anleger setzen auf 25 Prozent Aktien-ETF und 75 Prozent Tagesgeld; bei der ausgewogenen Strategie teilen sich beide Komponenten hälftig auf, offensive Anleger dagegen setzen auf 75 Prozent Aktien. Ein Hinweis: Sofern Sie bereits über Kapitallebensversicherungen verfügen, können Sie beim Aufbau Ihres Pantoffel-Portfolios ruhig offensiver vorgehen, da Lebensversicherungen traditionell das Gros der Anlegergelder in Zinsprodukte investieren. Für viele Anleger ist die ausgewogene Variante eine gute Wahl. Mehr Infos gibt es unter test.de/pantoffelmethode.

Weltindizes für Risikostreuung

ETF auf den MSCI-World-Index sind der zentrale Baustein des Pantoffel-Portfolios. Dieser Index setzt mit seiner Anlagestrategie nicht auf einzelne Länder, Branchen oder Trends, sondern auf das wirtschaftliche Wachstum der „entwickelten" Börsenwelt, die aus 23 Industrieländern besteht. Da er knapp 1 600 Aktien großer und mittelgroßer Unternehmen umfasst, ermöglicht er eine breite, internationale Risikostreuung. Dadurch ist schon mal viel Risiko aus der Geldanlage rausgenommen. Details zum MSCI World und den von Finanztest empfohlenen Indizes siehe Anhang ab Seite 182 – dort finden Sie auch eine Auswahl an geeigneten ETF. Mehr zu ETF gibt es im Internet unter test.de/etf.

Noch breiter aufgestellt als mit dem MSCI World sind Anleger mit dem Index MSCI All Country World, der auch Schwellenländer wie China und Indien einschließt. Für Anleger birgt das Vor- wie Nachteile: In den vergangenen Jahren brachte der Verzicht auf die Emerging Markets, wie die Schwellenländer auch genannt werden, etwas mehr Rendite. Denn die etablierten Börsen haben sich zuletzt besser entwickelt. Auf der anderen Seite verzichten Anleger aber auch auf Renditechancen und eine noch breitere Risikostreuung. Wer sich der Chancen und Risiken bewusst ist, kann einem ETF auf den MSCI All Country World als Renditebaustein im Pantoffel-Portfolio den Vorzug geben. Sie investieren damit in rund 3 000 Aktien aus 23 entwickelten und 27 aufstrebenden Märkten rund um den Globus. Fortgeschrittene Anleger können die Aktien-ETF-Komponente in mehrere Teile aufsplitten und reduzieren den Anteil des MSCI-World-Index etwas zugunsten von anderen Aktien-ETF. Mehr dazu später.

Eine akzeptable Alternative für Anleger, die nicht so stark in fremde Währungen investiert sein wollen, dafür aber eine gewisse Einschränkung bei der Risikostreuung in Kauf nehmen, ist ein Investment in einen ETF auf den Index MSCI Europe oder den Stoxx Europe 600. Aber trotz geringer Währungsrisiken bei einem Europa-Investment schwankte ein Welt-Investment in der Vergangenheit weniger – Risiken addieren sich nicht einfach auf.

Einmalanlage oder Sparplan

Das Pantoffel-Portfolio ist sowohl für die Einmalanlage eines bestimmten Betrags geeignet als auch für einen regelmäßigen Sparplan zum Vermögensaufbau. Bei zahlreichen Banken sind diese bereits ab geringen monatlichen Anlagesummen erhältlich (mehr dazu finden Sie auf Seite 137).

Wie sehr sich der minimale Aufwand für einen Sparplan in der Vergangenheit gelohnt hätte, zeigt eine Rückrechnung von Finanztest – basierend auf der tatsächlichen Börsenentwicklung (mehr dazu auf der kommenden Doppelseite). Wichtig vorauszuschicken ist aber: ETF-Sparpläne gab es im Jahr 1970 in Deutschland noch nicht.

Ein großer Vorteil des Pantoffel-Sparplans liegt darin, dass er sich ohne viel Aufwand und de facto ohne Mehrkosten der eigenen Lebenssituation jeweils anpassen lässt. Denn die idealerweise monatlich gezahlten Raten lassen sich ohne Weiteres eine Zeit lang aussetzen, aber auch flexibel

---

Anlegers bester Freund: der Zinseszinseffekt

Sparen für die Altersvorsorge ist ein langfristiges Projekt. Dabei gilt: Je länger Sie sparen, desto mehr wirkt sich der Zinseszinseffekt aus. Denn über die Jahre häufen sich auf den eigentlich investierten Betrag immer mehr Zinsen an, die wie eine zusätzliche Einlage wirken und sich über die weitere Laufzeit mitverzinsen. Die Wirkung des Zinseszinseffekts gilt ebenso bei wiederangelegten Dividendenzahlungen etwa bei Aktien-ETF.

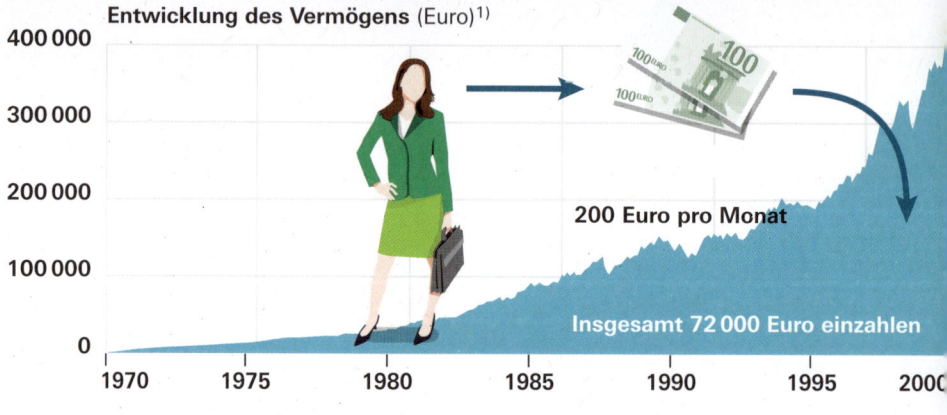

1) Verlauf des ausgewogenen Welt-Pantoffel-Portfolios nach Kosten und vor Steuern. Ab dem Jahr 2000 (Beginn des Entnahmeplans) nehmen wir fürs Tagesgeld konstant 0 Prozent Zinsen an.
2) Monatliche Entnahme von 1 160 Euro ergibt sich aus rund 418 400 Euro Vermögen, verteilt auf 360 Monate (30 Jahre).

wieder aufstocken, ganz wie es zum Leben passt.

Wer für die Altersvorsorge spart, kann dann zum Eintritt in den Ruhestand das Ganze in einen Entnahmeplan überführen – für eine selbst erwirtschaftete stattliche zusätzliche Monatsrente. Ein Entnahmeplan ist ein umgekehrter Sparplan – man verkauft also regelmäßig einen kleinen Anteil seiner ETF-Anteile beziehungsweise löst einen kleinen Teil seines Tagesgelds auf. Auch wer eine bestimmte Summe Geldes anlegen möchte, kann sich das Konzept des Pantoffel-Portfolios zunutze machen.

Über die vergangenen 30 Jahre wäre mit einem ausgewogenen Pantoffel-Entnahmeplan eine Rendite um die 4 Prozent pro Jahr drin gewesen, wobei wir für den sicheren Anteil im Depot 0 Prozent Zinsen unterstellen. Mit einem offensiven Pantoffel-Entnahmeplan hätte es sogar 5,9 Prozent pro Jahr gegeben. Möglich macht es die Streuung der Geldanlage auf viele Aktien weltweit mithilfe von kostengünstigen globalen ETF auf den MSCI-World-Index.

Wer einsteigen möchte, aber fürchtet, dass die nächste große Krise nicht mehr allzu lange auf sich warten lässt, kann eine größere Anlagesumme auch in mehrere Teilraten aufteilen und im Abstand mehrerer Monate anlegen. Das Vorgehen bietet mehr gefühlte Sicherheit. Ob es sich finanziell auszahlt, weiß man aber erst hinterher.

Einmal aufgebaut, ist das Depot in der Basisvariante sehr pflegeleicht – es empfiehlt sich eine jährliche Kontrolle und etwaige Anpassung, sofern die tatsächliche Depotzusammensetzung zu stark von der gewünschten Aufteilung abweicht. Wie man im Detail vorgehen sollte, um das Depot wieder ins Gleichgewicht zu bringen, erfahren Sie ab Seite 149 im Abschnitt „Das Depot gezielt anpassen und absichern". Tatsächlich ist es nicht allzu oft nötig, das Depot anzupassen, wie Rückrechnungen zeigen.

Weltindizes für Risikostreuung

Zwar ermöglicht das Pantoffel-Portfolio gute Renditen zu überschaubarem Risiko. Dennoch sind auch längere Durststrecken mög-

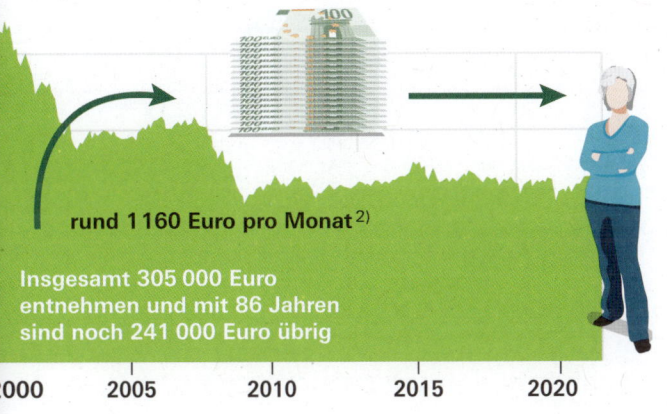

rund 1 160 Euro pro Monat²⁾

Insgesamt 305 000 Euro entnehmen und mit 86 Jahren sind noch 241 000 Euro übrig

2000 2005 2010 2015 2020

Quellen: Thomson Reuters, eigene Berechnungen
Stand: 31. Oktober 2021

Mit dem Pantoffel-Portfolio durchs Leben

Angenommen, mit 35 Jahren hätte eine Anlegerin im Jahr 1970 einen Sparplan auf die ausgewogene Variante des Pantoffel-Portfolios gestartet und jeden Monat 200 Euro investiert. Dann hätte sie zu ihrem Renteneintritt im Jahr 2 000 die stolze Summe von rund 418 000 Euro angehäuft – obwohl sie selbst über die Jahre nur 72 000 Euro eingezahlt hat. Selbst wenn sie dann ab 65 Jahren jeden Monat 1 160 Euro Rente aus ihrem Vermögen entnommen hätte, lägen heute im Depot der mittlerweile 86-Jährigen immer noch rund 241 000 Euro.

lich, je nach Einstiegszeitpunkt: Wer zum Börsenhoch anno 2000 eingestiegen wäre und ein 50:50-Depot aufgebaut hätte, hätte bis zum Jahr 2010 durchhalten müssen, um wieder in der Gewinnzone zu landen, weil sich zwischendurch zwei schwere Finanzkrisen ereigneten. Seither ging es bis Februar 2020 kräftig nach oben. Doch dann sorgte die Corona-Pandemie dafür, dass die Aktiennotierungen zwischenzeitlich weltweit abstürzten. Wer im Crash die Nerven verlor, musste von der Seitenlinie aus zusehen, wie sich die Börsen rasch erholten und zu einem neuen Höhenflug ansetzten. Anleger, die unbeirrt investiert blieben, profitierten.

In vier Schritten zum Pantoffel-Portfolio:

❶ Überlegen Sie gut, welches Risiko Sie eingehen können und wollen. Offensive Zeitgenossen setzen auf 75 Prozent Aktienanteil, eher risikoscheue auf 25 Prozent. In der ausgewogenen Mischung, die für viele Anleger geeignet ist, wird eine Hälfte in Aktien und die andere in Zinsanlagen investiert.

❷ Basisanlage für den Aktienanteil auswählen: Besonders empfehlenswert ist ein ETF auf den MSCI-World-Index; wer auch Schwellenländer dabeihaben möchte, wählt den MSCI All Country World Index. Wer lieber auf Europa setzen möchte, dafür aber eine geringere Streuung in Kauf nimmt, setzt auf den MSCI Europe oder Stoxx Europe 600 Index. Nachhaltig investierende Anleger können einem ETF auf die MSCI World SRI Index-Reihe den Vorzug geben (mehr dazu ab Seite 48).

❸ Passende Bank aussuchen und Wertpapierdepot eröffnen. Der Einmalkauf von ETF ist bei jeder Bank problemlos möglich, ETF-Sparpläne gibt es dagegen nicht überall, sondern vor allem bei Online-Banken (siehe auch „Filialbank oder Onlinebroker" ab Seite 136).

❹ Einmal jährlich prüfen, ob die Mischung im Portfolio noch der Wunschaufteilung entspricht und gegebenenfalls anpassen.

Nachhaltig anlegen – saubere Renditen erzielen

Ökologische, soziale und ethische Kriterien lassen sich auch bei der Geldanlage berücksichtigen – ohne dabei auf Rendite verzichten zu müssen. So gehen Sie dabei geschickt vor.

Sie möchten auf keinen Fall Geld verdienen mit Unternehmen, die schmutzige Geschäfte machen oder Geld mit Kinderarbeit oder Waffen verdienen? Mit nachhaltigen Investments können Sie diese gezielt ausschließen und Ihr Geld nach ethischen und sozialen Kriterien anlegen. Das Angebot in diesem Bereich wuchs in den vergangenen Jahren deutlich – ganz egal, ob Girokonto, Tagesgeld, Festgeld oder Wertpapiere. Zudem sind die Anbieter nachhaltiger Investments inzwischen gesetzlich verpflichtet, Informationen zur Nachhaltigkeit ihrer Angebote zu veröffentlichen. Daher können Sie einfacher entscheiden, welches Ihre Anforderungen in Bezug auf die Nachhaltigkeit erfüllt.

→ **Lohnen nachhaltige Anlagen?**
Es ist ein Irrglaube, dass nachhaltige Anlagen Rendite kosten. Sie schneiden nämlich nicht schlechter als herkömmliche Anlagen ab, wie die Berechnungen von Finanztest belegen (siehe Tabelle Seite 49).

ESG und SRI richtig einordnen

Gleich vorweg: Verlassen Sie sich nicht auf wohlklingende Namen von Investmentangeboten. Nachhaltige Fonds und ETF tragen meist den Zusatz ESG oder SRI im Namen. Das Akronym SRI steht für Socially Responsible Investing, zu Deutsch: sozial verantwortliches Investieren. Etwas detaillierter ist ESG: E für Environment (Umwelt), S für Social (Soziales) und G für Governance (Unternehmensführung). Teils wird auch die englische Bezeichnung für Nachhaltigkeit, Sustainability, verwendet.

Leider gibt es für die Zusätze keine festen oder einheitlichen Regeln, wenn es um die Auswahlkriterien geht. Die Begriffe werden je nach Anbieter unterschiedlich interpretiert und teils auch synonym verwendet. Zudem bedeuten die Zusätze ESG oder SRI nicht, dass alle Anlagen zu 100 Prozent nachhaltig oder umstrittene Branchen generell ausgeschlossen sind. So existiert zum Beispiel beim Indexanbieter MSCI eine Vielzahl von ESG-Indizes, die nach unterschiedlichen Auswahlkriterien zusammengesetzt sind. ESG- oder SRI-Investments sind daher oft nicht vergleichbar und auch nicht immer so grün, wie es auf den ersten Blick erscheint.

Generell gelten ETF als mittelgrün, aktiv gemanagte Fonds folgen teilweise strikteren Kriterien. Letztere sind jedoch mit höheren Gebühren belastet und liefern aus diesem Grund auf Dauer keine so überzeugenden Ergebnisse. Daher rät Finanztest Anlegern den Renditebaustein des Pantoffel-Portfolios mit nachhaltigen ETF umzusetzen. Diese haben im langfristigen Vergleich überzeugende Ergebnisse geliefert (siehe Tabelle). In einem großen Fonds- und ETF-Vergleich nachhaltiger Papiere hat Finanztest Ende Juli 2021 passende ETF herausgefiltert, die sich für den Renditebaustein eignen. Sie erhielten eine mittlere Nachhaltigkeitswertung (drei Sterne) und schnitten auch im ETF-Vergleich gut ab. Nachhaltige Aktien-ETF mit der Auszeichnung 1. Wahl finden Sie im Anhang ab Seite 182. Für den Sicherheitsbaustein eignet sich ein Tages- oder Festgeldkonto bei einer Nachhaltigkeitsbank – wie zum Beispiel GLS Bank, Triodos Bank oder Umweltbank.

Genauso gut wie klassisch

Die Renditen des nachhaltigen Welt-Pantoffel-Depots waren ähnlich hoch wie die des klassischen. Die Risiken lagen leicht darunter. Zu Umschichtungen kam es selten. Stimmt die Mischung noch, oder müssen Sie Ihr Depot umschichten? Unser Rechner hilft (test.de/pantoffelrechner).

Pantoffel-Depot	Rendite pro Jahr (Prozent) bei einer Laufzeit von ...			Risiko		Umschichtungen innerhalb von 5 Jahren
	5 Jahren	3 Jahren	1 Jahr	Schlechteste Jahresrendite (Prozent)	Längste Verlustdauer (Monate)	
Nachhaltiges Welt-Pantoffel-Depot						
Defensiv	4,1	4,8	7,4	–0,9	6	1
Ausgewogen	7,7	8,9	14,9	–1,7	6	1
Offensiv	11,5	13,2	22,3	–2,5	6	1
Klassisches Welt-Pantoffel-Depot						
Defensiv	3,7	4,0	7,8	–2,5	9	1
Ausgewogen	7,0	7,6	15,6	–2,6	9	1
Offensiv	10,6	11,1	23,5	–6,6	9	0

Zur Simulation des Aktienbausteins verwenden wir beim klassischen Welt-Pantoffel-Portfolio den MSCI World Total Return Index und berücksichtigen zusätzlich einen jährlichen Renditeabschlag in Höhe von 0,5 Prozent. Beim nachhaltigen Welt-Pantoffel-Portfolio verwenden wir den MSCI World SRI Filtered ex Fossil Fuels Net Return Index.

Quellen: Refinitiv, Amundi, eigene Simulationen   Stand: 30. Juni 2021

Depoterweiterungen für Fortgeschrittene

Sie besitzen schon einige Basisfonds und möchten Ihre Anlage abwechslungsreicher gestalten? Mit passenden Umschichtungen und Ergänzungen lässt sich Ihr Depot gezielt erweitern.

Vielleicht haben Sie bereits seit Längerem ein Wertpapierdepot, in dem sich Aktien oder Aktienfonds und andere Anlageformen befinden? Oder es ist Ihnen schlichtweg zu langweilig, Ihr Geld wie beim Pantoffel-Portfolio einfach nur in einen Welt-Aktien-ETF plus in Tagesgeld zu stecken, obwohl es für eine vernünftige langfristige Geldanlage eigentlich ausreichend wäre – Sie haben immer mal Lust auf etwas Neues? Dann erfahren Sie auf den folgenden Seiten, wie Sie Ihr bestehendes Portfolio gut erweitern können.

Im besten Fall können Sie auf einen Renditekick durch die Beimischungen hoffen. Beimischungen zum herkömmlichen Pantoffel-Portfolio sind allerdings erst dann sinnvoll, wenn der Aktienanteil mindestens 10 000 Euro beträgt. Auch sollten die Beimischungen nicht mehr als 30 Prozent des Renditebausteins (also des Aktienanteils) ausmachen, um nicht zu sehr vom ursprünglichen Anlagekonzept abzuweichen.

Beimischungen können für einen Renditekick ohne deutlich höheres Risiko sorgen. Wer allerdings Beimischungen auswählt, die in Zukunft nicht halten, was man sich von ihnen erhofft hat, kann seine Performance senken. Welches die Boommärkte der Zukunft sind, lässt sich eben nicht seriös vorhersagen.

Streuung nach Ländern – in die Ferne zu schweifen lohnt sich

Eine Idee für eine gute Beimischung besteht darin, ETF oder Fonds beizumischen, die sich vom Aktienmarkt Welt ausreichend unterscheiden. Finanztest hat dazu die Fonds in „enge" (sehr ähnliche) und „weite" (weniger ähnliche) Fondsfamilien eingeteilt. Maßstab ist jeweils der Index MSCI World, der zugleich der Mittelpunkt der weiten Familie mit der Nummer 1 ist. Wenn Anleger auf unterschiedlich weite Familien setzen, können sie davon ausgehen, dass sie ihrem Portfolio möglichst unterschiedliche Fonds beimischen. Das erhöht die Risikostreuung im Depot – und macht das Depot weniger schwankungsanfällig.

Vielleicht haben Sie aber auch einen Fonds im Depot, der auf einen zwar nach wie vor aussichtsreichen Markt setzt, sich

Stiftung Warentest | Bausteine für mutige Anleger

aber in letzter Zeit schlechter als vergleichbare Fonds geschlagen hat? Wenn Sie weiter auf diesen Markt setzen möchten, können Sie den Fonds durch einen anderen derselben „engen" Familie ersetzen. Mehr Infos zu den Fondsfamilien gibt es unter test.de/fonds.

Der beste Weg, um das Chance-Risiko-Verhältnis mit Aktien zu verbessern, ist eine weltweite Streuung. Wenn es in einer Region schlecht läuft, kann das durch die Entwicklung in einer anderen wettgemacht werden. Da die Börsen der verschiedenen Länder und Regionen nie völlig im Gleichschritt marschieren, lohnt sich die geografische Diversifikation.

> **Diversifikation ist das Einzige, das es an der Börse umsonst gibt.**

Harry M. Markowitz, Begründer der modernen Portfoliotheorie

Der US-Wirtschafts-Nobelpreisträger Harry M. Markowitz hat diesen Zusammenhang im Jahr 1952 als Erster wissenschaftlich nachgewiesen und gezeigt, dass eine breite Streuung die Risiken überproportional reduziert. Markowitz, der Begründer der modernen Portfoliotheorie, war überzeugt: „Diversifikation ist das Einzige, das es an der Börse umsonst gibt." Solche „Geschenke" sollten Anleger dankend annehmen und konsequent ihre Geldanlagen weltweit streuen.

Den meisten Anlegern ist es jedoch kaum möglich, ein gut ausbalanciertes internationales Aktiendepot nur mit Einzelwerten zu bestücken. Die Vielzahl an Aktien würde ihre finanziellen Möglichkeiten weit übersteigen. Deshalb spielen Aktienfonds und Aktien-ETF bei der geografischen Streu-

Gut zu wissen

Was ist der Börsenwert? Der Börsenwert drückt aus, wie hoch eine Aktiengesellschaft an der Börse bewertet wird. Dazu wird der aktuelle Kurs mit der Anzahl aller ausgegebenen Aktien multipliziert. Ein Unternehmen mit 10 Millionen Aktien und einem Aktienkurs von 30 Euro weist also einen Börsenwert von 300 Millionen Euro auf. Der Börsenwert wird auch Marktkapitalisierung oder Market Cap genannt. Addiert man die Börsenwerte aller Aktien eines Landes, erhält man die Marktkapitalisierung des Landes. So hat zum Beispiel Deutschland einen Anteil von weniger als 3 Prozent (Herbst 2021) am MSCI World. Dagegen bestimmt die Gewichtung einer Aktie im Index meist der Streubesitz, also die am Markt „verfügbaren" Aktien.

ung eine bedeutende Rolle, entweder in Kombination mit Einzelwerten oder alleine mit ETF und Aktienfonds.

US-Aktien mit hohem Gewicht in den Weltindizes

Ein Manko hat der MSCI-World-Index nämlich: Schwellenländer sind in ihm bislang nicht vertreten. Auch der MSCI-All-Country-World-Index enthält zum Beispiel Schwellenländer nur mit einem Anteil von rund 12 Prozent.

Den Kern des Depots nur mit ETF auf den MSCI World, der über 1 500 Aktien aus Industrieländern enthält, oder den MSCI ACWI zu bilden, hat daher auch Nebenwirkungen. Eine liegt in der hohen Gewichtung von amerikanischen Aktien in diesen Indizes. Ende September 2021 bestimmten sie mehr als zwei Drittel des Wertes des MSCI World und rund 60 Prozent des MSCI ACWI. Falls sich die Börsen in den USA deutlich schlechter entwickeln als die der anderen Länder, können die Aktien der übrigen Länder – beim MSCI World sind es 22 und beim MSCI All Country World sogar 49 – dies womöglich nur schwer ausgleichen. Denn das Wohl und Wehe vieler Aktienmärkte hängt auch von den US-Börsen ab.

Warum aber haben US-Aktien in den Weltindizes ein so hohes Gewicht? Das liegt an der Konstruktionsmethode der meisten internationalen Indizes. Die einzelnen Länder werden entsprechend des Börsenwertes aller Aktien im jeweiligen Land gewichtet

Wirtschaftsleistung und Börsenwert wichtiger Staaten

Unter den 23 Ländern, die im MSCI World Index vertreten sind, haben die US-Firmen mit 67,7 Prozent ein sehr hohes Gewicht. Die Wirtschaftskraft (BIP) der USA macht unter diesen Ländern aber nur 38,8 Prozent aus. Deutschlands Wirtschaftskraft (8,2 Prozent) ist hingegen deutlich höher als das Börsengewicht seiner Firmen (2,7 Prozent).

Land	Gewicht im MSCI World	Anteil am BIP 2020
USA	67,7 %	38,8 %
Japan	7,0 %	13,6 %
Großbritannien	4,2 %	5,8 %
Frankreich	3,3 %	6,0 %
Kanada	3,2 %	4,0 %
Deutschland	2,7 %	8,2 %

Quellen: MSCI, Weltbank; Daten: MSCI World per 30.9.2021

(siehe Gut zu wissen, Seite 51). Da in den USA erstens der Anteil der Aktiengesellschaften an allen Firmen sehr hoch ist und zweitens US-Aktien, gemessen am Kurs-Gewinn-Verhältnis (KGV), im Durchschnitt teurer sind als die Aktien in anderen Teilen der Welt, errechnet sich ein sehr hoher Börsenwert.

Deutschland: Wirtschaftsleistung ist hoch, MSCI-Anteil aber niedrig

In Deutschland verhält es sich genau umgekehrt zu den USA: Hier ist bei Weitem kein so hoher Anteil der Unternehmen überhaupt an den Börsen notiert, und das Kurs-Gewinn-Verhältnis ist (Stand: September 2021) deutlich niedriger. Deshalb ist das Gewicht deutscher Aktien an internationalen Indizes sogar geringer als das von Ländern wie Großbritannien, Frankreich oder Kanada, obwohl diese keine so hohe jährliche Wirtschaftsleistung – gemessen am BIP, dem Bruttoinlandsprodukt – aufweisen wie Deutschland. Die Tabelle links zeigt, dass der US-Anteil am MSCI World rund 1,7-mal so hoch ist wie der Anteil der USA am Bruttoinlandsprodukt (BIP), also der Summe des BIP aller Industrieländer.

Um diese „Unwucht" zu beseitigen, stellt Finanztest als Alternative zum MSCI World Index ein Dreierportfolio und als Alternative zum MSCI ACWI ein Viererportfolio mit ETF vor, die verschiedene MSCI-Indizes nachbilden. Die Gewichtung soll sich der Wirtschaftskraft der einzelnen Länder annähern. Dadurch reduziert sich der überproportional hohe Anteil der US-Aktien im Depot im Vergleich zu den MSCI-Indizes deutlich, je nach gewählter Aufteilung – beim Viererdepot stärker als beim Dreierdepot:

→ Beim Dreierdepot wird die Anlagesumme auf drei ETF auf diese Indizes verteilt:

70 % MSCI World
20 % MSCI EMU (Euro-Länder)
10 % MSCI Pacific

Dadurch reduziert sich das Gewicht von US-Aktien auf rund 48 Prozent, die Eurozone macht dann 27 Prozent aus und Japan (Schwerpunkt in der Pazifik-Region) knapp 12 %.

→ Beim Viererdepot kann die Aufteilung so aussehen:

50 % MSCI World
30 % MSCI Emerging Markets
15 % MSCI EMU (Euro-Länder)
5 % MSCI Pacific

Dadurch reduziert sich das Gewicht der US-Aktien auf 34 Prozent, die Eurozone macht dann 20 Prozent aus und die Schwellenländer 30 Prozent.

Anleger mit langfristiger Perspektive, die es vorziehen, möglichst wenig zu handeln, können auf diese Aufteilung setzen und nur einmal jährlich genau draufschauen und die Zusammensetzung überprüfen (zum Thema Umschichtungen siehe auch Seite 149). Ergänzen können risikofreudige Anleger diese Basis um aktiv gemanagte Fonds und Länder-ETF, von denen sie sich eine bessere Entwicklung versprechen als der

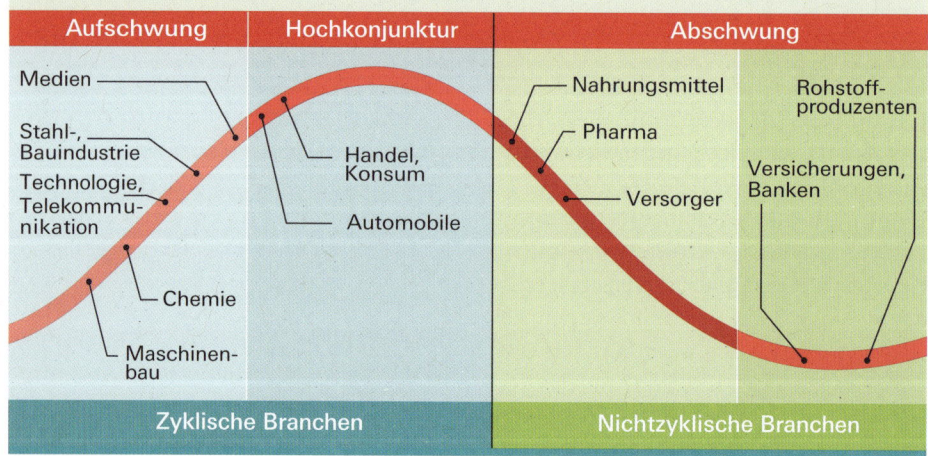

Branchen im Auf und Ab des Konjunkturverlaufs

Der Chart zeigt, in welcher Phase eines „normalen" Konjunkturzyklus die wichtigsten Branchen den stärksten Wachstumsschub erhalten. Die Börsen nehmen diese typische Entwicklung bei den Kursen vorweg.

Durchschnitt. Das können Länder sein, in denen die Konjunktur besser läuft als erwartet, die Aktienbewertung im internationalen Vergleich günstig ist oder politische und steuerliche Veränderungen die Chancen erhöhen.

Wenn Sie eine Länderrotation ins Auge fassen, sollten Sie darauf achten, dass die Umschichtungskosten nur einen geringen Teil der möglichen Zusatzgewinne auffressen. Hier bieten sich ETF auf Länder und Regionen an. Sie haben den Vorteil, dass Sie mit einer einzigen Transaktion die wichtigsten Aktien eines Landes kaufen und verkaufen können und dass die laufenden Kosten mit Gesamtkostenquoten von teilweise weniger als 0,2 Prozent jährlich recht gering sind, für die großen Industriestaaten niedriger als für kleinere Länder und Schwellenländer. Die Auswahl ist riesengroß, viele der mehr als 1 600 in Deutschland gehandelten ETF (Mitte 2021) bilden Aktienmärkte aus Ländern und Regionen nach.

Streuung nach Branchen – Vielseitigkeit ist Trumpf

In der Wirtschaft ereignen sich laufend gewaltige Verschiebungen in Technologie und Käuferverhalten, in gesetzlichen Vorgaben und politischen Zielen. Dieser Strukturwandel begünstigt jedoch nie alle Branchen, sondern meistens nur einige. Auch in jedem Konjunkturzyklus bewegt sich das Wachstum der verschiedenen Wirtschaftszweige nicht gleichmäßig, einige Branchen profitieren vom Start weg, andere brauchen länger, bis ein Aufschwung bei ihnen ankommt. Experten nennen das Sektorrotation. Manche Anleger versuchen deshalb, im Depot das Gewicht der Branchen mit einem überdurchschnittlich hohen Wachstumstempo zu erhöhen, also beispielsweise Autowerte gegenüber Maschinenbautiteln zu bevorzugen oder Softwareaktien gegenüber Stahlwerten. Denn die Unterschiede in der Wachstumsgeschwindigkeit wirken sich in der Regel auf die Aktienkurse aus.

In einem stark expandierenden Wirtschaftszweig fällt es Unternehmen leichter, steigende Gewinne zu erwirtschaften, als in einem langsam wachsenden, stagnierenden oder gar rückläufigen. Aber Vorsicht: Branchentrends können sich schnell ändern. Bei der konjunkturellen Sektorrotation (siehe Grafik links) müssen Anleger die aktuellen Entwicklungen beobachten und bereit sein, schnell zu reagieren, also häufiger zu kaufen und zu verkaufen. Denn in einem Konjunkturaufschwung wechseln die Branchenfavoriten oft relativ rasch. Wie schnell, hängt vom Verlauf der Konjunktur ab, manchmal dauert ein kompletter Zyklus nur wenige Jahre, manchmal auch zehn Jahre. Während der Coronakrise musste man sogar innerhalb weniger Wochen handeln, wenn man die Sektorrotation nutzen wollte.

Zu Beginn des Aufschwungs sind es in der Regel vor allem zinsabhängige Wirtschaftsbereiche, die zudem von den anspringenden Investitionen profitieren. Maschinenbau, Technologie und Bauindustrie zählen dazu.

Sobald sich aber der Aufschwung der Hochkonjunktur nähert, sind Sektoren begünstigt, die von der Kaufkraft der Verbraucher abhängen, denn die verbessert sich dank höherer Beschäftigung und steigender Löhne. Autowerte, Konsumwerte und Handelsaktien stehen dann auch in der Gunst der Anleger.

Wenn der Konjunkturhöhepunkt überschritten ist, folgt die große Zeit der spät- und nichtzyklischen Branchen wie die Pharmaindustrie, Versorger und Nahrungsmittelhersteller. Ihre Gewinnentwicklung ist weniger stark von der Konjunktur abhängig als bei den zyklischen Wirtschaftszweigen. Deshalb weisen sie eine stetigere Ertragsentwicklung auf – und das honorieren Anleger in unsicheren Zeiten als Stabilitätsanker fürs Depot.

Die Sektorrotation können Anleger ausnutzen, indem sie Branchen-ETF aus diesen Bereichen auswählen. Auch hier ist die Auswahl groß. Da Branchentrends meistens nicht auf ein Land beschränkt sind, sondern Regionen umfassen oder weltweit gelten, bieten international breit gestreute Sektor-ETF zumeist ein besseres Chance-Risiko-Verhältnis als länderbezogene. Für Europa und den Euro-Raum bieten die Emittenten viele ETF auf die Branchenindizes des Indexanbieters Stoxx (einer Tochter der Deutsche Börse AG) an, für Branchen weltweit gibt es ETF vor allem auf Sektor-Indizes von MSCI.

Megatrends erschließen neue Wachstumsfelder

Insbesondere Langfristanleger können ihre Branchenauswahl noch aus einem anderen Gesichtspunkt als der Konjunkturentwicklung treffen und auf Megatrends setzen.

Der Begriff wurde Anfang der 1980er-Jahre vom US-amerikanischen Zukunftsforscher John Naisbitt geprägt. Er definierte Megatrends als „große soziale, ökonomische, politische und technologische Umwälzungen, die uns für lange Zeit beeinflussen werden". Naisbitt hatte damals eine Zeitspanne „zwischen sieben und zehn Jahren oder länger" im Auge. Inzwischen weiß man, dass Megatrends sogar Jahrzehnte andauern können. Sie erschließen neue Wachstumsfelder und drängen so manch andere in die Bedeutungslosigkeit.

Wer die Unternehmen identifiziert, die in der Umsetzung von Megatrends führend sind, kann erwarten, dass sie lange Zeit überdurchschnittlich wachsen und hohe Steigerungsraten der Gewinne erzielen. Megatrends beschränken sich meistens nicht nur auf eine Branche, sondern wirken in verschiedene Wirtschaftszweige hinein. Für Anleger galten Mitte 2021 beispielsweise diese fünf Themenfelder als spannend:

▶ **Digitalisierung und Automatisierung:** Dazu zählen Datenmanagement, Internetsicherheit, mobile Fahrsysteme, Robotik, Künstliche Intelligenz, Social Media, Online-Shops und vieles mehr. Softwarefirmen profitieren davon ebenso wie manche Maschinenbauer, Halbleiterhersteller et cetera.

▶ **Demografie:** Die Weltbevölkerung wird trotz Corona-Virus noch lange Zeit deutlich zunehmen – und sie altert zusehends. Produkte, die Grundbedürfnisse aller Menschen wie Nahrung oder Kleidung befriedigen, haben deshalb gute Chancen. Noch bessere werden Gütern und Dienstleistungen zugebilligt, die von älteren Generationen nachgefragt werden. Hier steht der Gesundheitssektor im Vordergrund: Pharmafirmen, Krankenhäuser, Gesundheitstechnik, et cetera, aber auch Unternehmen, die Altersvorsorgeprodukte anbieten.

▶ **Urbanisierung und Infrastruktur:** Im Jahr 1950 lebten knapp 30 Prozent der Weltbevölkerung in Städten, 2008 waren es erstmals mehr als die Hälfte, und 2030 sollen es 60 Prozent sein. Vor allem die Megacitys mit mehr als 10 Millionen Einwohnern wachsen enorm – waren es Anfang des Jahrtausends noch 20, so sind es inzwischen schon 35. Ein Großteil der Urbanisierung entfällt auf Schwellenländer. Verstädterung stellt die Verwaltungen vor immense Aufgaben, vor allem die Infrastruktur muss massiv ausgebaut werden, von Straßen und öffentlichen Verkehrssystemen bis hin zur Wasser- und Energieversorgung.

▶ **Klimawandel:** Die Auswirkungen vor allem der Erderwärmung sind außerordentlich vielschichtig – entsprechend sind auch zahlreiche Branchen betroffen, positiv wie negativ. Investmentchancen ergeben sich insbesondere bei erneuerbaren Energien, E-Mobilität und ressourcenschonenden Produktionsmethoden. Aber auch die Baubranche (zum Beispiel Hochwasserschutz, Nullenergiehäuser) und Versicherer (wegen hoher Schäden steigen die Versicherungsprämien) könnten profitieren.

- **Ressourcenknappheit:** Die wachsende Bevölkerung und der zunehmende Wohlstand in bevölkerungsreichen Ländern erfordern mehr Rohstoffe wie Metalle oder Energie, aber auch Lebensmittel und andere Ressourcen – vor allem Wasser, das weltweit knapp wird.

Zum Thema Megatrends gibt es zahlreiche Fonds und ETF. Sie weisen mit ihrer breiteren Streuung und ihrer internationalen Ausrichtung ein besseres Chance-Risiko-Verhältnis auf als Investments in Einzelaktien dieser Trendbranchen.

Aber Achtung: Da Megatrends ein beliebtes Investmentthema sind, ist die Gefahr groß, dass Aktien, die besonders im Fokus stehen, bereits viel Kursfantasie vorwegnehmen. Weil viele Anleger darauf setzen und so die Nachfrage nach diesen Aktien ankurbeln, können die Kurse weit über das Niveau hinaus steigen, das von der Bewertung her gerechtfertigt wäre. Anleger sollten sich auch nicht von den vermeintlich einleuchtenden Argumenten für diesen oder jenen Megatrend blenden lassen. Ob ein Thema langfristig Erfolg haben wird, ist komplex und nicht garantiert. Deshalb empfehlen wir, Themen – wie auch Beimischungen – nicht höher als 30 Prozent zu gewichten.

❝ **Fazit:** Eine breite Streuung nach Ländern und Branchen bildet die Grundlage jedes stabilen Aktienportfolios. Die detaillierte Aufteilung auf die verschiedenen Länder und Sektoren hängt aber vom Anlagehorizont sowie vom Wunsch der Anleger ab, individuellere Schwerpunkte zu setzen.

Am einfachsten und kostengünstigsten lässt sich eine gute Diversifikation mit ETF bewerkstelligen, aber auch aktiv gemanagte Fonds sind geeignet. Allerdings ist bei diesen die Auswahl deutlich schwieriger.

Der Grund: Ein in der Vergangenheit guter Fondsmanager muss nicht in der Zukunft gut bleiben – unter den guten Managern hatten einige einfach nur Glück. Anleger, die ihr Geld bevorzugt in aktiv gemanagte Fonds anlegen, müssen daher regelmäßig prüfen, ob ihr Fonds noch so gut abschneidet wie bisher – und notfalls umschichten.

Zudem sind die laufenden Kosten, die bei aktiv gemanagten Fonds jährlich anfallen, oft erheblich höher als bei ETF. Solange das durch ein Mehr an Rendite ausgeglichen wird, stimmt die Rechnung, aber mit jedem Promill mehr an Kosten wird es für den Manager schwieriger, einen Mehrwert zu bieten. Wer also auf aktiv gemanagte Fonds setzt, muss die Wertentwicklung des Fonds aktiv überwachen und die Gebühren berücksichtigen.

Wer seine Beimischungen dagegen möglichst selten austauschen möchte, fährt gut mit einem günstigen 1.-Wahl-ETF. Ausgewählte Papiere finden Sie ab Seite 182 oder unter test.de/fonds (kostenpflichtig).

Renditekick mit Aktienstrategien

Nur wer an der Börse einen klaren Plan verfolgt, hat auf Dauer Erfolg. Wir stellen Ihnen bewährte Anlagemethoden vor, mit denen Sie ein Basisdepot sinnvoll ergänzen können.

Schauen Sie sich manchmal Autorennen im Fernsehen an? Dann haben Sie sicher schon gehört, wie Reporter und Experten davon schwärmen, dass Formel-1-Weltmeister Lewis Hamilton eine bessere Strategie gewählt hat als sein härtester Rivale, der Niederländer Max Verstappen. Der Brite hat die optimale Reifenwahl getroffen, die Boxenstopps genau getimt, die Motorleistung in der Anfangsphase nicht voll ausgereizt und an Stellen überholt, an denen es die Gegner kaum erwartet hatten. Allerdings entwickeln weder Hamilton noch Verstappen oder andere Fahrer ihre Strategie selbst. Diese Arbeit nimmt ihnen der Kommandostand ab, in dem Ingenieure, Rennexperten und Computerspezialisten sitzen.

Was aber haben Autorennen mit Ihrer Geldanlage zu tun? Auf den ersten Blick wenig, auf den zweiten viel. Wie in der Formel 1 entscheidet auch beim Investieren die richtige Strategie maßgeblich über den Erfolg. Und wie Vettel und Hamilton können auch Sie auf Wissenschaftler und Praktiker bauen, die Strategien ausgearbeitet haben, die in der Vergangenheit erfolgreich waren.

Dabei wollen wir Sie unterstützen, indem wir Ihnen die Anlagestrategien vorstellen, die sich seit Jahrzehnten bewährt haben und von privaten Anlegern relativ einfach angewandt werden können – und die Sie auch bequem mit ETF und aktiv gemanagten Investmentfonds nachbilden können. Der größte Fehler, den mutige Anleger begehen können, besteht darin, keine Strategie zu haben, also wahllos Wertpapiere zu kaufen und zu verkaufen.

Ohne klar definierte Aufteilung Ihres Vermögens besteht die Gefahr, dass Sie zu oft auf das Gefühl setzen statt auf den Verstand. So wichtig Emotionen im Leben sind – an der Börse sind sie meistens gefährlich. Denn sie verleiten zu unüberlegtem, oft planlosem Handeln.

Das richtige Handwerkszeug für die Auswahl der Aktien

An den Finanzmärkten können verschiedene Wege zum Erfolg führen. Wir stellen Ihnen die zwei bekanntesten Analysemethoden vor: die fundamentale und die technische Analyse.

→ **Bevor wir** näher auf besonders populäre Anlagestrategien eingehen, erläutern wir kurz die wichtigsten Kriterien für die Aktienauswahl. Sie sind für die praktische Umsetzung einer Anlagephilosophie hilfreich. Es gibt zwei Hauptrichtungen: die fundamentale Analyse und die technische Analyse (auch Chartanalyse oder Charttechnik genannt). Für Anleger kommt die Entscheidung für die eine oder andere Methode häufig einer Glaubensfrage gleich. So schwören eingefleischte Anhänger der Charttechnik auf ihre Methodik und halten die Fundamentalanalyse für zeitraubend und nicht präzise genug. Überzeugte Fundamentalanalysten hingegen vergleichen die technische Analyse auch gern mit Kaffeesatzleserei oder bezeichnen sie als „Börsenastrologie".

Aber trotz aller Gegensätze beziehen vor allem Profianleger häufig beide Formen in ihre Kauf- und Verkaufsentscheidungen ein. Das belegt eine umfangreiche Studie des Berliner Wirtschaftsprofessors Lukas Menkhoff, des Leiters der Abteilung Weltwirtschaft am Deutschen Institut für Wirt-

Stiftung Warentest | Renditekick mit Aktienstrategien

schaftsforschung (DIW). 2010 hat er 692 Fondsmanager aus den USA, Deutschland, der Schweiz, Italien und Thailand befragt. 87 Prozent von ihnen wandten beide Methoden an. Die fundamentale Analyse war für 67 Prozent der Fondsmanager jedoch das wichtigste Auswahlkriterium, 22,5 Prozent bezeichneten die Charttechnik als ihre dominierende Analyseform, in Deutschland allein waren es sogar 29,6 Prozent. Für rund 10 Prozent der Fondsmanager waren andere Methoden entscheidend.

Die fundamentale Aktienanalyse

Sie schätzt die Kursaussichten einer Aktie anhand von Unternehmensdaten ein, die wiederum stark von den gesamtwirtschaftlichen Rahmenbedingungen abhängen, vor allem von der Konjunktur- und Branchenentwicklung sowie der Geldpolitik. Unterschieden wird zwischen qualitativen und quantitativen Analysen.

- **Qualitative Analysen** sind zahlenmäßig schwer zu erfassen, weil sie oft subjektiv sind. Sie betreffen beispielsweise die Fähigkeiten des Managements, die Produktqualität oder die Innovationskraft der Mitarbeiter. Sie sind aufwendig und verlangen gute Unternehmens-, Branchen- und Produktkenntnisse.
- **Quantitative Analysen** sind objektiver, weil sie auf geprüften Zahlen der Unternehmensbilanz aufbauen. Das kommt allerdings einem Blick in den Rückspiegel gleich. Daher genügt das allein nicht. Vielmehr müssen Prognosen der künftigen Entwicklung in die Analyse einfließen, aber die sind nun einmal unsicher. Aus diesen Daten werden Kennzahlen berechnet, die Aktien einigermaßen vergleichbar machen. Für private Anleger sind drei dieser Kennzahlen besonders wichtig und aussagekräftig, weil sie die gängigsten Auswahlmethoden sind. Im Internet können sie auf vielen Portalen abgerufen werden.

- **Kennzahl Kurs-Gewinn-Verhältnis (KGV):** Das KGV ist das Kernstück der fundamentalen Aktienbewertung. Es lässt sich einfach errechnen, indem der aktuelle Kurs durch den Gewinn je Aktie (eigentlich Ergebnis je Aktie, es können auch Verluste auftreten) dividiert wird. Bei einem Kurs von 50 Euro und einem Ergebnis je Aktie von 4 Euro beträgt das KGV also 12,5. Das KGV drückt aus, wie viele Jahre es bei gleichbleibendem Gewinn dauert, bis die addierten Erträge die Höhe des aktuellen Kurses erreichen. Bei einem KGV von 12,5 sind es also 12,5 Jahre, bei einem KGV von 20 entsprechend 20 Jahre. Daraus leitet sich ab, dass ein niedriges KGV vorteilhaft ist und die Aktie als preiswert gilt. Allerdings darf man das KGV nie isoliert für eine Aktie betrachten. Seine Bedeutung erlangt es erst beim Vergleich mit anderen Aktien aus gleichen und ähnlichen Branchen und mit dem Gesamtmarkt. Für Aktienindizes wird nämlich ebenfalls ein KGV errechnet, und zwar als Durchschnitt aller Indexmitglieder. Dieses wird Markt-KGV genannt und dient vor allem dazu, die Preiswürdigkeit der Aktienmärkte verschiedener Länder und Regionen zu bewerten.

Eine Schwäche des KGV liegt darin, dass es eine eher statische Kennzahl ist. Sie berücksichtigt nur das Ergebnis je Aktie in einem bestimmten Zeitraum, nicht aber das Wachstumstempo der Gewinne. Das aber ist für die Kurse entscheidend. Angenommen, zwei AGs weisen gegenwärtig jeweils einen Kurs von 100 Euro und einen Gewinn von 10 Euro auf. Bei Unternehmen A soll der Gewinn, so die Schätzungen, in den nächsten fünf Jahren um durchschnittlich 3 Prozent, bei Unternehmen B dagegen um je 10 Prozent zulegen. Nach fünf Jahren verdient A dann 11,59 Euro je Aktie, B aber 16,11 Euro. Welche Aktie würden Sie wählen? Vermutlich B, weil sie gleich teuer ist, aber wesentlich höhere Gewinne erzielen dürfte als A. In Zahlen ausgedrückt: Falls das KGV bei beiden gleich hoch (nämlich 10) bleiben soll, müsste B dann auf einen Kurs von 161,10 Euro klettern (161,10 : 16,11 = 10), A nur auf 115,90 Euro. Da Anleger das vorwegnehmen wollen, billigen sie B ein höheres KGV als A zu.

▶ **Kennzahl Dividendenrendite:** Aktienanleger haben zwei Einkommensquellen: Kursgewinne und Dividenden. Die Höhe der laufenden Ausschüttungen ist vor allem in Zeiten magerer Zinsen zu einem bedeutenden Kaufargument geworden. Vergleichbar gemacht wird die „Verzinsung" einer Aktie mit der Dividendenrendite. Ihr Wert in Prozent wird berechnet, indem die Dividende je Aktie durch den jeweiligen Börsenkurs geteilt wird. Bei einer Dividende von 3 Euro je Aktie und einem Aktienkurs von 100 Euro ergeben sich 3 Prozent Rendite. Da Dividenden je nach Geschäftsentwicklung schwanken, stellt auch die Dividendenrendite nur eine Momentaufnahme dar. Hinzu kommt, dass manche Firmen gar keine oder nur geringe Dividenden zahlen. Das sind meist wachstumsstarke, oft junge Unternehmen, die den Großteil des Gewinns in Investitionen für ihre Expansion stecken.

▶ **Kennzahl Kurs-Buchwert-Verhältnis (KBV):** Das KBV drückt aus, wie oft der Börsenkurs den Buchwert je Aktie des Unternehmens übertrifft. Bei einem KBV von 1 entspricht der Kurs genau dem Buchwert, bei einem KBV von 2 ist er doppelt und bei einem KBV von 0,5 nur halb so hoch. Was aber ist der Buchwert? Er bezeichnet die Summe aller Vermögensgegenstände in der Bilanz abzüglich aller Verbindlichkeiten. Unternehmen weisen den Buchwert im Jahresabschluss aus. Darin zeigt sich schon ein Nachteil des KBV: Es ist ein Vergangenheitswert, der zudem diejenigen Werte eines Unternehmens nicht enthält, die nicht in der Bilanz stehen, wie die Unternehmensstrategie oder die Qualität des Managements.

Dennoch gibt das KBV Anhaltspunkte für die Preiswürdigkeit einer Aktie. Allerdings darf es nicht isoliert betrachtet, sondern muss im Zusammenhang mit der Gewinnentwicklung gesehen werden. Ein KBV von weniger als 1 deutet oft darauf hin, dass an der Börse erwartet wird, dass das Unternehmen in die Verlustzone rutscht. Das würde den Buchwert verringern.

Die charttechnische Analyse

Viele Anleger und Finanzexperten halten von der technischen Analyse nicht viel und bezeichnen sie als pseudowissenschaftlich. Sie lehnen sie deshalb als Analysemethode ab. Wenn Sie diese Meinung teilen und nicht vorhaben, die technische Analyse in Ihre Anlageüberlegungen einzubeziehen, können Sie dieses Unterkapitel, in dem es um die wichtigsten Grundzüge dieser Analysemethode geht, einfach überspringen. Finanztest steht der Chartanalyse skeptisch gegenüber, denn sie beruht im Kern auf Hypothesen, etwa der Annahme, dass den Bewegungen eines Aktienkurses wiederkehrende Muster zugrunde liegen. Mit wissenschaftlichen Methoden nachweisbar ist ihre Wirksamkeit nicht.

Wir stellen Ihnen die Grundzüge der Chartanalyse dennoch vor, weil sie die Entscheidungen vieler Anleger beeinflusst und damit die Kursentwicklung an den Finanzmärkten mitbestimmt. Auch als häufige Basis von computerisierten Kauf- und Verkaufsprogrammen kurzfristiger Trader hat sie oft einen sehr starken Einfluss auf die Kursentwicklung.

Charts haben, unabhängig von der Aussagekraft der aus ihnen gewonnenen Analysen, aber noch einen anderen Vorteil: Mit ihrer Hilfe können Sie sich in kurzer Zeit einen ersten, optischen Überblick über Märkte und einzelne Wertpapiere verschaffen. Das Sprichwort „Ein Bild sagt mehr als 1 000 Worte" trifft auch auf Kursgrafiken zu, da Sie mit Charts in gleicher Zeit sehr viel mehr Kurzanalysen betreiben können, als es Ihnen mit fundamentalen Daten möglich wäre.

Ob die Konjunktur gut oder schlecht läuft, ob die Zinsen fallen oder steigen, ob ein Unternehmen mehr oder weniger Quartalsgewinn meldet – all das, was in der Fundamentalanalyse entscheidend ist, interessiert in der technischen Analyse überhaupt nicht. Ihre Prognosen orientieren sich nur an dem Kursverlauf (dem Chart, deshalb auch Chartanalyse genannt) eines Börsenindex oder einer Aktie und zum Teil auch an den Börsenumsätzen.

Die Überlegung dabei: Es gibt so viele Einflussfaktoren auf die Kursentwicklung, dass rationale Gründe allein sie nicht erklären können. Man muss auch die Erwartungen, Stimmungen und das oft irrationale

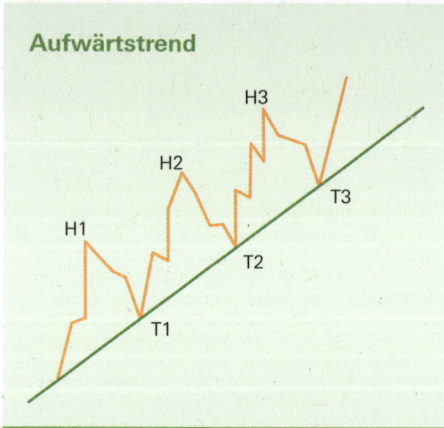

Verhalten der Anleger mit berücksichtigen. Die Summe dieser höchst unterschiedlichen Informationen spiegelt sich letztlich in jedem Börsenkurs wider, der ja das Ergebnis der Käufe und Verkäufe einer Vielzahl von Anlegern ist.

Aus dem Verlauf von Charts versucht die technische Analyse, Indizien für die zukünftige Kursentwicklung zu finden. Sie stützt sich dabei auf zwei Grundannahmen: erstens, dass sich Kurse in Trends bewegen, und zweitens, dass sich bestimmte geometrische Muster, sogenannte Chartformationen, in der Regel wiederholen. Beide Annahmen gehen davon aus, dass sich die Psychologie und damit die Reaktionen der Anleger in ähnlichen Kurssituationen ähneln oder sogar gleichen.

Die Basis der Charttechnik bilden Trendlinien und Chartformationen. Um diese beiden Prinzipien dreht sich alles in unserer kleinen Einführung. Wir beschränken uns auf Liniencharts, die einfachste Methode, Kursverläufe zu visualisieren. Dabei wird jeweils ein Kurs in das Diagramm eingezeichnet – meistens der Schlusskurs jeden Börsentags. Die einzelnen Punkte werden zu einer durchgehenden Linie verbunden. Daraus lassen sich Trends erkennen.

Trendlinien zeigen die Richtung an

Trends sind Kursbewegungen, die unter Schwankungen längere Zeit in die gleiche Richtung weisen. Aber was heißt längere Zeit? Hier werden drei Zeitebenen unterschieden:

▶ **Der Primärtrend** zeigt die langfristige Richtung an und kann mehrere Jahre bis hin zu Jahrzehnten umfassen.

▶ **Der Sekundärtrend** wird weitgehend durch die konjunkturelle Entwicklung bestimmt. Er ist mittelfristig und dauert oft einige Jahre.

▶ **Der Tertiärtrend** charakterisiert die kurzfristige, vorwiegend von der Anlegerstimmung abhängige Kursrichtung.

Als Begründer der Charttechnik gilt der US-Amerikaner Charles Dow, der 1884 auch den ersten Aktienindex entwickelt hat, den Dow Jones Index, den Vorläufer des bekanntesten Börsenbarometers der Welt, des Dow Jones Industrial Average. Dows Kernaussagen zum Kursverhalten von Aktien bilden auch heute noch eine Basis der klassischen technischen Analyse.

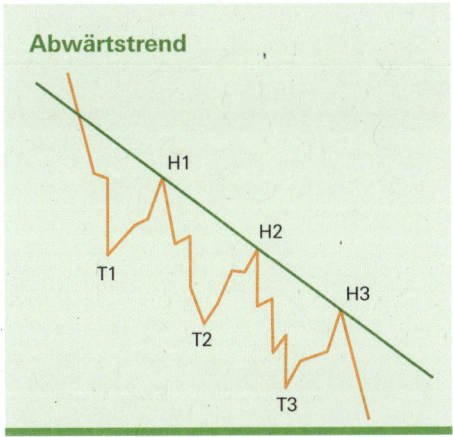
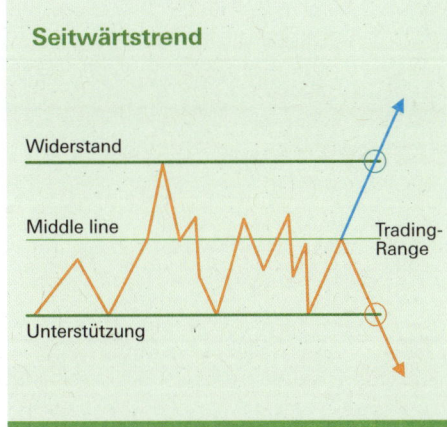

Die Dauer der drei Trends wird zwar unterschiedlich definiert, aber für private Anleger sind die genannten Angaben am sinnvollsten. Für Langfristanleger sind Primär- und Sekundärtrend besonders wichtig. Trader orientieren sich dagegen weitgehend am Tertiärtrend, aber auch Langfristanleger berücksichtigen ihn, wenn sie einen günstigen Ein- oder Ausstiegszeitpunkt für ein Wertpapier suchen. Welche Richtung aber schlägt der Trend ein? Auch hier gibt es drei Varianten: Aufwärtstrend, Abwärtstrend und Seitwärtstrend.

- **Ein Aufwärtstrend** entsteht, wenn die Tiefpunkte (T) und die Hochpunkte (H) eines Charts steigen;
- **ein Abwärtstrend** entsteht, wenn beide sukzessive fallen;
- **ein Seitwärtstrend** entsteht, wenn sich die Kurse längere Zeit innerhalb einer festen Bandbreite bewegen.

Die beiden Charts auf Seite 64 und Seite 65 zeigen diese Entwicklung in vereinfachter Form; in der Börsenwirklichkeit erreichen die Kurse Hoch- und Tiefpunkte in unterschiedlichen Zeiträumen und unter teilweise erheblichen Schwankungen. Je mehr Punkte auf einer Trendlinie liegen, desto stabiler ist der Aufwärtstrend, desto wahrscheinlicher ist nach Ansicht der Chartisten ein weiterer Anstieg. Kritisch wird es allerdings, so die Theorie, wenn die Aufwärtstrendlinie nachhaltig nach unten durchbrochen wird.

Als nachhaltig gilt ein Rückgang um mehr als 3 Prozent unter die Trendlinie. Das gilt als charttechnisches Verkaufssignal. Ein Bruch des Aufwärtstrends bedeutet aber nicht automatisch, dass nun ein Abwärtstrend folgen muss. Möglich ist auch der Übergang in einen Seitwärtstrend, auch Konsolidierung genannt.

Welche Richtung sich nach einem Seitwärtstrend ergibt, lässt sich nicht sofort feststellen, sondern erst nach gewisser Zeit. Oft entsteht ein längerer Seitwärtstrendkanal, auch Trading Range genannt, dessen obere Linie als Widerstand, die untere als Unterstützung für die Kurse bezeichnet wird. Ein nachhaltiger Ausbruch über den Widerstand ist ein Kaufsignal, ein Bruch der Unterstützung hingegen ein Verkaufssignal.

Chartformationen sind von technischen Analysten in großer Zahl „entdeckt" worden, die Begriffe, die diese dafür geprägt haben,

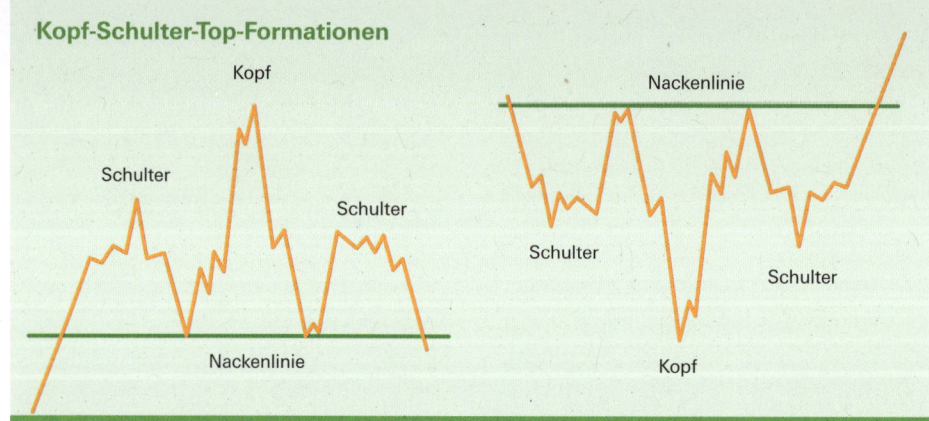

Kopf-Schulter-Top-Formationen

werden von Anlegern, die nicht viel von Charttechnik halten, gern belächelt. Sie reichen von Dreieck über Untertasse und Wimpel bis hin zu W- und M-Formationen.

Wir beschränken uns hier auf die bei Chartanalysten beliebte Kopf-Schulter-Formation. Da sie aus zwei Schultern besteht, wird sie auch als Schulter-Kopf-Schulter-Formation, abgekürzt SKS, bezeichnet. Die Abbildung oben links zeigt, dass der Kurs zunächst bis zur linken Schulter ansteigt und dann korrigiert. Anschließend nimmt er den Aufwärtstrend wieder auf und bildet ein Hoch oberhalb der Schulter. Nach der folgenden Korrektur erreicht der Kurs jedoch nicht mehr das alte Hoch, sondern nur noch ein Niveau ähnlich der linken Schulter. Das ist dann die rechte Schulter. Noch ist nach der Charttheorie zwar nichts verloren – aber wenn der Kurs die Nackenlinie durchbricht, die von den Korrektur-Tiefpunkten gebildet worden ist, bedeutet das ein Verkaufssignal, weil der Aufwärtstrend nicht länger intakt ist.

Die Top-Formation Schulter-Kopf-Schulter gilt bei Charttechnikern als eines der zuverlässigsten Trendumkehrsignale. Aber es gibt auch eine Kopf-Schulter-Bodenformation, wie in der Abbildung oben rechts dargestellt. Diese Formationen liefern allerdings häufig Fehlsignale. Größte Vorsicht ist also in jedem Fall angebracht.

Populär: Gleitender Durchschnitt

Gleitende Durchschnitte (GD) sind der wohl bekannteste Indikator der technischen Analyse und werden auch von Anlegern verwendet, die der Charttechnik ansonsten skeptisch gegenüberstehen. Das Prinzip ist leicht zu verstehen: Bei einem Durchschnitt werden die Kurse einer vorgegebenen Zeitspanne – zum Beispiel zehn Tage – zusammengezählt und durch die Zahl der Tage dividiert. Da dies immer mit den Daten der letzten – in diesem Fall zehn – Tage geschieht, wird an jedem neuen Börsentag der aktuelle Kurs erstmals einbezogen, während der letzte – also der Kurs vor elf Tagen – wegfällt, sodass der Durchschnitt der jeweils zehn letzten Tage „gleitet". Mit dem arithmetischen Mittel der Kurse des betreffenden Zeitraums werden die Ausschläge geglättet und machen den Trend deutlich sichtbar. In der Praxis (außer bei Tradern) werden allerdings GD meistens für längere Zeiträume berechnet, da so die Kursspitzen besser geglättet werden. Der bekannteste GD ist der 200-Tage-Durchschnitt, auch 200-Tage-Linie genannt. Er umfasst die jeweils letzten 200 Börsentage. Beim Vergleich mit dem Kurschart lässt sich ablesen, ob sich ein Index oder ein Wertpapier in einem mittelfristigen Aufwärts- oder Abwärtstrend befindet. Bei einem Aufwärtstrend bewegt sich die Kurslinie über dem GD, die gleichzeitig als Unterstützung des herrschenden Trends interpretiert wird. Liegt die Kurslinie darunter, handelt es sich um einen Abwärtstrend, der GD wirkt dabei als Widerstand, an dem Aufwärtsbewegungen häufig abprallen. Ein mittel- bis langfristiges Kaufsignal entsteht nach der Theorie, wenn die Kurslinie die 200-Tage-Linie von unten durchschneidet, ein Verkaufssignal, wenn sie den GD von oben kreuzt.

Dax liefert eindrucksvolle Signale
Dieses Verhalten lässt sich am Beispiel des Dax von Ende 2008 bis Mitte 2021 erklären. Anfang 2009 notierte der Dax deutlich unter der 200-Tage-Linie, sein Abwärtstrend war intakt. Im März drehte dann der Dax steil nach oben, aber den GD schnitt er erst, als der Dax schon um über 1 000 Punkte zugelegt hatte. Das zeigt zweierlei: Erstens, dass die 200-Tage-Linie relativ träge reagiert, und zweitens, dass es als gutes Zeichen gilt, wenn der Index (oder die Aktie) einen GD nach oben hin kraftvoll schneidet. Dann deutet vieles auf einen längeren Aufwärtstrend hin.

Das war ab Frühjahr 2009 der Fall. Der Dax blieb bis Mitte 2011 oberhalb der 200-Tage-Linie und stieg zeitweise auf rund 7 500 Punkte. Es fällt auf, dass er häufig auf den GD zurückfiel, dort aber „abprallte" und seine Aufwärtsbewegung fortsetzte. Die 200-Tage-Linie diente somit als gute Unterstützung. Je öfter ein Index oder ein Wertpapierkurs die Linie „testet", als desto stabiler gilt aus charttechnischer Sicht der Trend.

Als 2011 die Euro-Schuldenkrise ausbrach, stürzte der Dax steil ab – Anleger, die nach dem 200-Tage-Durchschnitt handelten, erhielten aber frühzeitig bei rund 7 000 Punkten ein Verkaufssignal (siehe Grafik Seite 68). Sie konnten damit den Absturz bis auf 5 000 Zähler vermeiden. Das nächste Kaufsignal erfolgte bei rund 6 300 Punkten, und es hielt bis Mitte 2014, also zweieinhalb Jahre. In dieser Zeit legte der Dax bis auf 10 000 Punkte zu und testete mehrmals die 200-Tage-Linie, die sich erneut als gute Unterstützung des Aufwärtstrends erwies. Allerdings kam es Mitte 2012 zu einem Fehlsignal, als der Dax kurzfristig den GD durchbrach, aber gleich darauf wieder nach oben schnitt und damit ein Kaufsignal lieferte.

In den folgenden Jahren kam es zu mehreren Kauf- und Verkaufssignalen und teilweise auch zu Fehlsignalen. Erst von Mitte 2016 bis Anfang 2018 bildete sich ein längerer Aufwärtstrend heraus, der den Dax bis auf gut 13 500 Punkte klettern ließ. Anschließend erwies sich der GD mehr als ein halbes Jahr lang als unzuverlässig – wie oft

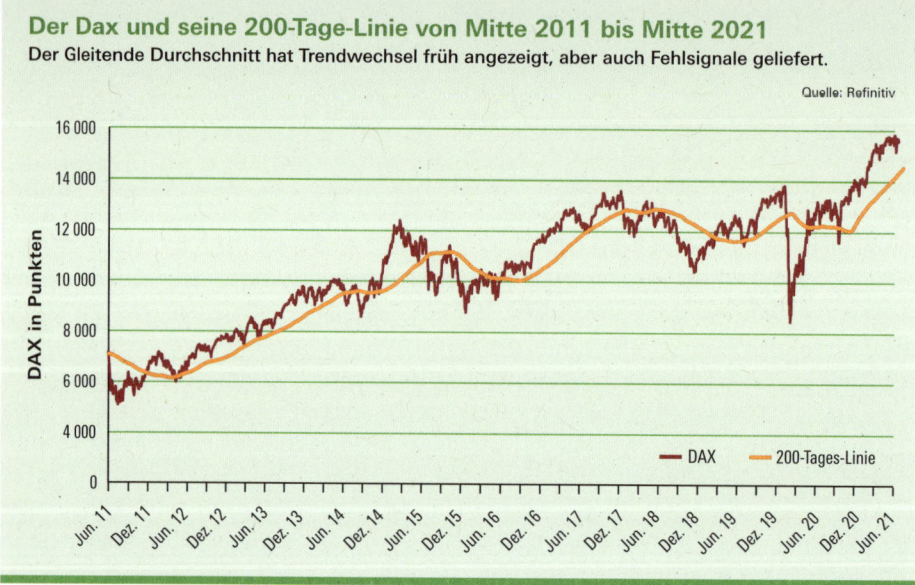

Der Dax und seine 200-Tage-Linie von Mitte 2011 bis Mitte 2021
Der Gleitende Durchschnitt hat Trendwechsel früh angezeigt, aber auch Fehlsignale geliefert.

Quelle: Refinitiv

in Seitwärtsbewegungen lieferte er mehrere Fehlsignale. Erst mit dem Durchbruch im August 2018 ging die Seitwärtsbewegung in einen Abwärtstrend über, der den Dax Ende 2018 bis auf rund 10 400 Punkte fallen ließ. Beim starken Aufschwung bis Februar 2020 schnitt der Kurs bei rund 11 800 Zählern den GD und gab ein Kaufsignal. Wer sich im folgenden Corona-Crash auf die 200-Tage-Linie verlassen hatte, konnte seine Nerven schonen: Sie lieferte bei 12 600 Punkten ein Verkaufssignal. Nach dem Absturz auf knapp 8 500 Punkte ging es mit dem DAX wieder steil bergauf. Weil die Bewegung sehr schnell verlief, gab es erst bei 12 100 Punkten ein Kaufsignal, das im Oktober 2020 für wenige Tage unterbrochen wurde.

Da die 200-Tage-Linie häufig treffsichere Trading-Signale geliefert hat, wird sie an den Börsen stark beachtet. Jedes Kreuzen des GD mit dem jeweiligen Index führt dazu, dass viele Anleger mit Käufen oder Verkäufen reagieren und damit das Signal verstärken. Deshalb beeinflusst die 200-Tage-Linie das Geschehen an solchen kritischen Punkten besonders ausgeprägt. Daran entzündet sich ein oft vorgebrachter Kritikpunkt an der Charttheorie: Wenn sie überhaupt zutreffe, meinen ihre Gegner, dann nur, weil viele Chartanhänger an sie glauben und mit ihren Entscheidungen eine Art selbsterfüllende Prophezeiung bewirken. Denn mit ihren Käufen und Verkäufen trügen sie maßgeblich dazu bei, die Kurse in die vorhergesagte Richtung zu bewegen.

Neben den hier vorgestellten nutzt die Chartanalyse viele weitere technische Indikatoren, darunter die Relative Stärke (siehe Seite 79 ff.). Diese Methode der Aktienauswahl wenden sowohl fundamental als auch charttechnisch orientierte Anleger an. Bevor Sie sich entschließen, die Charttechnik in Ihre Anlageentscheidungen einzubeziehen, sollten Sie am besten mit einem Musterdepot eine Weile testen, ob die Signale tatsächlich halten, was Chartisten versprechen.

Interessante Anlagestrategien für jedermann

Es gibt viele Anlagestrategien, doch nur wenige überzeugen langfristig. Denn keine Methode ist perfekt und liefert in allen Börsenphasen stets bessere Ergebnisse als der Gesamtmarkt.

Viele deutsche Anleger investieren überwiegend in heimische Aktien. Dadurch verzichten sie auf die großen Vorteile einer breiten internationalen Streuung. Der schlimmste Fehler, den Sie bei der Aktienanlage begehen können, ist es, wie ab Seite 21 beschrieben, alles auf eine Karte zu setzen. Eine Karte, das kann eine einzige Aktie, eine Branche oder ein Land bedeuten. Wenn damit etwas schiefgeht, kann das eingesetzte Kapital weitgehend verloren sein.

Diese schmerzhafte Erfahrung haben Anleger Ende der 1990er-Jahre und Anfang des neuen Jahrtausends gemacht, als viele nur in deutsche Neuemissionen aus dem Neuen Markt investiert hatten. Anfangs gab es phänomenale Gewinne, weil immer mehr Anleger einstiegen und die Kurse in Höhen trieben, die durch die fundamentalen Daten der Firmen nie und nimmer zu rechtfertigen waren. Als die Blase im Jahr 2000 platzte, stürzte der Neue Markt ab. Innerhalb von zweieinhalb Jahren verlor der Nemax, der damalige Börsenindex, der die wichtigsten Aktien aus dem Neuen Markt enthielt, um über 90 Prozent. Viele Anleger am Neuen Markt haben fatalerweise alles auf einen einzigen Sektor – den Technologiebereich – und das auch noch in einem einzigen Land gesetzt. Das widerspricht allen Regeln der Diversifikation. Denn die Streuung sollte möglichst breit nach Ländern und Branchen erfolgen – wie beim Pantoffel-Portfolio.

Aber es gibt Möglichkeiten, die Erträge mit einer Feineinstellung weiter zu verbessern. Wirtschafts-Nobelpreisträger Eugene Fama, ein Wirtschaftsprofessor aus den USA, hat zusammen mit seinem Kollegen Kenneth French 1992 herausgefunden, dass zwei Aktiengruppen langfristig höhere Renditen abwerfen als der Aktienmarkt insgesamt: Small Caps, also Aktien kleiner Unternehmen, und Value-Werte, also Aktien mit günstiger Bewertung. Famas wissenschaftliche Erkenntnisse sind als „Small-Cap-Value-Prämie" berühmt geworden. Viele Profi-, aber auch Privatanleger wenden diese beiden Faktoren bei der Aktienauswahl schon seit Jahrzehnten an, indem sie Aktien kleiner Unternehmen und Value-Aktien höher gewichten als Aktien großer Unternehmen und Growth-(Wachstums-)Werte.

Der Erfolg dieser beiden Faktoren hat Wissenschaftler und Investmentbanker animiert, nach weiteren Kriterien für eine überdurchschnittliche Entwicklung zu forschen. Sie haben eine ganze Menge neuer Faktoren entdeckt. Aber den meisten mangelt es, wie der britische Wirtschaftsprofessor Elroy Dimson festgestellt hat, an Zuverlässigkeit, da sie empirisch nicht ausreichend lang getestet worden sind und die Gefahr besteht, dass es sich um zufällige Ereignisse handelt. Beliebt bei Investoren sind neben kleinen Aktien und Value-Titeln vor allem die Dividenden-Strategie und die Momentum-Strategie. Alle vier Strategien haben den Vorteil, dass sie von mutigen Privatanlegern bequem und risikoreduziert auch mit ETF und aktiv gemanagten Aktienfonds umgesetzt werden können. Dabei gibt es auch ETF, die mehrere Strategien kombinieren.

Small Caps: Die kleinen Aktien kommen ganz groß raus

Nicht die Aktien der Weltkonzerne bringen den Anlegern die höchsten Erträge, sondern die Anteilsscheine der kleinen Unternehmen. Das zumindest ist eine Lehre aus der Vergangenheit. Wenn in den Medien über den deutschen Aktienmarkt berichtet wird, steht meistens der Dax im Fokus, der die Aktien der 40 Unternehmen mit dem höchsten Börsenwert enthält. Kein Wunder, kennt doch fast jeder Weltkonzerne wie Siemens, Volkswagen, BASF oder SAP. Von der sogenannten zweiten und dritten Reihe, wie MDax und SDax bezeichnet werden, ist dagegen selten die Rede. Und das, obwohl diese beiden Indizes aus Anlegersicht interessanter sind als der Leitindex Dax. Denn für sie gilt das, was in fast allen Ländern der Fall ist: In der Wertentwicklung schlagen die „kleinen" Nebenwerte die „großen" Standardaktien langfristig aus dem Feld.

→ Der MDax macht das Rennen

Das zeigt eindrucksvoll ein Blick auf die Performance der zehn Jahre bis Ende Oktober 2021. Der Dax hat zwar immerhin um 9 Prozent pro Jahr zugelegt, der MDax mit den mittelgroßen Werten dagegen um 14,1 Prozent und der SDax mit den kleinen Gesellschaften um 13,7 Prozent. Im 20-Jahres-Vergleich bis August 2021 sieht es für die Nebenwerte noch besser aus: In dieser Zeitspanne, in der mit dem Technologie-Crash ab 2000, der Finanzkrise ab 2008, der Euro-Krise ab 2011 und dem Corona-Crash 2020 vier schlimme Kursstürze erfolgten, gewann der Dax 6,4 Prozent pro Jahr, der MDax mit 11,3 Prozent fast doppelt so viel und der SDax mit 10,3 Prozent ebenfalls deutlich mehr als der Leitindex. Beide Indizes können bequem mit Indexfonds „gekauft" werden. Auf den MDax gab es 2021 sieben ETF, auf den SDax zwei.

Warum aber schnitten kleine Aktien in der Vergangenheit besser ab als die großen Standardwerte – und das weltweit, wie viele Studien zeigen? Über die Gründe sind sich die Fachleute nicht einig. Klar scheint aber zu sein, dass kleinere Unternehmen häufig schneller wachsen als große. Wenn eine Aktiengesellschaft zu den Weltmarktführern in ihrem Bereich zählt, fällt es ihr schwer, den Marktanteil weiter auszubauen, oft gelingt das nur über den Kauf kleinerer Konkurrenten, also von Small Caps. Das aber ist teuer, weil die Aktionäre des Übernahmeziels einen deutlichen Aufschlag auf den Börsenkurs fordern. Übernahmespekulationen gibt es deshalb in wesentlich größerer Zahl bei Small Caps als bei Large Caps. Und das treibt ihre Kurse.

Hinzu kommt, dass kleinere Firmen mehr Möglichkeiten haben, ihr Expansionstempo zu erhöhen. Da sie meistens nicht in allen großen Absatzregionen vertreten sind, führt jede geografische Ausdehnung des Geschäfts zu mehr Wachstumschancen. Zudem sind kleine und mittlere AGs häufig flexibler und innovativer als schwerfälliger reagierende Konzerne. Sie gelten auch als kostenbewusster – notgedrungen, weil es ihnen weniger leichtfällt, Kredite zu erhalten. So mancher Small Cap kann sich sogar Weltmarktführer nennen – allerdings in kleinen, oft aber sehr rentablen Nischenmärkten. Vor allem Deutschland weist viele dieser „Hidden Champions" auf, also eher unbekannte Champions aus dem Mittelstand.

> **Gut zu wissen**
>
> **An den kleineren Brüdern** des Dax wird ersichtlich, dass der Begriff Nebenwerte eine sehr heterogene Gruppe umfasst. Dazu zählen mittelgroße Werte (Mid Caps) mit zweistelligen Milliardenumsätzen, wie sie im MDax vertreten sind, ebenso wie kleine (Small Caps) im SDax. Hinzu kommen all die Aktien, deren Börsenwert zu niedrig ist oder die zu illiquide sind, um von Anlageprodukten abgebildet zu werden. Sie werden als Micro Caps bezeichnet.

Wie bei allen Anlagestilen, die langfristig höhere Erträge als der Marktdurchschnitt erzielt haben, treten allerdings die Renditevorteile nicht stetig auf. Vielmehr gibt es Phasen, in denen Small Caps sehr viel ungünstiger abschneiden als Large Caps. Kleine Unternehmen gelten als anfälliger gegenüber Konjunkturabschwüngen, Währungsverschiebungen oder Technologiesprüngen. Zudem sind sie als Zulieferer oft stärker abhängig von Konzernen – vor allem aus der Autoindustrie. Fällt ein Großkunde aus, kann das die Geschäfte von Small Caps erheblich beeinträchtigen. Deshalb fallen ihre Gewinne in schlechten Zeiten üblicherweise stärker als bei Großunternehmen, die ihre Produktpalette breiter gestreut haben

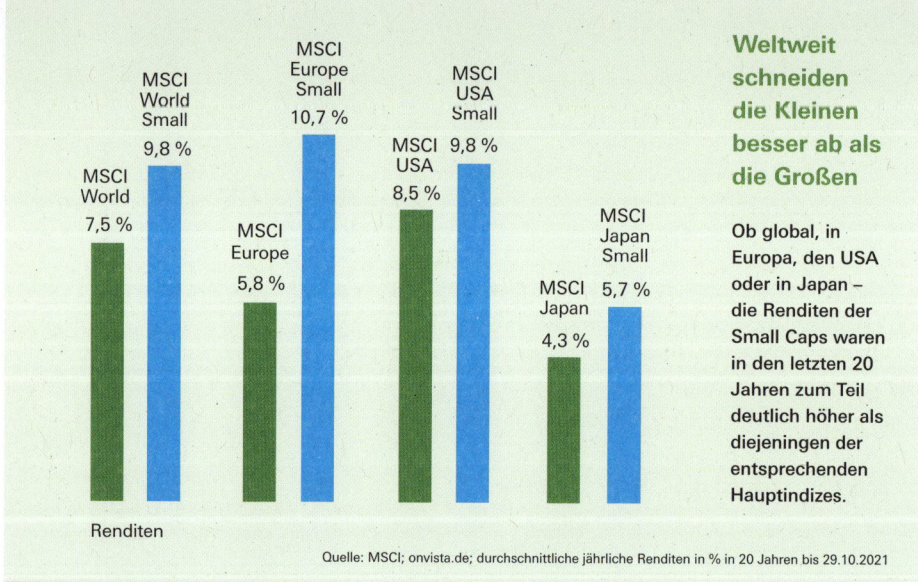

Weltweit schneiden die Kleinen besser ab als die Großen

Ob global, in Europa, den USA oder in Japan – die Renditen der Small Caps waren in den letzten 20 Jahren zum Teil deutlich höher als diejenigen der entsprechenden Hauptindizes.

und mehr Marktmacht besitzen. Die Kursschwankungen sind oft heftig.

Das Risiko einzelner Small Caps ist deshalb höher als das einzelner Large Caps. Doch das Risiko lässt sich deutlich verringern, indem man viele Nebenwerte ins Depot aufnimmt – am besten über Fonds oder ETF. Im Produktfinder Fonds auf test.de (kostenpflichtig) können Sie die zahlreichen Small-Cap-Fonds und -ETF vergleichen und die aussichtsreichsten herausfiltern.

ETF gibt es natürlich nicht nur für die deutschen Small- und Mid-Cap-Indizes MDax und SDax, sondern auch für Nebenwerte anderer Länder. Besonders interessant wegen der breiten Streuung sind regionale Indizes, vor allem für Europa, die USA, Schwellenländer und Japan.

In Europa bilden sie meistens den MSCI Europe Small Cap oder den Stoxx Europe Small 200 ab. ETF auf den MSCI Europe Small haben den Vorteil, dass sie mit rund 1 000 Aktien fünfmal so viel enthalten wie der Stoxx Europe 200. Auch die Performance kann sich sehen lassen: Der MSCI Europe Small hat in den 20 Jahren bis Oktober 2021 um 10,7 Prozent jährlich zugelegt, der Hauptindex MSCI Europe, der große und mittlere Werte umfasst, mit 5,8 Prozent nur etwas mehr als die Hälfte davon.

Auch der europäische Mid-Cap-Index MSCI Europe Mid Cap hat in diesen 20 Jahren mit einem Jahresplus von 7,7 Prozent wesentlich besser abgeschnitten als der MSCI Europe. Die oben stehende Grafik zeigt, dass Small-Cap-Indizes gegenüber vergleichbaren Hauptindizes in den letzten 20 Jahren in allen aufgeführten Regionen und Ländern einen Renditevorsprung aufwiesen – allerdings in unterschiedlichem Ausmaß. Aber nicht nur die Ertragsstärke spricht für Small Caps. Da ihr Geschäftsverlauf (und damit ihre Aktienkursentwicklung) häufig von dem von Großunternehmen abweicht, liefern sie zudem einen risikomindernden Diversifikationseffekt fürs Gesamtdepot.

> **Fazit:** Langfristig haben Small Caps als Gruppe einen teilweise deutlichen Renditevorsprung gegenüber den großen Standardwerten erzielt. Kurz- und mittelfristig können dagegen vor allem Einzelwerte risikoreicher als Large Caps sein. ETF und Fonds sind deshalb unter Sicherheitsaspekten für die meisten Privatanleger sinnvoller. Da die Leitindizes wie der Dax oder der Euro-Stoxx 50 vor allem Aktien von großen Unternehmen enthalten, sind Small-Cap-ETF und -Fonds eine ideale Ergänzung, um von den Wachstumschancen der „Kleinen" zu profitieren.

Value: Substanzwerte haben auf Dauer die Nase vorn

Mit günstig bewerteten Value-Aktien konnten Anleger in der langfristigen Betrachtung überdurchschnittliche Gewinne erzielen – trotz zwischenzeitlicher Durststrecken. Bei den Erträgen der beiden „klassischen" Anlagestile Value (Substanz) versus Growth (Wachstum) zeigt sich die Überlegenheit des Strategieansatzes Value aber nicht so eindeutig wie beim Effekt der Unternehmensgröße. Substanzwerte haben zwar, das belegen Studien in vielen Ländern, langfristig regelmäßig höhere Renditen als Wachstumsaktien erwirtschaftet – aber die Phasen, in denen das nicht gilt, sind häufig ausgedehnter als bei Small Caps. Wenn es ungünstig läuft, können sie 10 Jahre und länger betragen.

Dazu ein Blick auf die langfristige Performance des MSCI World Value Index im Vergleich mit seinem Kontrahenten MSCI World Growth Index: In den 20 Jahren bis Oktober 2021 hat der MSCI World Value, der über 900 Aktien aus 23 Industrienationen enthält, „nur" eine durchschnittliche jährliche Performance von 6,2 Prozent erreicht, der MSCI World Growth mit gut 800 Aktien

Gut zu wissen

Value versus Growth Value-Aktien sind Anteilsscheine an Unternehmen, die an der Börse im Vergleich zum Gesamtmarkt als unterbewertet gelten, deren Kurs also niedriger ist als der innere oder „wahre" Wert. Value-Unternehmen werden an der Börse niedrig bewertet, weil ihnen weniger Potenzial zugetraut wird. Bei Growth-Aktien gehen Anleger dagegen von hohem Wachstum und starker Gewinndynamik aus. Daher billigen sie Wachstumswerten eine höhere Bewertung zu. Solange die Unternehmen die Erwartungen übertreffen, klettern die Notierungen in der Regel, aber bei Ertrags- oder Umsatzenttäuschungen werden die Aktien oft hart „abgestraft", ihre Kurse fallen dann schnell und stark.

dagegen 8,7 Prozent. Denn 2013 startete weltweit eine lange, steile Hausse der Technologiewerte unter Führung der US-Konzerne Amazon, Apple, Microsoft, Facebook (inzwischen Meta Platforms) und der Google-Mutter Alphabet.

Das führte dazu, dass Wachstumswerte etwa sieben Jahre lang (so lang wie selten zuvor) viel stärker zulegten als Substanzaktien. Nimmt man jedoch 1975 als Ausgangspunkt, seitdem MSCI seine World-Indizes berechnet, haben Value-Aktien die Nase vorn – mit durchschnittlich 12,6 Prozent Jahresplus gegenüber 11,7 Prozent für den Growth-Sektor.

> **Ob wir über Socken oder über Aktien reden – ich mag es, Dinge zu kaufen, wenn ihr Preis reduziert ist.**
>
> Warren Buffett, Value-Investor

Bei Value-Aktien handelt es sich meistens um Aktiengesellschaften aus etablierten Branchen wie Autoindustrie, Maschinenbau, Chemie, Finanzen oder Energie. Sie zeichnen im Idealfall eine gute Marktposition und moderates Wachstum aus. Value-Unternehmen werden an der Börse niedrig bewertet, weil ihnen keine großen Ertragssprünge mehr zugetraut und sie vielfach unterschätzt werden. Darin aber liegt ihr Reiz, da es leichter ist, niedrige Erwartungen zu übertreffen als hohe, wie das bei Growth-Aktien der Fall ist. Schaffen sie das, steigen die Kurse oft lange und kräftig.

Growth-Aktien zeichnen sich durch eine starke Dynamik aus, sie investieren viel in künftiges Wachstum und verzichten deshalb oft auf Dividendenausschüttungen, weil sie die Erträge zur Finanzierung ihrer Expansion benötigen. Growth-Aktien sind vor allem im Technologiebereich zu finden, von Computerherstellern über Softwarefirmen und Social Media bis zu E-Commerce. Da die Anleger eine starke Gewinndynamik erwarten, sind Wachstumswerte häufig hoch bewertet – solange sie die hohen Erwartungen übertreffen. Andernfalls drohen kräftige Kursrückschläge.

Aber Vorsicht: Die Trennlinie zwischen Growth und Value (siehe „Gut zu wissen", Seite 73) verläuft nicht immer eindeutig. Es kann auch Wachstumswerte mit günstiger Bewertung geben. Und nach gewisser Zeit, wenn die Dynamik nachlässt, können aus Wachstumswerten Substanzaktien werden. Beispiele dafür sind der Computerkonzern IBM und der Halbleiterriese Intel, die von MSCI inzwischen zu den größten Value-Unternehmen gezählt werden.

Die Zugehörigkeit zum Anlagestil erfolgt beim Indexanbieter MSCI nach klaren Kriterien, die auch von Profianlegern wie Fondsmanagern verwendet werden. Es sind fünf für Growth-Aktien, die das vergangene und erwartete Wachstum von Umsätzen und vor allem Gewinnen bewerten. Für den Value-

Sektor verwendet MSCI nur drei Kriterien, nämlich diejenigen, die Sie am Anfang dieses Kapitels als wichtigste fundamentale Kennzahlen kennengelernt haben: ein niedriges Kurs-Buchwert-Verhältnis, ein niedriges Kurs-Gewinn-Verhältnis und eine hohe Dividendenrendite. Anhand dieser Kennziffern können private Anleger selbst günstig bewertete Value-Aktien herausfiltern.

Achtung: Es ist nicht ratsam, die Auswahl nach nur einer dieser Kennziffern vorzunehmen. Zwei Werte sollten es mindestens sein, am besten alle drei. Die aktuellen Daten dazu sind für zahlreiche Aktien auf Finanzportalen im Internet abruf- und vergleichbar, meistens kostenlos und gegliedert nach den wichtigsten Indizes. Dabei bietet es sich an, für die grobe Vorauswahl das KGV zu verwenden und daraus Kaufkandidaten anhand von Dividendenrendite und/oder KBV zu filtern.

→ Große Bewertungsunterschiede sind möglich

Wie groß die Bewertungsunterschiede zwischen Value- und Growth-Aktien sein können, zeigt der Vergleich der drei wichtigsten fundamentalen Kennziffern für die beiden Anlagestil-Indizes von MSCI World: Im Oktober 2021 wies der MSCI World Value ein durchschnittliches Kurs-Gewinn-Verhältnis (KGV) von 14,2, ein Kurs-Buchwert-Verhältnis (KBV) von 2,1 und eine Dividendenrendite von 2,7 Prozent auf. Beim MSCI World Growth waren es ein KGV von 29,8, ein KBV von 7,6 und eine Dividendenrendite von 0,7 Prozent. Value-Aktien waren damit nicht nur absolut, sondern auch historisch betrachtet relativ preiswert, Growth-Werte sehr teuer.

Der wohl berühmteste Value-Investor ist Warren Buffett, einer der reichsten Männer der Welt. Der Chef des US-Konzerns Berkshire Hathaway vertraut seit Jahrzehnten auf Substanzaktien. Buffett, der auch für seine griffigen Börsenweisheiten bekannt ist, hat seine Methode einmal so beschrieben: „Ob wir über Socken oder über Aktien reden – ich mag es, Dinge zu kaufen, wenn ihr Preis reduziert ist."

Die Value-Strategie können Anleger mithilfe von ETF auf verschiedene Indizes anwenden. Im August 2021 wurden an den deutschen Börsen 21 Indexfonds gehandelt, die Value-Strategien umsetzen, für Growth-Indizes nur vier; neben ETF auf den MSCI World Value auch Produkte auf europäische und US-amerikanische Value-Indizes. Zudem gibt es zahlreiche aktiv gemanagte Aktienfonds mit Fokus auf Substanzaktien.

❝ **Fazit:** Die lange Phase der Outperformance von Growth-Aktien könnte sich für Value-Investoren als Chance erweisen. Risikobewusste Anleger mit langfristigem Fokus können ihr Glück versuchen und mit ETF auf eine Aufholjagd der zurückgebliebenen Value-Aktien setzen.

Mit Dividendenstrategien regelmäßig Einkünfte sichern

Eine spezielle Variante der Value-Strategie stellt die beliebte Dividendenstrategie dar. Bei ihr werden gezielt Aktien ausgesucht, die bestimmte Ausschüttungskriterien erfüllen – entweder eine hohe Dividendenrendite (siehe Seite 62) oder Ausschüttungen, die in der Vergangenheit regelmäßig gestiegen oder zumindest stabil geblieben sind.

Diese Anlagemethode beruht auf der Annahme, dass Unternehmen, die attraktive Dividenden zahlen können, wirtschaftlich und finanziell auf gesunden Beinen stehen. Meistens handelt es sich dabei um Aktiengesellschaften aus etablierten Branchen, die dem Value-Sektor angehören. Junge Firmen und Unternehmen aus dem Hochtechnologiebereich zahlen selten hohe Dividenden, da sie, wie geschildert, ihre Gewinne überwiegend in die Expansionsstrategie investieren.

Dividendenzahler sichern ihren Aktionären aber nicht nur attraktive laufende Erträge, sondern sie haben sich auch über lange Zeiträume als insgesamt ertragreicher als Aktien erwiesen, die auf Ausschüttungen verzichten. Nobelpreisträger Eugene Fama und sein Kollege Kenneth French, die uns in diesem Kapitel bereits begegnet sind, haben in einer Studie herausgefunden, dass im Zeitraum von 1927 bis 2014 US-Aktien, die Dividenden gezahlt haben, im Durchschnitt 10,5 Prozent Ertrag pro Jahr erzielt haben, Aktien ohne Ausschüttungen dagegen „nur" 8,5 Prozent.

→ Wichtige Ertragsquelle

Wie wichtig Dividenden für den Gesamterfolg von Aktieninvestments sind, zeigt auch der Vergleich des Dax (er enthält als Performance-Index alle wieder angelegten Dividenden) mit dem Kurs-Dax, der nur die reinen Kursveränderungen misst und Ausschüttungen quasi wie Verluste behandelt: Seit dem Startpunkt des Dax Ende 1987 hat der Kurs-Dax bis Mitte 2021 von 1 000 auf 6 570 Zähler zugelegt, also um 5 570 Punkte, der „echte" Dax von 1 000 auf 15 531 Punkte, also um 14 531 Zähler. 8 961 der 14 531 Punkte, um die der Dax seither gestiegen ist (14 531 minus 5 570), waren also auf Dividendenzahlungen zurückzuführen. Sie machen damit mehr als die Hälfte des gesamten Dax-Ertrags aus.

Es gibt jedoch nicht nur die eine Dividendenstrategie, sondern einige Varianten: Am einfachsten ist die Auswahl gemessen an der Rendite der letzten Ausschüttung. Diese Daten listen die meisten Börsenportale im Internet für die Aktien der wichtigsten Indizes auf. Gekauft werden die Top-Werte der Rangliste. Im Jahr darauf wird die Liste neu erstellt und entsprechend umgeschichtet. Diese einfache Strategie propagierte bereits US-Professor Benjamin Graham, Lehrer von Warren Buffett und Pionier der Value-Strategie, in den 1930er-Jahren.

Allerdings weist diese Methode ein gravierendes Problem auf: Sie arbeitet mit Vergangenheitsdaten, aber die Börse bewertet die Zukunft. Und diese Diskrepanz birgt Gefahren: Nach der Finanzkrise ab 2008 haben weltweit Banken ihre Dividendenzahlungen stark reduziert oder ganz gestrichen – in den Top-Renditelisten lagen sie aber ganz oben, weil ihre Dividenden zuvor zu den höchsten gezählt hatten. Da gleichzeitig die Kurse der Bankaktien stark fielen, standen auf dem Papier für manche Bankwerte astronomisch hohe Dividendenrenditen, die sich im Jahr darauf weitgehend in Nichts auflösten. Anleger erhielten also keine oder kaum noch Dividenden und mussten zudem enorme Kursverluste verkraften.

Deshalb ergibt eine Dividendenstrategie auf Grundlage der im Folgejahr erwarteten Dividenden und Dividendenrenditen mehr Sinn, weil sie zukunftsorientiert ist, aber dafür natürlich unsicher. Auch diese Schätzungen sind leicht zugänglich, da sie auf Börsenportalen und von Anlegermagazinen veröffentlicht werden.

Ein anderer Ansatz zielt darauf ab, Unternehmen zu finden, die zuverlässige Dividendenzahler sind und möglichst ihre Ausschüttungen an die Anleger Jahr für Jahr anheben. Aktiengesellschaften, die das bereits

> **Gut zu wissen**
>
> **Dividenden** sind der Anteil am Gewinn, den Unternehmen an ihre Aktionäre ausschütten. In Deutschland erfolgt das in der Regel jährlich nach der Hauptversammlung, 2018 waren es erstmals mehr als 50 Milliarden Euro. In den USA und anderen Ländern zahlen Aktiengesellschaften häufig sogar Quartalsdividenden, Anleger erhalten also vierteljährlich Ausschüttungen.
> Unternehmen verteilen meistens nur einen Teil ihrer erwirtschafteten Gewinne – bei den Aktien des breiten amerikanischen Leitindex S&P 500 war es im Durchschnitt der Jahre 1926 bis 2021 gut ein Drittel. Bei Dax, MDax und SDax lag der Anteil 2021 bei rund 42 Prozent.

seit vielen Jahren schaffen, werden als Dividendenaristokraten bezeichnet.

Wer zählt zum Aktienadel, und wie können Anleger davon profitieren? Erfunden wurde der Begriff in den USA. Dort gelten Aktien, die seit mehr als 25 Jahren ihre Ausschüttung ununterbrochen gesteigert haben, als Aristokraten. Dazu zählen (Stand: Mitte 2021) bekannte Markenartikelhersteller wie Procter & Gamble, Coca-Cola oder Colgate Palmolive, die seit mehr als 50 Jahren ihre Dividenden jährlich angehoben oder zumindest gleich gelassen haben.

Die Auswahl zeigt, dass der Aktienadel schwerpunktmäßig in Branchen vertreten ist, die relativ unempfindlich gegenüber dem Auf und Ab der Konjunktur sind, wie im Konsumgüter- und Gesundheitsbereich.

In Europa sind die Ansprüche niedriger. Hier reicht es bereits, wenn eine AG mindestens zehn Jahre lang die Ausschüttung erhöht hat. Konsum- und Pharmatitel wie Nestlé, Unilever oder Novo Nordisk, die ihre Dividenden sogar seit mindestens 20 Jahren gesteigert haben, überwiegen hier ebenfalls.

Von deutscher Seite haben die beiden Dax-Titel Fresenius und FMC mindestens 20 Jahre ihre Dividende nicht gesenkt. Manche zählen auch Aktien zu den Blaublütern, die mindestens zehn Jahre lang die Dividende zumindest stabil gehalten haben. Die aktuelle Dividendenrendite der Aristokraten ist meistens nicht sehr hoch – das soll langfristig durch die erwarteten stetigen Steigerungen mehr als wettgemacht werden.

→ 70 Dividenden-ETF zur Wahl

Ein bequemer und kostengünstiger Weg, Dividendenaristokraten ins Depot zu holen, führt über ETF. Sie bilden die Aristokratenindizes des Indexanbieters S&P ab, und zwar für Aktien global sowie regional für die USA, Euroland und Asien. Es gibt aber noch viele ETF, die andere Dividendenstrategien verfolgen, von einfachen bis komplizierten. Insgesamt waren Mitte 2021 in Deutschland 70 verschiedene Dividenden-ETF notiert, mehr als für jede andere Anlagestrategie. Zu den beliebtesten gehören Indexfonds auf den Stoxx Global Select Dividend 100, der 40 Aktien aus Amerika und je 30 aus Europa und Asien enthält, die mindestens fünf Jahre in Folge die Dividende nicht reduziert haben. Sie dürfen maximal 60 Prozent des Jahresüberschusses ausschütten.

Zusätzlich gibt es auch zahlreiche aktiv gemanagte Aktienfonds, die eine Dividendenstrategie verfolgen. Sie sind eine der beliebtesten Fondsgattungen in Deutschland. Das Angebot ist groß, insbesondere für Dividendenfonds mit Schwerpunkt Europa. In der Fondsdatenbank von Finanztest, die Sie online auf test.de aufrufen können (kostenpflichtig), finden Sie viele Dividendenfonds und Dividenden-ETF mit Finanztest-Bewertung, die Ihnen die Auswahl erleichtern.

❝ Fazit: Aktien mit attraktiven Dividendenrenditen sorgen für regelmäßige Einkünfte, die – bei mehr Risiko – über dem aktuellen Zinsniveau liegen. Gut gestreut können sie etwas mehr Stabilität ins Aktiendepot bringen und langfristig trotzdem attraktive Erträge erzielen. Allerdings unterscheiden sich die Dividendenstrategien erheblich – manche setzen auf Aktien mit aktuell hohen Ausschüttungen, andere auf Aktien, die jahrelang ihre Dividenden nie gesenkt haben. Zahlreiche Dividenden-ETF und Dividendenfonds auf beide Varianten erleichtern es, Dividendenstrategien anzuwenden.

Die Momentum-Strategie setzt auf eine Beschleunigung der Gewinne
Wenn eine Aktie erst einmal richtig ins Laufen kommt, dann steigt ihr Kurs oft noch eine ganze Weile überdurchschnittlich stark. Diese Erkenntnis nutzt die Momentum-Strategie und setzt gezielt auf Titel, die in den Monaten zuvor stark zugelegt haben. Gewinner bleiben an der Börse Gewinner, und Verlierer bleiben Verlierer – zumindest eine Zeit lang. Dieses Muster beobachten Wissenschaftler und Aktienanalysten seit Jahrzehnten, und sie haben ihm den Namen Momentum-Effekt gegeben.

Die Umsetzung dieses Phänomens in die Anlagepraxis hat sich zu einer der beliebtesten Investmentstrategien von professionellen wie privaten Investoren entwickelt: Die Momentum-Strategie geht davon aus, dass Aktien, deren Kurse erst einmal richtig in Schwung gekommen sind, ihren Impuls (Übersetzung des englischen Begriffs momentum) in der Regel noch eine Weile beibehalten.

Deshalb lohne es sich, diese „Kursrenner" selbst dann zu kaufen, wenn sie schon gut gelaufen sind. Mit anderen Worten: Wenn ein Wertpapier einen klaren Aufwärtstrend ausgebildet hat und sein Kurs stärker zulegt als bei der Mehrzahl der anderen Aktien aus diesem Bereich, gilt das für die Anhänger der Strategie als Signal, dass die Aktie in nächster Zeit weiter überdurchschnittlich stark klettert.

Im Laufe eines Kursaufschwungs werden Aktien mit starkem Momentum üblicherweise nach einiger Zeit recht teuer, oft sorgt eine überschäumende Spekulation für extreme Überbewertungen. Aber erst wenn der Aufwärtstrend gebrochen ist, das Aufwärts-Momentum also nachlässt oder ins Negative umschlägt, verkaufen „Trendfolger" konsequent und steigen in die neuen Favoriten ein. Die früheren Highflyer verlieren dann oft in kurzer Zeit sehr stark, weil vielen Anlegern bewusst wird, dass der vorangegangene Kursanstieg übertrieben war.

Dass das Agieren nach relativer Stärke (siehe Kasten, Seite 80) tatsächlich erfolgreich sein kann, zeigen wissenschaftliche Untersuchungen für viele Länder und Branchen. Freilich gilt das nicht immer, sondern vor allem, wenn der Gesamtmarkt kraftvoll nach oben strebt, also allgemein ein klarer und starker Aufwärtstrend vorherrscht. In einer Seitwärtsbewegung und in einem Abwärtstrend schneidet die Momentum-Strategie dagegen oft relativ schlecht ab. Die häufig überdurchschnittlichen Kursgewinne mit der Momentum-Strategie haben allerdings auch einen Preis: Die Schwankungen der relativ starken Aktien sind in der Regel ausgeprägter als im Gesamtmarkt, die Volatilität ist also höher.

Um das Prinzip des Momentums von Aktien zu verdeutlichen, wird es gern mit der Flugbahn eines Balles nach einem Wurf verglichen: Wenn der Ball die Hand verlässt, beschleunigt er zunächst und fliegt immer höher. Die Gravitationskraft sorgt jedoch schließlich dafür, dass die Geschwindigkeit abnimmt und der Ball zu fallen beginnt. So schnell wie beim Ballwurf folgen bei Aktien Beschleunigung und Fall natürlich nicht aufeinander. Vielmehr vergehen in der Regel Monate und Jahre.

Warum aber funktioniert die Momentum-Strategie, obwohl sie dem gesunden Menschenverstand widerspricht? Schließlich kaufen Sie vermutlich im Supermarkt, im Fachgeschäft oder im Online-Shop lieber ein, wenn die Preise sinken oder Sonderangebote die Produkte der Wahl verbilligen. Das entspricht den Mechanismen der Marktwirtschaft, in der wir leben. Dort steigt die Nachfrage üblicherweise, wenn der Preis fällt, und die Kauflust sinkt, wenn sich die Waren verteuern. Beim Angebot, also den Verkäufen, ist es dagegen umgekehrt: Es nimmt mit steigendem Preis zu und mit fallendem ab.

Es gibt jedoch plausible Erklärungen dafür, warum der Momentum-Effekt zeitweise genau umgekehrt funktioniert, als es in den Lehrbüchern für Wirtschaftstheorie steht. Kursaufschwünge bei einzelnen Aktien geschehen selten aus dem Nichts. Es bedarf eines Anstoßes, der die Notierungen ins Laufen bringt. So ein Impuls geht häufig von stärker als erwartet steigenden Unternehmensgewinnen aus.

Legt eine Aktiengesellschaft ihre Ergebnisse für das vergangene Quartal vor, werden die Zahlen mit denen der Vorquartale und den durchschnittlichen Schätzungen von Analysten verglichen – fallen die Zahlen deutlich besser aus als erwartet, führt das in der Regel zu einem Umdenken bei Analysten und Investoren. Im Klartext: Das Inte-

> ### Gut zu wissen
>
> **Mit der Momentum-Strategie** werden Aktien mit einer im Vergleich zum Durchschnitt hohen relativen Kursstärke gesucht. Sie wird deshalb auch als Relative-Stärke-Strategie bezeichnet. Trendfolgestrategie ist ein weiterer oft benutzter Begriff, denn die Anleger berücksichtigen nur das Kursverhalten, sie untersuchen, ob eine Aktie einen starken Aufwärtstrend aufweist – nach dem Motto: „The trend is your friend." Fundamentale Überlegungen, also die Bewertung einer Aktie, spielen kaum eine oder gar keine Rolle. Hier gibt es Schnittmengen zur Technischen Analyse, bei der die Momentum-Strategie ebenfalls beliebt ist.

resse wächst, sie schauen sich den Titel genauer an – und wenn die Zahlen auch auf den zweiten Blick überzeugen, beginnen zunächst Value-Anhänger, die aus ihrer Sicht häufig unterbewertete Aktie zu kaufen.

Anfangs allerdings sind Analysten und Anleger meistens vorsichtig. Sie warten erst ab, ob der steilere Gewinnpfad eine Eintagsfliege war oder durch die nächsten Quartalszahlen bestätigt wird und damit eine Neubewertung nötig macht. Ist Letzteres der Fall, gerät die Aktie zunehmend ins Blickfeld, und die Kaufempfehlungen und Käufe nehmen zu. Das wiederum treibt den Kurs weiter nach oben.

Ein steiler Gewinnpfad kann lange bestehen bleiben – beispielsweise,
- wenn das Unternehmen ein Kostensenkungsprogramm aufgelegt hat, das seine ertragssteigernde Wirkung dauerhaft entfaltet,
- wenn das Unternehmen vielversprechende neue Produkte auf den Markt bringt,
- wenn es neue Kundengruppen und Absatzmärkte erschließt,
- wenn es einen lukrativen Großauftrag ergattert,
- wenn die gesamte Branche einen Auftragsboom erlebt oder
- wenn es als mögliches Übernahmeziel eines Konkurrenten gilt.

Aufgrund der dadurch verbesserten Ertragsaussichten des Unternehmens verkaufen Anleger, die den Titel schon länger besitzen, nur zu deutlich höheren Kursen, weil auch sie wegen der höheren Firmengewinne mehr Kurschancen wittern. Die Aktie wird damit sowohl von steigendem Nachfrage- als auch von sinkendem Angebotsdruck in die Höhe getrieben.

Nun kommen die Momentum-Anleger ins Spiel. Weil die Aktie in so einer Konstellation in den Top-Listen weit oben auftaucht, steigen sie vermehrt ein. Falls das Unternehmen weiterhin ansprechende Zahlen liefert, schaukeln sich die Kurse immer höher, auch weil die Gewinnerwartungen der Analysten und Anleger nach oben geschraubt werden.

Nur so lassen sich der hohe Kurs und die teure Bewertung rechtfertigen. Dem Unternehmen fällt es deshalb zunehmend schwerer, die Prognosen zu erfüllen – und sobald das nicht mehr gelingt und die Gewinne enttäuschen, verkaufen zunächst Value-Anleger, die eine Überbewertung der Aktie feststellen. Das bremst den Kursanstieg. Sobald die Aktie langsamer steigt oder im Kurs sogar fällt, rutscht die Aktie aus den Top-Listen. Nun verkaufen auch Momentum-Anleger massiv. Dieses geballte Angebot kann den Kurs deutlich in die Tiefe schicken.

Es müssen allerdings nicht immer Gewinnüberraschungen sein, die eine Aktie aus ihrem Kursschlaf wecken, es können auch sogenannte Fantasien sein. Das ist vor allem bei Technologieaktien häufig der Fall. Wenn die Unternehmen in einem Bereich tätig sind, dem außerordentlich hohe Zukunftschancen zugebilligt werden – in den vergangenen Jahren zum Beispiel Social Media, Online-Shops oder Elektromobilität –, kommen die ersten Kaufimpulse oft von Branchenexperten, die das Wachstumspotenzial frühzeitig erkennen. Sobald die Aktie dann in den Top-Listen auftaucht, steigen Momentum-Anleger ein und beschleunigen den Aufwärtstrend.

Da es sich bei Technologiefirmen oft um junge Unternehmen handelt, die nur eine kurze Umsatz- und Gewinnhistorie aufweisen, spielen fundamentale Daten zu Beginn nur eine untergeordnete Rolle. Die Fantasie ist entscheidend. Wird das Unternehmen aber älter und bleiben die Zahlen eine Zeit lang hinter der Fantasie der Anleger zurück, kann der Trend drehen. Zunächst steigen dann die Branchenkenner aus, aufgrund der nachlassenden relativen Stärke der Aktie folgen dann auch die Momentum-Anleger.

Gerade im Technologiebereich kann allerdings das Aufwärts-Momentum sehr lange sehr stark sein und damit die Kurse vehement nach oben treiben. Das gilt vor allem für Marktführer in ihren Zukunftsbereichen und am Beginn neuer technologischer Entwicklungen, da es sich um lang anhaltende Trends handelt.

Wie können Sie die Momentum-Strategie am besten umsetzen? Das ist gar nicht so schwer. Sie erfreut sich auch deshalb großer Beliebtheit, weil sie in ihrer einfachsten Form ohne großen Aufwand von Privatanlegern angewandt werden kann. Im Internet können Gewinner-Verlierer-Listen auf Börsenportalen, bei Direktbanken und Wertpapierbörsen in der Regel laufend verfolgt und abgerufen werden. Diese Tops und Flops für die wichtigsten Aktienindizes werden meistens für verschiedene Zeiträume ausgewiesen, von einem Tag bis zu mehreren Jahren. Für private Momentum-Anleger sind vor allem die Listen für die vergangenen sechs bis zwölf Monate interessant.

Das Prinzip ist unkompliziert: Im ersten Schritt werden die Top-Aktien beispielsweise der vergangenen sechs Monate eines be-

Gut zu wissen

Die Deutsche Bundesbank hat 2014 die Ergebnisse ihrer Studie über die Wirkung der Momentum-Strategie am deutschen Aktienmarkt veröffentlicht. Dabei kommt sie anhand ihrer umfassenden Wertpapierstatistik zum Ergebnis, dass der Kauf relativ starker Aktien insgesamt hoch profitabel ist, aber zwischenzeitlich immer wieder deutliche Verluste anfallen. Besonders ausländische Anleger agieren nach den Erkenntnissen der Bundesbank ausgeprägt nach der Momentum-Methode, während deutsche Privatanleger diese Strategie kaum verfolgt haben.

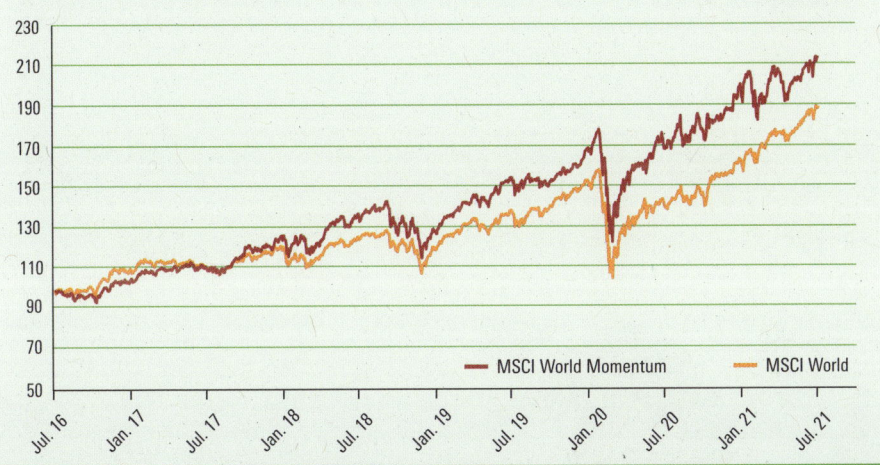

MSCI World Momentum stellt den MSCI World in den Schatten

Der MSCI World Momentum Index filtert aus den mehr als 1 500 Aktien des MSCI-World-Index die Papiere aus, die im Durchschnitt der letzten sechs und der letzten zwölf Monate die höchsten Kursgewinne erzielt haben. Ende Juli 2021 enthielt der MSCI World Momentum 348 Aktien. Angepasst wird der Index in der Regel jedes halbe Jahr. Dieser Momentum-Index hat sich bewährt: In den 5 Jahren bis Juli 2021 hat er in Euro um 16,5 Prozent pro Jahr zugelegt, der MSCI World dagegen „nur" um 13,5 Prozent.

Quelle: Refinitiv

stimmten Index – wie zum Beispiel des Dax – gekauft, je nach dem gesamten geplanten Kapitaleinsatz eines Anlegers die ersten drei bis sechs der Gewinnerliste. Diese Aktien werden ein halbes Jahr lang gehalten und dann verkauft, sofern sie nicht erneut zu den Top-Werten des aktuellen Sechsmonatszeitraums gehören.

Ins Depot wandern dafür die Favoriten der vorangegangenen sechs Monate. Um eine breite Streuung zu gewährleisten, sind allerdings Börsenbarometer mit mehr Aktien als der Dax besser geeignet, vor allem internationale wie der breite europäische Index Stoxx 600 oder die amerikanischen Indizes S&P 500 und Nasdaq 100.

Anleger, die sich die Mühen des Auswählens der Top-Aktien und der laufenden Umschichtungen sparen möchten, können die Momentum-Strategie mithilfe von ETF umsetzen. An der Frankfurter Börse wurden Mitte 2021 sieben ETF gehandelt, die einen Momentum-Index nachbilden. Besonders beliebt sind Produkte auf den MSCI-World-Momentum-Index – der sich in den letzten Jahren erfolgreicher entwickelt hat als sein bekannterer Bruder MSCI World.

Fazit: Die Momentum-Strategie hat sich bei klaren Aufwärtstrends an den Aktienmärkten als guter Auswahlmechanismus erwiesen. In Seitwärts- und Abwärtsbewegungen kann sie dagegen überdurchschnittlich hohe Verluste mit sich bringen. Negativ sind die oft starken Kursschwankungen sowie die hohen Spesen, die bei häufigem Umschichten entstehen. Beides lässt sich allerdings mit ETF, die eine Momentum-Strategie nachbilden, deutlich reduzieren.

Für ganz Mutige

Suchen Sie Renditebringer zur Depotbeimischung? Angebote gibt es viele – doch was eignet sich, was nicht? Hier finden Sie, was Sie über Rohstoffe, Währungsanlagen, Zertifikate, Optionen oder Social Trading wissen sollten.

Bleiben wir beim Thema Formel 1. Klar, ohne Strategie geht es nicht, aber auch der Spaßfaktor darf nicht zu kurz kommen. Geschwindigkeit und clevere Taktik faszinieren. Beschleunigt der Fahrer im richtigen Moment, steigt der Adrenalinspiegel rasant und die Freude ist groß, wenn es am Ende zum Sieg reicht.

Bei der Geldanlage ist das kaum anders, ein Investment mit Renditekick hebt durchaus den Spaßfaktor. Und eine Reihe von Anlagemöglichkeiten wird bei näherer Betrachtung weniger riskant als vermutet, während andere möglicherweise deutlich mehr Gefahren bergen, als Sie angenommen haben. Daher lohnt ein genauer Blick.

Ob und in welchem Umfang Sie in spekulativere Papiere, die wir in diesem Kapitel vorstellen, investieren, hängt vornehmlich von Ihrer Erfahrung, Ihrem Vermögen, Ihrer Risikobereitschaft sowie von Ihren persönlichen Anlagezielen und Markterwartungen ab. Und da auch ein Rennfahrer nicht sicher ans Ziel kommt, wenn er die Rennstrecke nicht kennt oder kontinuierlich das Pedal ganz durchdrückt, sollten auch Fahranfänger nicht gleich die Überholspur wählen, sprich: mit zu viel Mut einsteigen und hochriskante Geschäfte eingehen. Wer jedoch bereits Erfahrung hat, gezielt Markterwartungen umsetzen oder den Adrenalinspiegel heben will, ist hier richtig.

Rohstoffe – Gewinnchancen dank knapper Ressourcen

Ob Edelmetalle oder Industriemetalle, ob Energieträger oder Agrargüter – der Rohstoffmarkt ist vielfältig. Doch Vorsicht: Nur wer gut aufpasst, kann damit Geld verdienen.

Gold, Öl, Kupfer oder Weizen können ebenso wie andere Rohstoffe dazu beitragen, ein Depot noch breiter als „nur" mit Aktien und Zinsanlagen zu streuen und dadurch das Gesamtrisiko zu verringern. Deshalb bauen viele Anleger auch auf Rohstoffe als Anlageklasse. Allerdings ist es nicht immer einfach, in Commodities, wie Rohstoffe auch genannt werden, zu investieren. Edelmetalle wie Gold und Silber kann man als Barren oder Münzen erwerben und bei sich zu Hause oder im Banksafe aufbewahren – aber eine Tonne Kupfer oder einige Fässer Rohöl physisch zu lagern ist nicht wirklich praktikabel.

Doch es gibt Alternativen zum direkten Erwerb: Mit börsengehandelten Indexfonds (ETF), aber auch einigen aktiv gemanagten Fonds, mit ETC (Exchange Traded Commodities) und Zertifikaten auf Rohstoffpreisindizes oder einzelne Rohstoffe können Anleger an der Preisentwicklung von Commodities teilhaben. Eine weitere Möglichkeit besteht darin, nicht in Rohstoffe zu investieren, sondern in Aktien von Unternehmen, die sie abbauen, veredeln oder damit handeln. Hierfür kommen ebenfalls sowohl aktiv gemanagte Fonds als auch ETF infrage, die in diese Titel investieren. Bei Rohstoffaktien ist die Auswahl groß, vor allem bei Edelmetallen, Industriemetallen und Energieträgern. Vom vierten Hauptbereich, den Agrarrohstoffen, auch Soft-Commodities genannt, gibt es dagegen relativ wenige Aktien.

Spekulationen mit Agrarrohstoffen werden von vielen Menschen als ethisch bedenklich angesehen. Sie verursachen zwar auf lange Sicht keinen Preisanstieg, doch massive Käufe oder Verkäufe beeinflussen oft kurzfristig den Preis eines Rohstoffs, was wiederum Auswirkungen auf die Produktion haben kann. Lohnt sich diese nicht mehr, kommt es zu größeren Angebots- und Nachfrageverschiebungen, die vor allem in einzelnen Entwicklungsländern zu mehr Hunger und Armut führen können. Ähnlich kritisch werden teilweise auch der Abbau von Metallen durch die Bergbaukonzerne und die Energiegewinnung, etwa die Ölförderung, betrachtet, weil sie vor allem bei Großprojekten oft Ökosysteme gefährden.

Stiftung Warentest | Für ganz Mutige

→ Sonderrolle für Edelmetalle

Aus dem großen Rohstoffuniversum ragt aus Sicht der privaten Anleger eine Gruppe heraus: Edelmetalle, in erster Linie Gold, aber auch Silber. Vor allem Gold ist schon seit Jahrtausenden als Schmuck und stabiles Zahlungs- und Wertaufbewahrungsmittel weltweit gefragt.

Die Rohstoffpreise bewegen sich in der Regel in Wellen, Auf- und Abschwünge dauern meistens lange und werden von ausgeprägten Kursschwankungen begleitet. Die ausgedehnten Wellen rühren zum Teil daher, dass die Nachfrage nach Rohstoffen, insbesondere nach Industriemetallen (Kupfer, Eisenerz, Nickel, Aluminium, et cetera) und Energieträgern wie Öl und Erdgas, stark von der Weltkonjunktur abhängt. Werden mehr Autos, Maschinen oder Computer produziert, werden mehr Rohstoffe benötigt. Die kurzfristigen Preisrisiken sind also hoch – dafür aber theoretisch auch die Renditechancen.

In der Praxis ist es nicht immer so einfach, von den Renditechancen zu profitieren, denn viele Anlagepapiere auf Rohstoffe basieren nicht auf dem aktuellen Rohstoffpreis, im Fachjargon Kassamarktpreis genannt, sondern bilden die Entwicklung von Terminmarktpreisen (Futures) nach (siehe Seite 105). Daher ist es wichtig zu wissen, dass sich die Preise vieler Rohstoffanlagen nicht wie die Preise am Kassamarkt verhalten müssen und bei Futures Rollverluste entstehen können. So hat zum Beispiel der Bloomberg-Commodity-Index seit dem Tief Ende März 2020 bis Oktober 2021 um 85 Prozent zugelegt, der vergleichbare Index auf die Futures aber nur um 63 Prozent. Am Rande: Bei Gold gibt es keine Rollverluste.

Entscheidend zur Preisentwicklung trägt auch der Investitionszyklus bei, weil er die Angebotsmengen der Zukunft bestimmt. Investitionen in neue Bergwerke oder Bohrtürme kosten oft Milliarden, deshalb planen Unternehmen die Erschließung von Minen und Ölfeldern meist erst, wenn die Preise klettern. Fallen sie jedoch über einen längeren Zeitraum deutlich, stoppen Firmen ihre Ausbaupläne und schließen unrentable Minen oder Bohrtürme – einige Jahre später fällt dann die Rohstoffproduktion, und es kommt zu Engpässen. Dann klettern die Preise wieder kräftig, und der Aufwärtszyklus beginnt aufs Neue.

Da viele rohstoffreiche Gebiete in Schwellenländern oder instabilen Entwicklungsländern liegen, ist das politische Risiko bei einigen Commodities hoch. Negativ für Anleger ist auch, dass Rohstoffinvestments keine Dividenden oder Zinsen bringen – außer Aktien und Anleihen von Rohstoffunternehmen. Neben Aktien, Fonds oder ETF auf Rohstoffaktien bieten sich für private Anleger vor allem ETF auf Commodity-Indizes an, da sie das Risiko breit streuen. Zu den Indizes, die alle Rohstoffbereiche beinhalten, gehört der Bloomberg Commodity Index, der Terminkontrakte auf 20 Rohstoffe umfasst, gewichtet nach ihrer wirtschaftlichen Bedeutung. Noch breiter ist der Rogers International Commodity Index (RICI) mit 38 verschiedenen Rohstoffen. Für Edelmetallliebhaber gibt es zahlreiche Gold-ETC (Exchange Traded Commodities). Im Gegensatz zu ETF sind ETC keine Sondervermögen, sondern Schuldverschreibungen der ETC-Anbieter. Der hierzulande bekannteste und größte ETC ist Xetra-Gold, hinter dem unter anderem die Deutsche Börse AG steckt. Ein ETC entspricht dem Gegenwert von 1 Gramm Gold in Euro, Käufer können sich auch physisches Gold ausliefern lassen.

Währungen – mit Dollar, Yen und Pfund Gewinne einfahren

Mit fremden Währungen können Anleger Zinsvorteile nutzen und von steigenden Devisenkursen profitieren. Aber die Risiken sind beachtlich.

Es klingt verlockend: Statt der niedrigen Zinsen, die es für deutsche Anleihen und Bankeinlagen gibt, lieber attraktivere Renditen in fremden Währungen kassieren. Zinsvorteile von zwei und mehr Prozentpunkten sind durchaus möglich. Das Problem: Auch hier gilt die eiserne Regel: „Keine höhere Rendite ohne vermehrtes Risiko." Das größte Risiko entspringt bei Fremdwährungsanlagen – so der Fachbegriff – der Entwicklung der Wechselkurse. Was nutzt es, für Festgeld 2 oder 3 Prozent Zinsen pro Jahr mehr zu kassieren, wenn in der gleichen Zeit der Devisenkurs der fremden Währung um 4, 5 und mehr Prozent fällt? Dann wird das vermeintlich gute Geschäft zu einem Verlust.

Zinsdifferenzen auszunutzen ist die eine Möglichkeit, in der Fremde auf die Jagd nach höheren Renditen zu gehen. Die andere besteht darin, gezielt auf Wechselkursschwankungen zu setzen. Dabei gilt es zu unterscheiden: Die Ausschläge der meisten etablierten Währungen von Industrienationen sind in der Regel weniger ausgeprägt als bei sogenannten Exotenwährungen oder Schwachwährungen, wie die Devisen vieler Schwellenländer bezeichnet werden. Sie können zeitweise dramatisch an Wert verlieren – wie zum Beispiel von 2018 bis 2021 die

Stiftung Warentest | Für ganz Mutige

türkische Lira oder der argentinische Peso. Allerdings können Devisenanlagen auch attraktive Renditen bringen. So hat der US-Dollar in den zehn Jahren bis Ende 2020 rund 8 Prozent gegenüber dem Euro gewonnen, phasenweise sogar noch mehr. Da zudem die Dollar-Zinsen höher waren als in Deutschland, war der Ertrag der Investoren noch deutlich höher. Wer bei Währungsanlagen nicht den ganz großen Nervenkitzel sucht, sollte sich auf große Industrienationen beschränken.

Diverse Einflussfaktoren

Anleger müssen sich bewusst sein, dass jede Anlage in einer anderen Währung eine „Wette" darauf ist, dass der Euro an Wert verliert oder – falls Zinsvorteile ausgenutzt werden sollen – zumindest relativ stabil bleibt. Kursbewegungen am Devisenmarkt sind allerdings besonders schwer zu prognostizieren. Vor allem kurzfristig spielen spekulative Elemente und charttechnische Einflüsse (siehe auch ab Seite 63) eine große Rolle. Langfristig prägen Unterschiede in der Wirtschafts-, Finanz-, Inflations- und Zinsentwicklung zwischen den Währungsräumen die Kursrichtung, aber politische Faktoren können zeitweise die fundamentalen überlagern. Zoll- und Handelskonflikte, Sanktionen und gezielte Devisenmarktinterventionen von Regierungen und Notenbanken bestimmen immer wieder den Kursverlauf. Gerade in Zeiten ungünstiger Weltkonjunktur kam es des Öfteren zu regelrechten Abwertungswettläufen von Staaten, weil schwache Währungen die Wettbewerbsfähigkeit eines Landes im Außenhandel verbessern. Anleger müssen also viele Einflüsse berücksichtigen, wenn sie in fremde Währungen investieren.

Welche Möglichkeiten bieten sich an, um von Devisenkursschwankungen oder Zinsvorteilen im Ausland zu profitieren?

▶ **Währungskonto:** Die meisten Geldinstitute, Filialbanken wie Direktbanken, bieten Konten an, die nicht auf Euro, sondern auf andere Währungen lauten. Seit 2015 sind sie über die gesetzliche Einlagensicherung gleich gut geschützt wie Euro-Konten. Die Konditionen unterscheiden sich stark bei der Zahl der angebotenen Devisen, den Mindestanlagesummen, den Gebühren und der Zinshöhe. Die Zinsen orientieren sich am Niveau der jeweiligen Fremdwährung, variieren jedoch von Bank zu Bank. Übrigens: Am gefragtesten sind US-Dollar-Konten, aber auch andere Dollar-Währungen, Pfund, Schweizer Franken oder Türkische Lira werden oft angeboten. Vor der Kontoeröffnung ist ein Konditionenvergleich unerlässlich.

▶ **Fremdwährungsanleihen:** Festverzinsliche Wertpapiere, die auf US-Dollar und andere Währungen lauten, funktionieren wie gewöhnliche Anleihen, sprich: Sie sind mit einem Zinskupon ausgestattet, und die Bonität hängt von der Zahlungskraft des Schuldners ab.

Die Kurse folgen dagegen der Zinsentwicklung an den Heimatmärkten, sprich: die Kurse fallen, wenn die Zinsen steigen, und umgekehrt. Gerade in Zeiten von Null- und Negativzinsen sind höhere Zinsen, wie sie zum Beispiel derzeit für US-Dollar-Anleihen und viele andere Währungsanleihen gezahlt werden, ein großer Anreiz für Investoren. Doch neben dem Zinsvorteil gilt es auch, auf die Entwicklung der Fremdwährung zu achten, denn sie hat einen gewichtigen Einfluss auf das Ergebnis. Bleibt der Wechselkurs stabil, profitiert der Anleger von den hohen Zinsen, klettert der Wechselkurs, beschert das zusätzliche Gewinne – oder eben Verluste, wenn die Fremdwährung an Wert verliert. Erwirbt ein Anleger zum Beispiel eine US-Dollar-Anleihe, wird der Betrag – angenommen 5 000 Euro – zum aktuellen Devisenkurs in Dollar getauscht. Während der Laufzeit werden die Zinsen in US-Dollar ausgeschüttet und in Euro umgerechnet. Das ist ebenso beim Verkauf oder bei der Rückzahlung am Laufzeitende der Fall. Der Anleger erhält den Dollar-Gegenwert in Euro zurück. Ob letztlich ein Gewinn oder Verlust zu Buche steht, liegt deshalb zum großen Teil an der Wechselkursentwicklung. Das Risiko lässt sich mit einer breiten Streuung verringern. Dafür bieten sich Fonds und ETF an, die auf Fremdwährungsanleihen spezialisiert sind.

> ### Gut zu wissen
>
> **Währungskonten** können auch verwendet werden, um Wertpapiergeschäfte in fremder Währung abzuwickeln. Käufe und Verkäufe können darüber getätigt sowie Zins- und Dividendeneinnahmen angesammelt werden. Das erspart Kosten, die ansonsten jedes Mal bei der Umrechnung in Euro anfallen würden. Allerdings kann man sich das Geld nicht in bar auszahlen lassen.

▶ **Hebelpapiere:** Sie sind besonders spekulativ und eignen sich daher nur für sehr erfahrene Anleger für kurzfristige Spekulationen. Da der Kapitaleinsatz bei Calls und Puts (mehr dazu siehe ab Seite 98) gering ist und Wechselkurse kräftig schwanken können, sind sie wegen der Hebelwirkung besonders riskant. Wer dennoch mit diesen Papieren auf Wechselkurse spekulieren will, muss genau auf die Bezeichnung achten. Denn Währungsspekulationen richten sich immer auf zwei Währungen wie zum Beispiel Dollar-Yen oder Euro-Dollar. Dabei gilt: Die zuerst genannte Währung steht im Fokus, sprich ein Euro-Dollar-Call zielt auf einen steigenden Euro-Kurs und damit auf eine Abschwächung des Dollars gegenüber dem Euro.

Zertifikate – Möglichkeiten für jede Markterwartung

Zertifikate können Lösungen für Anleger bieten, die mehr Ertrag suchen. Wir stellen die bekanntesten Strukturen – mit ihren jeweiligen Vor- und Nachteilen – vor.

Strukturierte Produkte, dazu zählen Zertifikate, sind umstritten. Mit der Insolvenz der amerikanischen Investmentbank Lehman Brothers im Herbst 2008, deren Zertifikate auch in den Depots vieler deutscher Privatanleger lagen, gerieten die Papiere in Verruf. Vor der Finanzkrise hatten Anleger Garantiezertifikate oder ähnliche Papiere erworben, die zum Teil einen festen Ertrag oder gute Chancen in Aussicht gestellt hatten. Viele wussten gar nicht so genau, welches Risiko in ihren Depots schlummert. Zertifikate sind nämlich Schuldverschreibungen der ausgebenden Bank, genau wie gewöhnliche Anleihen, deren Rückzahlung im Falle einer Pleite gefährdet ist. Mit den Papieren gehen die Anleger daher zum einen ein Emittentenrisiko ein und zum anderen auch ein Marktrisiko. Denn die Wertentwicklung von Zertifikaten hängt von diversen Parametern ab, wie etwa der Kursentwicklung eines Basiswerts. Der ist meist eine Aktie oder ein Index, kann aber auch eine Anleihe, ein Rohstoff oder ein Korb aus mehreren Wertpapieren sein. Übrigens: Auch hochspekulative Hebelpapiere (siehe dazu ab Seite 98) werden teils als Zertifikate bezeichnet, hier geht es aber erst mal nur um Anlagezertifikate wie Aktienanleihen, Discount- oder Expresszertifikate, etc.

Markteinschätzung ist wichtig

Generell ermöglichen Zertifikate Anlegern, auf eine bestimmte Markterwartung zu setzen, zum Beispiel auf stark steigende oder fallende Kurse oder eine Seitwärtsbewegung. Das setzt aber voraus, dass man eine klare Meinung zum Basiswert hat. Anleger müssen sich also bei der Auswahl zweimal entscheiden: für einen bestimmten Zertifikatetyp und für den passenden Basiswert. Entwickelt sich der Basiswert anders als gedacht, hilft selbst die cleverste Anlageidee nichts. Wer zum Beispiel mit einem Bonuszertifikat auf „seitwärts tendierende Märkte" spekuliert, kann sein Vorhaben durch die Auswahl eines besonders volatilen Basiswerts gleich wieder ruinieren. Da nützt es wenig, wenn der breite Aktienmarkt tatsächlich seitwärts läuft. Wichtig zu wissen: Bei den meisten Zertifikaten setzen Anleger auf eine bestimmte Marktentwicklung während der Laufzeit oder zum Fälligkeitszeitpunkt. Tritt die erwartete Entwicklung aber nicht ein, können Anleger nicht abwarten, bis sich die Lage wieder bessert, wie das bei Aktien der Fall ist. Daher sind Zertifikate auch ein Spiel gegen die Zeit. Ein anderer Aspekt, der ebenfalls bei vielen Zertifikaten Einfluss auf die Wertentwicklung hat, ist die Volatilität (mehr dazu auf Seite 95).

Großes und vielfältiges Angebot

Zertifikate gibt es massenhaft, rund 340 000 Anlagezertifikate waren es Mitte 2021. Wie also hier das passende finden? Wir stellen einige Produktarten vor, die für Privatanleger infrage kommen. Sie sollten allerdings nur in kleinen Mengen eingesetzt werden, sprich nur zur Depotbeimischung.

Zertifikate werden gewöhnlich von Banken in Form einer Inhaberschuldverschreibung ausgegeben. Die Wertentwicklung des Papiers richtet sich aber in der Regel weniger nach der Zinsentwicklung und der Bonität des Schuldners, wie das bei Anleihen üblich ist, sondern hängt von der jeweiligen Zertifikateart und den Bedingungen ab. Diese sind im Verkaufsprospekt genau geregelt, eine Lektüre, auf die man aber gerne verzichtet. Denn Verkaufsprospekte sind dicke Wälzer in trockenem Juristendeutsch.

Relativ übersichtlich und verständlich ist dagegen das Basisinformationsblatt, das gesetzlich vorgeschrieben ist und vom Bankberater ausgehändigt sowie von den Anbietern im Internet zur Verfügung gestellt wird. In dieser Zusammenfassung stehen alle anlegerrelevanten Informationen. Dort können Sie alle Kosten – auch diejenigen für den Vertrieb – ablesen. Daher sollten Sie das Basisinformationsblatt aufmerksam lesen und ein Papier wirklich nur dann kaufen, wenn Sie die Bedingungen vollständig verstehen. Gerade bei Zertifikaten sind die Unterschiede groß, auch die Emittenten regeln nicht alles einheitlich, und innerhalb der einzelnen Gattungen gibt es oft weitere Untergruppen, die wiederum leicht anders funktionieren.

Viele Anlagezertifikate sind klassische Vertriebsprodukte, sprich sie werden – genauso wie aktiv gemanagte Fonds – überwiegend am Bankschalter verkauft, weshalb meist hohe Vertriebsgebühren anfallen. Und die schmälern Ihren Ertrag! Das gilt insbesondere für Garantiezertifikate, Stufenzinsanleihen, bonitätsabhängige Schuldverschreibungen, aber auch für Expresszertifikate oder Aktienanleihen. Die beiden Letztgenannten sowie Discountzertifikate sind zum Teil auch bei den sogenannten Selbstentscheidern beliebt, die keine Beratung in Anspruch nehmen, sondern ihre Kaufentscheidungen selbst treffen.

Für die Emission von strukturierten Papieren kombinieren die Anbieter, in der Regel Banken, meist Aktien oder Zinspapiere mit Optionen. Das klingt riskant, muss es aber nicht sein, da durch die Kombination das Anlagerisiko häufig auch reduziert wird. Das machen auch professionelle Investoren nicht anders. Sie „bauen" jedoch ihre Strategien gewöhnlich selbst, sprich: Sie kaufen oder verkaufen die einzelnen Komponenten direkt am Aktien- oder Terminmarkt, während Privatanleger zum Fertigprodukt greifen und ohne großen Aufwand die gleichen Auszahlungsprofile erhalten.

Wenn Sie nun auf den nachfolgenden Seiten die eine oder andere Zertifikateart entdecken, die zu Ihren Anforderungen passt, können Sie gezielt im Internet nach Papieren mit geeigneten Konditionen suchen. Dabei sollten Sie Neuemissionen, die zur Zeichnung oder vom Bankberater angeboten werden, aufgrund der Gebührenbelastung – wie bereits erwähnt – meiden. Wählen Sie besser Papiere, die bereits am Markt gehandelt werden. Im Internet werden dazu von Onlineportalen, Brokern oder Börsen eine Reihe von Such- und Vergleichstools angeboten, zum Beispiel onvista.de, finanztreff.de, finanzen.net, boerse-frankfurt.de, boerse-stuttgart.de.

Welcher Emittent ist der Beste?

Und welchen Emittenten sollte man wählen? Ein wichtiges Kriterium, denn im Falle einer Emittentenpleite, wie im Fall Lehman, drohen die Papiere wertlos zu werden. Gleich vorweg: Einen besten Emittenten gibt es nicht. Doch ein Blick auf die Bonität (siehe S. 28) des Zertifikateemittenten ist genauso wichtig wie beim Anleihenkauf – vor allem, wenn Papiere längerfristig gehalten werden.

> **Gut zu wissen**
>
> **Shortselling,** zu Deutsch: Leerverkauf, ist eine Möglichkeit, auf den Kursverfall einer Aktie zu spekulieren. Dabei werden Aktien verkauft, ohne sie zu besitzen. Die Rechnung geht auf, wenn der Aktienkurs fällt und der Shortseller die Aktien zu einem niedrigeren Kurs zurückkaufen kann. Diese Möglichkeit bieten nur wenige Onlinebroker an. Meist setzen Anleger für die Spekulation auf fallende Kurse Put-Optionsscheine oder Knock-out-Papiere ein.

Hat man ein Papier ausgewählt, stellt sich die nächste Frage: Wo handeln? An der Börse oder im Direkthandel mit dem Emittenten? Die Kursstellung unterscheidet sich im Normalfall nicht, da die Börsen jeden Auftrag in der Regel sofort ausführen und es bei der Masse der Papiere unwahrscheinlich ist, dass Angebot und Nachfrage von zwei Privatanlegern gerade aufeinandertreffen. Da beim Direkthandel die Börsengebühren entfallen, ist dies in der Regel die kostengünstigere Variante. Und teilweise bieten auch die Onlinebroker günstige Konditionen mit einem oder mehreren Emittenten an. Hier sollten Sie aber nur zugreifen, wenn alle anderen Voraussetzungen wie Ausstattung des Zertifikats und Preis überzeugen.

Discountzertifikate – die Oldies

Discountzertifikate sind eine der ältesten Zertifikatearten und bilden eine Strategie nach, die auch bei professionellen Investoren sehr beliebt ist. Die Funktionsweise ist simpel: Vereinfacht gesagt, kaufen Anleger den Basiswert mit einem Preisnachlass. Doch einen Rabatt gibt es nicht umsonst. Im Gegensatz zur Aktie verzichten Anleger beim Discountzertifikat auf die Dividende und müssen eine Gewinnbegrenzung, englisch Cap genannt, in Kauf nehmen. Damit weiß der Anleger bereits beim Kauf, wie viel Gewinn maximal möglich ist. Ein Beispiel:

Kauf zum Discountpreis

Beispiel Discountzertifikat:

Kurs X-Aktie:	45 Euro
Kurs Discountzertifikat:	40 Euro
Laufzeit:	12 Monate
Obergrenze (Cap):	48 Euro
Bezugsverhältnis:	1:1
Verlustzone Aktienkauf:	44,99 Euro und tiefer
Ertragschance Aktie:	unbegrenzt
Verlustzone Discountzertifikat:	39,99 Euro und tiefer
Ertragschance Discountzertifikat:	bis 48 Euro

Die X-Aktie kostet 45 Euro, ein Discountzertifikat auf die Aktie notiert bei 40 Euro. Das Discountzertifikat ist mit einer Obergrenze von 48 Euro ausgestattet. Letzteres bedeutet, dass der Anleger oberhalb von 48 Euro nicht mehr an weiteren Kurssteigerungen partizipiert. Da der Anleger das Discountzertifikat aber zum Kurs von 40 Euro erworben hat, als die Aktie 45 Euro kostete, hat er die Chance auf 8 Euro Ertrag und einen Risikopuffer von 5 Euro. Das heißt, er gerät erst in die Verlustzone, wenn der Aktienkurs unter 40 Euro fällt. Wie bei Zertifikaten üblich, wird die Dividende zur Finanzierung der Konstruktion herangezogen, der Anleger erhält also keine Ausschüttung.

Das Beispiel zeigt ein offensives Discountzertifikat für mutige Anleger. Um geeignete Papiere zu finden, lohnt es sich, die auf Seite 93 erwähnten Vergleichstools von Onlineportalen, Brokern oder Börsen zu nutzen. Lassen Sie sich von der Masse der Angebote nicht überwältigen, Sie können die Suche auch deutlich eingrenzen und ganz gezielt Kriterien vorgeben, wie zum Beispiel Basiswert, Laufzeit, Obergrenze oder Abstand zum Basispreis. Aus der Vielzahl der Angebote können Sie auch Papiere mit deutlich niedrigeren Obergrenzen wählen, dann sind zwar die Renditechancen kleiner, aber auch das Risiko. Sehr vorsichtige Anleger wählen den Cap auch gerne 30 bis 40 Prozent unterhalb des aktuellen Aktienkurses, während risikobereitere Käufer von Discountzertifikaten eher Obergrenzen von 100 bis 140 Prozent des aktuellen Aktienkurses bevorzugen, um mehr Dynamik ins Depot zu bringen.

Die Konditionen von Discountzertifikaten verändern sich mit der Kursbewegung des Basisinstruments, also der Aktie oder des Index, aber auch mit der erwarteten Schwankungsbreite (implizite Volatilität). Ist diese niedrig, wie es in ruhigen Marktphasen der Fall ist, sind die Konditionen von Discountzertifikaten schlechter als in Zeiten unsicherer Märkte, die mit einer hohen Volatilität einhergehen.

→ Wissenswertes zum Thema Volatilität

Volatilität ist für viele Anleger ein Mysterium. Dabei ist das alles gar nicht so schwer. Man kann die Schwankungsbreite eines Wertes in der Vergangenheit messen, das ist die sogenannte historische Volatilität. Sie liefert Hinweise, wie schwankungsintensiv zum Beispiel ein Fonds oder eine Aktie in der Vergangenheit war, und ist hilfreich beim Vergleich von Wertpapieren. Dabei gilt: Je höher die Schwankungsbreite, desto riskanter.

Für Zertifikate und Optionen hingegen ist die historische Volatilität Schnee von gestern. Hier ist die erwartete Schwankungsbreite relevant, auch implizite Volatilität genannt. Die implizite Volatilität ist die für die Zukunft geschätzte Volatilität, die sich für viele Standardbasiswerte (vor allem Aktien oder Aktienindizes) aus Optionspreisen ableiten lässt. Dazu wird aus den Optionspreisen die von den Marktteilnehmern (implizit) zugrunde gelegte Volatilität des Basiswerts errechnet.

Ob die Volatilität nun allgemein hoch oder niedrig ist, kann man relativ schnell an Volatilitätsindizes wie dem VDax, der die erwartete Schwankungsbreite für den Dax misst, ablesen. Im langfristigen Mittel schwankt dieser um die Marke von rund 15 Prozent, bei Einzelaktien ist die Vola, wie sie die Profis auch häufig nennen, aber deutlich höher. Und weitaus bekannter als der VDax ist international das US-Pendant VIX, das die implizite Volatilität des S&P 500 widerspiegelt.

Aktienanleihen: Zins mit Risiko

Aktienanleihen funktionieren ähnlich wie Discountzertifikate. Da der Begriff Anleihe für viele Anleger vertrauenserweckender als die Bezeichnung Zertifikat klingt und sich im Filialvertrieb eine Anlage mit festem Zinssatz leichter verkaufen lässt als ein Produkt mit ungewisser Rendite, sind die Absätze bei Aktienanleihen höher als bei Discountzertifikaten. Aber worin unterscheidet sich eine Aktienanleihe vom Schwesterpapier, dem Discountzertifikat?

Wie der Name vermuten lässt, wird ein Zinskupon ausgeschüttet. Der Anleger erhält also jährlich einen festen Zinssatz, die Rückzahlung hängt wie beim Discountzertifikat von der Kursentwicklung einer Aktie oder eines Aktienindex ab. Ein Beispiel: Die

X-Aktie notiert bei 102 Euro. Eine Aktienanleihe mit einem Jahr Laufzeit kostet 100 Euro und bringt 7 Prozent Zinsen. Nach 12 Monaten wird die Anleihe zu 100 Prozent zurückgezahlt, sofern der Aktienkurs am Laufzeitende nicht unter 100 Euro notiert. Da die Aktie mit 102 Euro beim Kauf leicht über dieser Marke liegt, hat der Anleger sogar einen kleinen Risikopuffer.

Einen Blick wert in Seitwärtsmärkten

Beispiel Aktienanleihe:

Kurs X-Aktie:	102 Euro
Kurs Aktienanleihe:	100 Euro
Laufzeit:	12 Monate
Obergrenze (Cap):	100 Euro
Bezugsverhältnis:	1:1
Verlustzone Aktienkauf:	101,99 Euro und tiefer
Ertragschance Aktie:	unbegrenzt
Verlustzone Aktienanleihe:	99,99 Euro und tiefer
Ertragschance Aktienanleihe:	7 % Zinskupon

7 Prozent Zins klingen sehr verlockend, Anleger sollten hier aber auch bedenken, dass ihr Investment vornehmlich von der Wertentwicklung der Aktie abhängt und sie als Inhaber von Aktienanleihen keine Dividende erhalten. Und hohe Dividendenausschüttungen des Basiswerts sorgen für bessere Konditionen bei Zertifikaten.

Tipp: Aktienanleihen und Discountzertifikate sind vor allem interessant, wenn die Volatilität (siehe Kasten Seite 95) hoch ist. Bei beiden Varianten hat sie einen gewichtigen Einfluss auf den Preis der Papiere. Schwanken die Märkte nämlich stark, steigt die erwartete Schwankungsbreite an. In Phasen hoher Volatilität sind die Konditionen von Aktienanleihen daher deutlich attraktiver als in ruhigen Marktphasen, sprich: Der Discount gegenüber der Aktie oder dem Index ist höher, und bei Aktienanleihen ist entsprechend der Zinskupon lukrativer. Geht es an den Märkten turbulent zu, kann sich für besonders Mutige ein Investment lohnen. In ruhigen Marktphasen sind die Papiere hingegen weniger interessant. Wer generell mit einem starken Kursanstieg rechnet, sollte besser die Aktie erwerben, denn sie bietet die Aussicht auf unbegrenzte Kursgewinne. Wer eher stagnierende Kurse erwartet, kann mit Discountzertifikaten oder Aktienanleihen sein Glück versuchen.

Bonuszertifikate: Papiere mit hohem Schwellenrisiko

Zu den eher spekulativen Anlagezertifikaten zählen Bonuszertifikate, die auf eine Seitwärtsbewegung der Märkte zielen. Sie sind komplexer als Discountzertifikate oder Aktienanleihen, da Anleger zwei Schwellen zu beachten haben. Bewegt sich der Basiswert innerhalb der vorgegebenen Schwellen, wird am Laufzeitende ein Bonus ausgezahlt. Doch in volatilen Marktphasen kann so eine Kursschwelle, die auf den ersten Blick weit entfernt scheint, schnell touchiert werden. Denn die untere Kursschwelle (die sogenannte Barriere) ist in der Regel während der gesamten Laufzeit aktiv. Berührt der Basiswert diese Schwelle nur ein einziges Mal, verliert der Anleger den Anspruch auf die Bonuszahlung. Dann folgt das Zertifikat dem Kursverlauf der Aktie oder des Index, auf den es sich bezieht. Dies gilt ebenso, wenn der Basiswert stark klettert und über die obere Schwelle hinaus steigt. Dividenden erhält der Anleger nicht. Bonuszertifikate gibt es in unterschiedlichen Facetten – auch auf fallende Kurse oder mit einer Gewinnbegrenzung. So wird zum Beispiel bei einem Cap-Bonuszertifikat auch der maximale Gewinn begrenzt.

Expresszertifikate: Zinsen mit Überraschungseffekt

Expresszertifikate können interessant sein, wenn sich die Märkte seitwärts bewegen, also keinem klaren Aufwärts- oder Abwärtstrend folgen. Da die Papiere keine schlüssige Markterwartung abbilden, steht Finanztest den Papieren kritisch gegenüber.

Man benötigt ein wenig Geduld, um die Konditionen genau zu verstehen, und noch mehr, um geeignete Papiere zu finden, die nicht mit hohen Vertriebsgebühren belastet sind. Viele Expresszertifikate werden von Bankberatern vertrieben, sprich: Hier sind häufig Vertriebsprovisionen eingepreist. Und das ist Geld, das dem Anleger entgeht. Bei Emissionen, die bereits länger am Markt sind, entfallen diese in aller Regel.

Und so funktionieren die Papiere: Der erste Teil ist leicht zu verstehen, denn Expresszertifikate ähneln Anleihen. Meist werden die Papiere genau wie Anleihen zum Nennwert von 100 Euro oder 1 000 Euro ausgegeben und bieten entweder einen festen Zinskupon, oder die Ausschüttung wird angesammelt und später ausgezahlt. Das kann also auch am Ende der Laufzeit sein. Die Rückzahlung hängt hingegen von der Entwicklung des Basiswerts ab.

Jetzt wird es etwas komplexer, da sowohl die Höhe als auch der Zeitpunkt der Rückzahlung vom Kursverlauf des Basiswerts bestimmt werden. Bei Emission wird zwar eine Laufzeit festgelegt, doch die Papiere werden vorher zurückgezahlt, wenn ein bestimmtes Kursniveau erreicht oder überschritten wird. Dazu wird in der Regel einmal jährlich – an einem bestimmten Tag – geprüft, ob dies der Fall ist. Wurde die festgelegte Marke nicht überschritten, erhält der Anleger üblicherweise Zinsen, und das Expresszertifikat läuft weiter. Dieses Prozedere wird jährlich wiederholt – bis zur Fälligkeit, die meist nach drei bis fünf Jahren eintritt. Die Kreativität der Emittenten kennt aber keine Grenzen, teils werden Expresszertifikate auch mit anderen Konstrukten wie zum Beispiel Bonuszertifikaten oder Aktienanleihen kombiniert.

❝ **Fazit:** Bonus- und Expresszertifikate sind sehr komplex und bergen in volatilen Marktphasen besonders hohe Risiken. Discountzertifikate und Aktienanleihen sind hingegen einfacher strukturiert.

Hebelpapiere sorgen für Dynamik

Suchen Sie nach Möglichkeiten, das Risiko im Portfolio abzusichern? Oder wollen Sie einfach mal so richtig zocken? Hebelpapiere sind vielseitig.

Das klingt erst mal kompliziert: Optionsscheine, Optionen, Futures, Knock-outs oder Faktorzertifikate und -ETF. Ist das alles ein und dasselbe, oder gibt es Unterschiede? Was steckt genau hinter den einzelnen Begriffen? Vermutlich wissen Sie, es handelt sich um etwas Hochspekulatives. Ganz richtig. Allerdings können die Hebelpapiere auch genau das Gegenteil: Sie können Risiken reduzieren.

Ja, Sie lesen richtig. Mit Hebelpapieren können Sie viel gewinnen oder verlieren, Sie können aber Hebelpapiere auch zur Absicherung vor Kursverlusten einsetzen. Daher lohnt der Blick auf diese Papiere nicht nur für besonders risikofreudige Naturen, sondern auch für die Vorsichtigen, die ihre Risiken vermindern wollen. Wie Sie das konkret in die Praxis umsetzen können, haben wir auf Seite 152 für Sie erklärt. Doch werfen wir zunächst mal einen Blick darauf, wie die einzelnen Konstruktionen funktionieren, worin sie sich unterscheiden und was man unbedingt wissen sollte. Dann können Sie entscheiden, ob Sie die Produkte für sich nutzen möchten.

Optionsscheine: Klassiker für Strategen

Optionen, auch unter den Begriffen Call oder Put bekannt, sind für Anleger erste Wahl, wenn sie längere Zeit auf steigende beziehungsweise fallende Kurse setzen. Ihre Geschichte reicht weit zurück, schon die alten Griechen spekulierten mit Optionen auf die nächste Olivenernte. Heutzutage werden zwar immer noch Optionen auf Agrarprodukte gehandelt, doch überwiegend stehen Aktien und Indizes im Mittelpunkt. Aber was sind Calls und Puts genau, und wie funktionieren sie?

Mit einem Call erwirbt der Käufer das Recht, eine Aktie oder einen Index zu einem fest vereinbarten Preis innerhalb einer bestimmten Frist zu kaufen. Der Put berechtigt ihn hingegen, zum vereinbarten Preis zu verkaufen. Der vereinbarte Preis wird in der Fachsprache Basispreis genannt, der Index oder die Aktie, auf die sich der Call oder Put bezieht, ist der Basiswert, und die Frist nennt man Laufzeit. Damit haben wir schon mal die wichtigsten Begriffe: Call für Kaufoption, Put für Verkaufsoption, und die Aus-

Stiftung Warentest | Für ganz Mutige

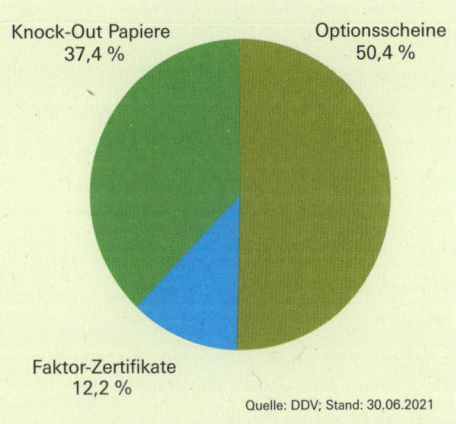

Unterschiedliche Vorlieben

Bei Hebelpapieren existieren – genau wie bei Zertifikaten – unterschiedliche Varianten. Jede hat ihre Vor- und Nachteile, und auch die Anleger haben ihre persönlichen Präferenzen bei der Auswahl eines Hebelpapiers. Auffällig ist, dass in den vergangenen Jahren Optionsscheine wieder deutlich an Popularität gewonnen haben. In Bezug auf Faktor-Zertifikate erscheint die Statistik jedoch trügerisch, denn die Daten des Deutschen Derivateverbands (DDV) umfassen „nur" die Absatzzahlen der Zertifikateanbieter. Neben den Faktor-Zertifikaten dieser Häuser existieren aber auch gehebelte ETF, die zwar wie diese funktionieren, aber in der Statistik nicht ausgewiesen sind.

Knock-Out Papiere 37,4 %
Optionsscheine 50,4 %
Faktor-Zertifikate 12,2 %

Quelle: DDV; Stand: 30.06.2021

---

stattungsmerkmale Basiswert, Basispreis und Laufzeit. Manchmal kommt auch noch das Bezugsverhältnis hinzu, wenn man zum Beispiel zehn oder 100 Calls benötigt, um eine Aktie beziehen zu können.

Für wen sich das Ganze lohnt, ist schnell erklärt: Das Recht, eine Aktie zu erwerben, ist viel günstiger als die Aktie selbst, man braucht also viel weniger Kapital. Das nennt man den Hebeleffekt. Ein Beispiel: Sie haben 500 Euro und erwarten, dass die X-Aktie, die 10 Euro kostet, in den kommenden Wochen und Monaten in Richtung 15 Euro steigt. Nun können Sie für 500 Euro 50 Aktien erwerben – oder eine Option, die Ihnen das Recht einräumt, die Aktie die nächsten sechs Monate zum Kurs von 10 Euro erwerben zu können. Das Recht, also die Kaufoption, kostet 0,50 Euro und wäre 5 Euro wert, wenn die Aktie auf 15 Euro steigt. Und für 500 Euro könnten Sie 1000 Calls kaufen.

Markterwartung und Risikobereitschaft definieren

Was machen Sie – Aktien oder Calls? Das hängt natürlich von Ihrer Markterwartung und der Risikobereitschaft ab. Wenn Sie das Geld eher langfristig anlegen wollen und nicht damit rechnen, dass die Aktie schnell stark steigt, gehen Sie auf Nummer sicher. Dann können Sie mit der Aktie die Dividenden kassieren und in Ruhe abwarten.

Wenn Sie aber erwarten, dass in den kommenden Wochen und Monaten mal so richtig die Post abgeht und gute Nachrichten den Kurs nach oben treiben, können Sie all Ihren Mut zusammennehmen und auch zum Call greifen. Unter einer Bedingung: Sie können auf das eingesetzte Geld verzichten. Denn die Option verfällt wertlos, wenn die Aktie nicht steigt. Sie müssen also in der Lage sein, die Summe als „Spielgeld" betrachten zu können. Der Nervenkitzel hält – je nach Dauer des Investments – über Wochen oder Monate an, aber wie wir alle wissen, gibt es keine sicheren Gewinne. Oft kommt es anders, als man denkt, daher ist es wichtig, das Risiko eines Totalverlusts immer einzukalkulieren. Idealerweise setzen Sie für Optionen – um bei unserem Beispiel zu bleiben – nicht die vollen 500 Euro ein, sondern nur einen Bruchteil davon.

Tipp: Halten Sie den Einsatz klein. Geht die Rechnung am Ende auf und Sie erzielen einen satten Gewinn, können Sie den „Spieleinsatz" wieder zurück zu den anderen Investments schieben und mit dem Gewinn weiterspekulieren. Wenn Sie den Tipp befolgen, schmerzt ein Verlust – und der wird mit diesen risikobehafteten Papieren nicht ausbleiben – weniger.

Geld, das in Hebelinstrumente investiert wird, sollte keinesfalls für den langfristigen Vermögensaufbau gedacht sein. Wichtig ist zudem, die Risiken zu verteilen, sprich: nicht alles auf eine Karte zu setzen, sondern den Kapitaleinsatz zu begrenzen. Hilfreiche Tipps finden Sie unter den 15 goldenen Anlegerregeln ab Seite 161.

Der Hebel bringt den Kick
Zurück zu unserem Beispiel: Erfüllen sich die Hoffnungen und die Aktie klettert kurz nach dem Kauf der Calls auf 11 Euro, steigt der Wert der Aktien von 500 Euro auf 550 Euro (50 Aktien à 11 Euro). Und was ist mit der Kaufoption? Der Preis klettert theoretisch ebenfalls um 1 Euro. Da Sie aber viel weniger Geld eingesetzt haben als mit der Aktie, können Sie mehr Gewinn erzielen. Dies nennt man den Hebeleffekt. Der Hebel lässt sich einfach errechnen: Aktie dividiert durch Optionspreis, also 50 : 0,50 = 20, sprich: Mit dem Optionsschein wäre theoretisch der 20-fache Gewinn möglich.

Schon wieder „theoretisch"! Der kleine Zusatz ist Ihnen vermutlich in der Mitte des letzten Absatzes bereits aufgefallen. Denn in der Praxis bewegt sich die Option nicht ständig in gleichem Maße wie die Aktie, sondern meist weniger. Es ist einfach zu berechnen, was der Optionsschein am Ende der Laufzeit wert ist, während der Laufzeit ist die Preisentwicklung aber komplex. Es kommen also weitere Kennzahlen und Effekte hinzu. Diese sollten Sie kennen, damit Sie die Chancen und Risiken eines Optionsscheins vernünftig einschätzen können.

Um zu ermitteln, wie sich der Kurs des Optionsscheins bewegt, wenn sich die Aktie um 1 Euro verändert, brauchen wir eine weitere Kennzahl: das Delta. Klingt kompliziert, aber Sie müssen die Berechnung der Kennzahl nicht beherrschen, sondern nur wissen, was sie bedeutet und wie sie Ihnen nützt. Die Kennzahl selbst gibt es entweder auf den Internetseiten des Optionsscheinanbieters oder auf Vergleichsportalen im Netz.

Multipliziert man den Hebel mit dem Delta, erhält man den theoretischen Hebel, der eine realistischere Angabe über die zu erwartende Veränderung des Optionspreises bietet. Wichtig ist vor allem zu wissen, dass das Delta die Veränderung des Optionspreises zeigt, wenn sich der Basiswert um eine Einheit ändert. In der Realität wird der Call in unserem Beispiel nämlich nicht von 0,50 auf 1,50 Euro steigen, wenn die Aktie 1 Euro zulegt, sondern nur etwa die Hälfte des Kursanstiegs mitmachen. Übrigens: Beim Put ist die Berechnung des Hebels identisch, in die Gewinnzone kommen Sie aber beim Put nur, wenn der Aktienkurs fällt.

Beobachten Sie die Preisentwicklung verschiedener Optionsscheine für ein paar Tage, werden Sie schnell feststellen, dass Kaufoptionsscheine mit Basispreisen unterhalb des aktuellen Aktienkurses die Bewegungen stärker nachvollziehen als Calls mit einem weit entfernten Basispreis, der unerreichbar erscheint. Achten Sie daher vornehmlich auf den theoretischen Hebel, sofern er verfügbar ist, oder berücksichtigen Sie einfach, dass hohe Hebel auch hohe Risiken bergen.

Doch der Hebel ist es, was Calls und Puts so interessant macht. Denn mit wenig Einsatz sind hohe Gewinne möglich. Zum echten Gewinn wird ein Kursanstieg aber erst, wenn Sie eine Position aufgelöst, also verkauft haben. Und als grobe Daumenregel gilt, dass ein theoretischer Hebel, manchmal auch Leverage genannt, zwischen 4 und 6 eine gute Dynamik verspricht, während Werte von 7 und höher sehr riskant sind.

Innerer Wert

Um ein möglichst gutes Gespür zu entwickeln, ob die Auswahl realistisch ist, sollten Sie ein Kursziel für den Basiswert haben und berechnen, wie weit dieser zum Beispiel steigen muss, damit am Ende ein Gewinn bleibt. Wenn Sie also eine Kaufoption (Call) mit einem Basispreis von 10 Euro kaufen und der Aktienkurs auf 11 Euro klettert, ist Ihre Kaufoption (Call) mindestens 1 Euro wert. An sich ist das absolut logisch und kinderleicht. Die Finanzprofis haben natürlich auch dafür einen eigenen Begriff: innerer Wert. Sie müssen sich diesen Begriff langfristig nicht zwingend merken, weil Sie vermutlich beim Blick auf den Basispreis und den Optionsschein schon erkennen, ob die Option werthaltig ist oder nicht. Für die Auswahl eines geeigneten Optionsscheins ist die Rechnung jedoch wichtig, und wenn Sie tiefer in das Thema einsteigen, wird er Ihnen häufiger begegnen.

Die Bezeichnungen Option und Optionsscheine verwenden wir hier synonym. Tatsächlich unterscheiden sie sich aber in einigen Punkten: Optionen werden an der Terminbörse Eurex gehandelt, die Konditionen wie Basispreis oder Laufzeit sind standardisiert, während sie bei Optionsscheinen die Anbieter definieren. Bei Optionsscheinen oder Knockouts können Anleger nur Käufer von Calls und Puts sein. An der Terminbörse hingegen können sie zudem auch Verkäufer, im Fachjargon Stillhalter genannt, von Calls und Puts sein und dafür die Optionsprämie kassieren. Dafür müssen sie den Basiswert aber liefern, wenn der Inhaber eines Calls dies verlangt, oder abnehmen, wenn der Inhaber eines Puts sein Optionsrecht ausübt.

→ Wichtige Formeln

Einfache Kennzahlen wie Aufgeld, Hebel, innerer Wert und Zeitwert sind leicht zu berechnen. Sie erleichtern die Auswahl geeigneter Papiere, da es wichtig ist, die Chancen und Risiken realistisch zu bewerten und die verschiedenen Papiere miteinander zu vergleichen. Beträgt das Bezugsverhältnis nicht eins zu eins, muss dieses berücksichtigt werden.

Hebel: Aktienkurs : Optionsscheinkurs

Theoretischer Hebel: Hebel x Delta

Innerer Wert Call: Aktienkurs – Basispreis

Innerer Wert Put: Basispreis – Aktienkurs

Zeitwert: Optionsscheinkurs – innerer Wert

Jährliches Aufgeld in Prozent: Zeitwert : (Aktienkurs : 100) : Restlaufzeit in Jahren

Generell sollten Sie bei der Auswahl immer darauf achten, ob eine Option werthaltig ist oder nicht. Wählen Sie nämlich einen Call mit einem Basispreis von 15 oder 20 Euro, kostet dieser nur wenige Cent, aber die Wahrscheinlichkeit, dass sie damit einen Gewinn erzielen, ist gering. Da der Kapitaleinsatz aber niedrig ist, ist die Hebelwirkung hoch. Dagegen sind Calls mit einem tieferen Basispreis teurer, weil sie bereits einen inneren Wert aufweisen, oder anders ausgedrückt: Je höher der innere Wert, desto höher die Optionsprämie und umso schwächer die Hebelwirkung. Und je weiter der Basispreis vom aktuellen Kurs entfernt ist, desto niedriger der Preis und umso höher der Hebel.

Wenig Einsatz und ein hoher Hebel – das klingt sehr verlockend. Doch Vorsicht! Wird der Basispreis nicht erreicht, ist der Kapitaleinsatz verloren. Da aber auch bei einer Option mit hohem inneren Wert der gesamte Kapitaleinsatz weg ist, wenn die Märkte kräftig einbrechen, wählen die meisten Anleger Basispreise, die in der Nähe des aktuellen Aktienkurses liegen. So halten sich Chancen und Risiken die Waage. Wenn Sie nun wissen, dass die Option einen inneren Wert von einem Euro aufweist, der Call aber 11,25 Euro kostet, sind die 25 Cent der Zeitwert, das sogenannte Aufgeld. Das wäre verloren, wenn das Papier morgen fällig wäre. Setzt man die 0,25 Euro nun in Relation zum Aktienkurs und der verbleibenden Restlaufzeit, erhält man das prozentuale jährliche Aufgeld. Das erleichtert die Vergleichbarkeit mit anderen Optionsscheinen.

Einflussfaktoren auf den Preis

Doch was beeinflusst den Preis eines Optionsscheins? Ob dieser 11 Euro, 11,25 Euro oder 11,50 Euro wert ist, hängt von einer Reihe von Faktoren ab. Eher untergeordnet sind die Höhe der Dividende des Basiswerts und das Zinsniveau, während die Restlaufzeit ein wichtiger Faktor ist. Je näher der Verfallstag rückt, desto stärker nähert sich der Optionspreis dem sogenannten inneren Wert an. Das heißt: Wenn die Aktie bei 9 Euro notiert und der Basispreis eines Calls lautet 10 Euro, dann fällt der Optionspreis kurz vor dem Verfallstag drastisch, da die Wahrscheinlichkeit mit jedem Tag sinkt, dass das Optionsrecht ausgeübt werden kann. Stagniert oder fällt der Aktienkurs also, ist die Option am Ende der Laufzeit wertlos – und das Geld ist verloren.

Der gewichtigste Einflussfaktor auf den Optionspreis ist in der Regel jedoch die Volatilität, die erwartete Schwankungsbreite des Basiswerts, im Fachjargon auch implizite Volatilität genannt. Als Anleger müssen Sie die Volatilität nicht berechnen können, aber wissen, dass eine Option teurer ist, wenn die „Vola", wie die Profis das gerne abkürzen, hoch ist, und der Optionspreis fällt, wenn die Vola sinkt. Das heißt, beim Call steigt der Wert, wenn Aktienkurs und Volatilität steigen. Stagniert oder fällt der Aktienkurs und die Volatilität ebenso, sinkt auch der Wert des Calls.

→ **Typisch Volatilität**

Die erwartete Schwankungsbreite steigt, wenn die Marktteilnehmer nervös werden und die Kurse fallen. Steigen die Aktienkurse hingegen, sinkt die erwartete Schwankungsbreite,

auch implizite Volatilität. In turbulenten Marktphasen klettert die Volatilität stark, in ruhigen Zeiten schwächt sie sich ab. Langfristig betrachtet schwankt sie um ihren Mittelwert, weshalb der Kauf von Calls und Puts in Zeiten niedriger Volatilität höhere Gewinnchancen birgt als bei hohen Volatilitäten. In ungünstigen Marktkonstellationen können Calls an Wert einbüßen, wenn der Kurs nur moderat steigt, aber die erwartete Schwankungsbreite drastisch einbricht.

Neben impliziter Volatilität, Kursentwicklung des Basiswerts und Restlaufzeit haben noch zwei weitere Faktoren einen – wenn auch nachrangigen – Einfluss auf den Optionspreis: Zinsen und Dividenden. Erwarten die Marktteilnehmer zum Beispiel, dass die Dividende einer Aktie steigt, sinkt der Wert des Calls, während der eines Puts steigt. Sichtbar wird dies jedoch nur bei gravierenden Änderungen, was ebenso für Veränderungen bei den Zinsen gilt.

Damit Sie Geschäfte mit Optionsscheinen tätigen dürfen, müssen Sie sich bei Ihrer Bank für die höchste Risikostufe klassifizieren. Diese ist ebenso nötig, wenn Sie Optionen oder gar Futures-Kontrakte handeln möchten. Allerdings benötigen Sie als Anleger dafür eine Bank oder einen Onlinebroker, der auch den Handel an der Terminbörse Eurex anbietet (siehe auch „Gut zu wissen" Seite 101).

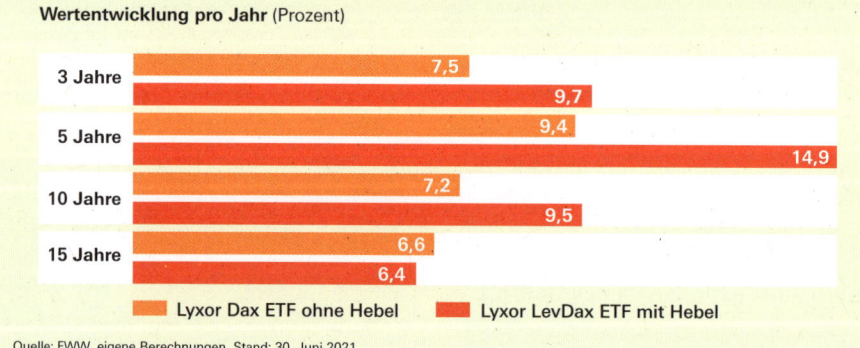

Faktorzertifikate und Hebel-ETF: Für schnelle Trader

Optionsscheine sind Ihnen zu komplex? Der Kapitalmarkt bietet auch einfachere Lösungen für risikobereite Anleger: Faktorzertifikate, Hebel-ETF oder Knock-outs (mehr dazu ab Seite 105), die nicht minder populär sind. Aber wie so oft hat jede Variante ihre Vor- und Nachteile. Faktorzertifikate und Hebel-ETF sind am leichtesten zu verstehen, denn die Performance des Basiswerts wird einfach mit einem Faktor multipliziert. Bei einem Hebel von 2 heißt das, wenn die Aktie 1 Euro zulegt, steigt der Hebel-ETF oder das Faktorzertifikat um 2 Euro. Super simpel. Und natürlich gibt es das auch mit höherem Faktor für Anleger, die es noch spekulativer lieben. Warum sollte man sich da noch mit Optionsscheinen und Themen wie Volatilität herumschlagen und auf die vielen diversen Einflussfaktoren achten, wenn es so einfach geht? Sie ahnen es vermutlich, der Teufel steckt im Detail.

Auch das einfachste Produkt hat einen Haken: Die Ausgangsbasis dieser Papiere wird nämlich jeden Tag wieder auf null gesetzt. Legt zum Beispiel die X-Aktie an einem Tag um 1 Euro zu, klettert das Hebelpapier auf 102 Euro. Klettert die Aktie am nächsten Tag wieder um 1 Euro, werden nicht nur 2 Euro draufgeschlagen, sondern mehr. Das Hebelpapier steigt nämlich um den prozentualen Wertzuwachs. Das heißt: Die Veränderung von 101 Euro auf 102 Euro entspricht 0,99 Prozent – multipliziert mit dem Faktor 2 ergibt das 1,98 Prozent. Bei einem Aktienkurs von 102 Euro macht das 2,0196 Euro aus, das Papier klettert also auf 104,02 Euro. Solange die Kurse steigen, ist alles wunderbar, immerhin setzt man Hebelpapiere ja ein, weil man auf steigende oder fallende Kurse setzen will.

Die Rechnung sieht aber ganz anders aus, wenn es mal rauf und mal runter geht, sich der Kurs also nicht klar in eine Richtung bewegt. Der Vergleich eines Hebel-ETF mit ei-

Futures sind verpflichtende Terminkontrakte, das heißt, der Anleger hat kein Wahlrecht wie bei Optionen, sondern geht ein bindendes Geschäft ein. Täglich wird die Veränderung einem separaten Konto, dem sogenannten Marginkonto, belastet oder gutgeschrieben. Da hier der Hebel besonders groß ist – sprich: mit geringem Kapitaleinsatz können extrem hohe Summen bewegt werden –, ist das Risiko von Future-Kontrakten ungleich höher als das von gewöhnlichen Calls oder Puts.

nem gewöhnlichen ETF (siehe Grafik) verdeutlicht die Problematik, wenn Anleger die Papiere länger halten.

Knock-outs:
Kurzfristig für Risikobereite

Knock-out-Zertifikate sind eine populäre Variante der Hebelpapiere, weil sie viel einfacher zu verstehen sind als Optionsscheine. Doch die Risiken solcher Produkte sind nicht zu unterschätzen, weshalb sie sich nur für erfahrene Anleger eignen. Aber wie funktionieren sie?

Statt Call oder Put werden sie zum Teil auch Knock-out-Bull oder Long – für steigende Kurse – und Knock-out-Bear oder Short – für fallende Kurse – genannt. Andere Bezeichnungen sind Turbo, Mini-Future oder Wave, die sich zum Teil leicht unterscheiden. Auch hier gilt: Mit wenig Kapitaleinsatz wird auf steigende oder fallende Kurse spekuliert. Genauso wie Optionsscheine sind auch Knock-outs mit einem Basispreis ausgestattet, haben aber zusätzlich eine Barriere, auch Schwelle oder Knock-out-Schwelle genannt. Damit kennen Sie bereits die wesentlichen Komponenten: den Basispreis und die Knock-out-Schwelle.

Der Name ist bei der Knock-out-Schwelle Programm: Wird sie touchiert, verfällt das Papier, sprich: Die Laufzeit endet sofort. Dann ist es vorbei mit den Chancen, teilweise wird noch ein Restwert ausgezahlt. Ob dies der Fall ist, ist abhängig von Basispreis und Barriere. Sind diese identisch, bleibt kein Restwert, das heißt, das Papier verfällt wertlos. Liegt bei einem Knock-out Long, der auf steigende Kurse zielt, hingegen die Basis unterhalb der Knock-out-Schwelle, erhält der Anleger noch einen – wenn auch geringen – Restwert. Ein Beispiel: Angenommen, Sie rechnen mit einem Kursanstieg der X-Aktie, die bei 100 Euro notiert, und erwerben einen Knock-out-Call mit einem Basispreis und einer Knock-out-Schwelle von jeweils 95 Euro. Wird die Marke von 95 Euro erreicht, verfällt das Papier sofort und ist wertlos. Liegt der Basispreis hingegen darunter, zum Beispiel bei 93 Euro, gibt es noch eine Restwertzahlung.

Wie hoch die Chancen von Knock-out-Papieren sind, ergibt sich – genau wie bei Optionsscheinen – aus dem Hebel. Die Berechnung ist identisch: Kurs des Basiswerts geteilt durch Kurs des Knock-outs (unter Berücksichtigung des Bezugsverhältnisses). Beziehen sich zehn Knock-outs auf eine Aktie, entspricht das bei einem Knock-out-Preis von 0,50 Euro umgerechnet 5 Euro, die Rechnung lautet also: 100 : 5, macht also einen Hebel von 20. Knock-outs sind beliebt, weil die Berechnung der Wertentwicklung sehr einfach nachvollziehbar ist. Im Grunde verhalten sie sich wie Futures-Kontrakte an den Terminbörsen – mit dem Unterschied, dass an einem bestimmten Punkt die Position aufgelöst wird (Knock-out).

Und noch etwas mehr Theorie für besonders Wissbegierige: Wie beim Futures-Kontrakt, der quasi eine Spekulation auf Kredit ist, fallen auch beim Knock-out Finanzierungskosten an. Diese werden laufend im Kurs berücksichtigt und dadurch indirekt an den Anleger weitergereicht. Diese Kosten bemerken Anleger in der Regel nur ganz selten, denn sie fallen gar nicht oder kaum ins Gewicht, insbesondere, wenn die Knock-out-Papiere nur wenige Stunden oder Tage gehalten werden. Längerfristig zehren sie aber deutlich an der Performance. Aufgrund der Finanzierungskosten und des hohen Risikos setzen risikofreudige Anleger diese Papiere nur für kurzfristige Spekulationen ein.

Wichtig ist immer ein Blick auf die genauen Bedingungen, um die Details zu kennen. So kann der Bruch der Barriere nämlich bei einigen Knock-outs auch außerhalb der offiziellen Börsenhandelszeit erfolgen. Dies ist zum Beispiel der Fall, wenn sich Dax-Knock-outs nicht auf den Dax, sondern auf den X-Dax beziehen, der von 8 bis 22 Uhr auf Basis von Futures-Kontrakten an der Terminbörse Eurex errechnet wird.

Wer also nach Feierabend noch schnell einen Blick auf die Dax-Entwicklung des zurückliegenden Börsentags wirft und sich in Sicherheit wiegt, weil die Barriere nicht erreicht wurde, kann unter Umständen böse Überraschungen erleben. Sacken nämlich am US-Markt die Kurse ab, bricht in der Re-

---

Die unterschiedlichen Bezeichnungen Faktorzertifikate und Hebel-ETF irritieren, zumal bei börsengehandelten Indexfonds (ETF) auch ETF existieren, die als Faktor-ETF bezeichnet werden. Darunter versteht man jedoch sogenannte Smart-Beta-Strategien wie zum Beispiel dividendenstarke Aktien. Also ziemlich genau das, was Sie an dieser Stelle nicht suchen. ETF mit Hebelwirkung heißen schlicht Hebel-ETF oder Leveraged ETF.

gel auch der Dax-Future ein, weshalb das Papier quasi über Nacht wertlos werden kann. Auch dann, wenn sich die Lage wieder beruhigt und am nächsten Morgen die europäischen Märkte nahezu unverändert eröffnen, ist und bleibt das Knock-out-Papier wertlos.

❝ **Fazit:** Anleger, die Volatilität als zusätzlichen Faktor einsetzen, agieren häufig mit Optionsscheinen. Wenn Sie das Thema Volatilität aber lieber meiden wollen und gerne sehr kurzfristig spekulieren, sind Knock-outs die einfachere Wahl. Da das Risiko bei allen Hebelinstrumenten besonders hoch ist, sollten Sie den Kapitaleinsatz jedoch klein halten.

> **Gut zu wissen**
>
> **Cleveres Marketing**
> Die Bezeichnung Zertifikat, Optionsschein oder Anleihe bei strukturierten Wertpapieren ist teils irreführend. Als die ersten Knock-outs aufgelegt wurden, erschien den Anbietern der Begriff „Zertifikat" offenbar vertrauenserweckender als „Optionsschein", und sie bezeichneten die Papiere als Zertifikate. „Future" wäre treffender, aber einmal eingeführt, blieb der Name bestehen.

Was eignet sich wann?

Wer sich über die Märkte informiert, entwickelt im Lauf der Zeit seine persönliche Markteinschätzung. Doch welche Investments lohnen dann?

→ **Raucht bei Ihnen schon der Kopf?** So viele Möglichkeiten, da ist es schwer, den Überblick zu behalten. Um die Auswahl zu erleichtern, haben wir eine Übersicht erstellt, die zeigt, welche Anlagevehikel sich für die unterschiedlichen Markteinschätzungen eignen. Die Übersicht erhebt keinen Anspruch auf Vollständigkeit, denn das Angebot, egal ob an Aktien, Anleihen, ETF, Optionsscheinen oder sonstigen Papieren, ist immens. Wichtig ist, das Passende für sich herauszufiltern.

Die Tabelle auf Seite 109 bietet eine Übersicht über gängige und bei Anlegern beliebte Papiere. Verstehen Sie die Übersicht eher als Ideenlieferant, der Sie aber nicht dazu ermutigen soll, gleich alles in Aktien und aktienähnliche Papiere oder gar Kaufoptionen (Calls) zu stecken, wenn Sie mit steigenden Notierungen an den Aktienbörsen rechnen. Risikostreuung bleibt das A und O für dauerhaften Erfolg! Daher setzen auch die größten Aktienoptimisten nie alles auf eine Karte und halten einen Teil ihres Pulvers trocken.

Derivate wie Calls (mehr dazu ab Seite 98), Aktienanleihen, Discountzertifikate & Co taugen nur zur Depotbeimischung, während Aktien, Anleihen sowie Aktien- und Anleihen-ETF oder -Fonds die Grundbausteine sind (siehe Pantoffel-Portfolio ab Seite 42). Und wie bei Aktien-ETF und Aktienfonds, die genauso wie Einzelaktien auf steigende Aktienkurse zielen, haben Anleger auch bei strukturierten Wertpapieren oft die Qual der Wahl. Denn ein Teil der Papiere ähnelt sich stark.

So sind zum Beispiel Discountzertifikat und Aktienanleihe artverwandt und unterscheiden sich nur in der Ausstattung. Das Discountzertifikat bietet einen Abschlag auf den Aktienkurs, während eine Aktienanleihe mit einem festen Zinskupon ausgestattet ist. Der Anleger kann – je nach persönlichen Präferenzen und Risikoneigung – die passende Anlageform für sich auswählen. Interessant sind die Papiere zum Beispiel, wenn Sie mit eher stagnierenden Aktienkursen rechnen. Trifft die Markterwartung ein, lockt in der Regel ein höherer Ertrag als mit der Aktie. Ein weiterer Aspekt ist auch die Volatilität. Sind die Marktteilnehmer nervös, ist die Volatilität hoch – und damit sind auch die Konditionen von Discountzertifikaten und Aktienanleihen attraktiver als in ruhigen Marktphasen.

Ebenfalls einen hohen Einfluss hat die Volatilität auf den Preis bei Optionsscheinen (siehe Seite 98). Hier stellt sich für Anleger oft die Frage, ob sie einen klassischen Optionsschein oder ein Knock-out-Papier wählen sollen. Daher vorweg ein kurzer Blick auf die wesentlichen Unterschiede: Optionsscheine bieten über die Entwicklung des Basiswerts hinaus die Chance, von steigender Volatilität zu profitieren. Wer den Trend vorausahnt und den Optionsschein zu Zeiten niedriger Volatilität kauft, hat Chancen auf hohe Gewinne. Allerdings läuft einem im wahrsten Wortsinn die Zeit davon, da Optionsscheine nicht endlos laufen, sondern einen Fälligkeitstermin haben. Käufer von Optionsscheinen sind vor allem gut informierte Anleger, die auch anspruchsvollere Berechnungen nicht scheuen und die aktuellen Marktentwicklungen permanent im Blick haben.

Knock-out-Papiere sind ebenso wie Optionsscheine sehr riskant und erfordern daher einen ständigen Blick auf die Wertentwicklung. Größte Gefahr ist hier die Knock-out-Schwelle. Wenn Sie sich nicht mit Parametern wie Volatilität und Zeitwertverfall beschäftigen wollen, aber trotzdem mit den Hebelpapieren spekulieren wollen, sollten Sie einen Blick auf Knock-outs (ab Seite 105) werfen. Geeignete Papiere finden interessierte Anleger über Suchmaschinen, wie sie unter anderem von den Börsen (zum Beispiel boerse-frankfurt.de) und Onlineportalen (wie onvista.de oder finanzen.net) angeboten werden. Keine Sorge, wenn Sie vom Angebot überwältigt sind und viel mehr passende Papiere finden, als Sie wollten. Grenzen Sie einfach die Kriterien so lange weiter ein, bis Sie das ideale Papier aufgespürt haben.

Nicht vergessen: Risiken streuen und vor allem bei risikoreicheren Investments den Kapitaleinsatz stark begrenzen. Denn so verlockend der Gewinnanreiz auch ist, die Risiken sind enorm. Mehr Tipps für die praktische Umsetzung finden Sie von Seite 135 bis Seite 171.

Ideen für die praktische Umsetzung

Die Übersicht zeigt unterschiedliche Anlagemöglichkeiten, die je nach persönlicher Erfahrung, Vermögen, Anlagedauer und Risikobereitschaft umgesetzt werden können.

Wenn Sie erwarten, dass …	… eignen sich zum Beispiel folgende Anlagen:
… die Aktienkurse steigen,	Aktien, Aktien-ETF oder -Fonds, Kauf-Optionsscheine (Calls), Knock-outs, Faktorzertifikate oder Hebel-ETF, (bei moderatem Anstieg eventuell auch Discountzertifikate mit hohen Obergrenzen)
… die Aktienkurse stagnieren,	Dividendenstarke Aktien, Discountzertifikate, Aktienanleihen, Expresszertifikate
… die Aktienkurse fallen,	Put-Optionsscheine, Knock-out-Bear, Short-ETF, Faktorzertifikate, (bei moderaten Rückgängen auch Discountzertifikate und Aktienanleihen oder Expresszertifikate)
… die Nervosität steigt und damit die erwarteten Schwankungen an den Märkte zunehmen,	Depot mit Puts vor Kursverlusten schützen; Geld kurzfristig parken, zum Beispiel auf dem Tagesgeldkonto
… die Nervosität sich wieder legt,	Discountzertifikate, Aktienanleihen
… die Zinsen steigen,	Kurzlaufende Anleihen, Puts auf Anleihenindizes
… die Zinsen fallen,	Langlaufende Anleihen, Calls auf Anleihenindizes

Social Trading – (Heiße) Infos von und für Tippgeber

Im Internet gibt es massenhaft Empfehlungen für Anleger. Social Trading, der Austausch von Informationen und Ratschlägen im Netz, hat viele Facetten.

→ **Das Internet hat nicht nur die Art,** wie wir einkaufen oder Freunde kontaktieren verändert, sondern längst auch, wie wir unser Geld anlegen. Onlinebanking ist ganz selbstverständlich, und in Chats oder Internetforen für Anleger tauschen sich private Investoren und Interessierte aus. Sie diskutieren über Markteinschätzungen und Einzelaktien genauso wie über Anlagestrategien, Konjunkturdaten oder Steuern – über alles, was mit Geldanlage zusammenhängt.

Meme-Aktien Gamestop & Co
In den USA sorgte die Zockerei mit den sogenannten Meme-Aktien Gamestop, AMC & Co Ende 2020 für großes Aufsehen. Die Gamestop-Aktie, die im Sommer 2020 noch rund vier Dollar kostete, verhundertfachte sich binnen weniger Monate ohne fundamentalen Grund. Private Anleger stachelten sich auf Onlineportalen – vornehmlich im Forum wallstreetbets auf Reddit – gegenseitig an, die Aktie zu kaufen, um renditehungrigen Hedgefundmanagern das Handwerk zu legen, die auf sinkende Kurse wetteten. Und da beim Kauf und Verkauf von Aktien bei Neobrokern wie Robinhood keine Gebühren anfallen, griffen viele zu. Das angepeilte Kursziel von 1 000 Dollar erreichte die Gamestop-Aktie zwar nicht, aber wenige Wochen nach Beginn der Kaufrallye stellte der erste Hedgefund seine Geschäfte ein.

Bedauerlicherweise erlitten viele Anleger in der darauffolgenden Korrekturphase herbe Verluste. Die US-Wertpapieraufsichtsbehörde SEC leitete eine Untersuchung ein, selbst im Kongress gab es eine Anhörung, weil Beobachter vermuteten, dass manche Akteure die Kurse gezielt nach oben getrieben hätten, um dann bei hohen Kursen ihre vorher erworbenen Bestände zu verkaufen. Gezielte Marktmanipulation ist illegal. Gerade bei vollmundigen Empfehlungen ist also besondere Vorsicht angebracht. Das gilt übrigens nicht nur für die Onlineforen.

→ **Behörde alarmiert**
Die Bafin warnte im Februar 2021 davor, Geschäfte aufgrund von Aufrufen in sozialen Medien, Internetforen und Apps, wie zum Beispiel Telegram und

Reddit, zu tätigen. „Es besteht ein erhebliches Verlustrisiko, da auf kurzfristige Kurssteigerungen, die infolge der Aufrufe und entsprechenden Spekulationen entstehen, starke Kursrückgänge folgen können. Auch ein zu beobachtendes erhöhtes Umsatzvolumen kann rasch wieder einbrechen und den Verkauf der erworbenen Wertpapiere erschweren. Es besteht auch die Gefahr, dass in sozialen Medien falsche oder irreführende Aussagen getroffen werden. Zudem können Aufrufe dazu dienen, Anleger zum Kauf von bestimmten Aktien zu verleiten, um von steigenden Kursen dieser Aktien gezielt zu profitieren."

Gute Informationsquelle ...

Die Internetforen sind für viele Anleger aber auch eine wertvolle Hilfe. Sie sind oft die erste Anlaufstelle für Fragen. In Zeiten des Onlinebankings kommen viele Informationen von anderen Anlegern und seltener vom Bankberater. Die Qualität ist teils aber fragwürdig. Im Zweifel sollten Sie daher besser bei der Bank oder dem Onlinebroker nachfragen. Diese bieten oft einen Kundenservice. Wer selbst eine clevere Strategie verfolgt und diese öffentlich kundtut, findet im Netz schnell eine Fangemeinde. Auf Social-Trading-Plattformen wie zum Beispiel Ayondo, etoro oder wikifolio können Interessierte auch anderen Investoren folgen, aus deren Verhalten lernen, die Strategien kopieren und teils auch direkt in diese investieren. Das ist riskant. Denn nur wenige Investoren sind auf Dauer erfolgreich. Obendrein werden häufig noch stattliche Gebühren fällig. So zahlen Anleger zum Beispiel bei einem Wikifolio neben der jährlichen Zertifikategebühr von 0,95 Prozent eine Performancegebühr zwischen 0 und 30 Prozent. Mutige Anleger sollten hier nicht investieren, sondern eher erwägen, selbst ein Portfolio anzubieten, um die Performancegebühr in zusätzliche Erträge umzuwandeln, wenn andere Anleger ihnen folgen und in ihr Wikifolio investieren.

... aber auch ein Zeitfresser

Ein ganz anderes Problem der sozialen Medien: Sie sind Zeitfresser und liefern oft keine ausgewogene Information. Sie können sich in den Onlineforen stundenlang tummeln und interessante Informationen sammeln. Doch vor lauter Informationen verlieren Sie leicht den Blick fürs Wesentliche und investieren möglicherweise gar nicht oder sehr einseitig. Klickt man nämlich im Netz mehrfach ein bestimmtes Thema an, sagen wir Kryptowährungen, sorgt Künstliche Intelligenz dafür, dass man noch mehr zu dem Thema erhält. Daher ist es ratsam, sich immer mal wieder zurückzulehnen und die Sache mit etwas Abstand zu betrachten. Prüfen Sie, ob die Depotzusammensetzung noch zu Ihren Vorstellungen passt, und vermeiden Sie Klumpenrisiken!

Abseits regulierter Börsen

Kryptowährungen wie Bitcoin & Co sind populär. Vermutlich haben Sie auch schon von CFD, Crowdinvestments oder geschlossenen Fonds gehört. Was steckt dahinter, wo lauern Fallen?

Bis jetzt haben wir uns vor allem mit Wertpapieren beschäftigt, die an offiziellen Börsen gehandelt werden. Doch auch außerhalb der stark regulierten Wertpapierbörsen existieren viele Anlagemöglichkeiten. Lassen Sie sich von der Vielfalt nicht einschüchtern: Ob Anlagen aus diesem Bereich für Sie geeignet sind, finden Sie beim Lesen schnell heraus. So existieren Angebote für Investoren, die nachhaltige Konzepte verfolgen und die Armut lindern wollen, andere, wie Contracts for Difference (CFD), sind dagegen eher für aktive Anleger gedacht, die den Nervenkitzel suchen und Spaß am Spiel haben. Und die Käufer von Kryptowährungen oder Crowdinvestoren fasziniert meist die Idee, an einer neuen Entwicklung teilzuhaben, die für die Abwicklung von Geldgeschäften keine Banken benötigt. Klassische Beteiligungsmodelle sind Alternative Investmentfonds (AIF), früher wurden sie geschlossene Fonds genannt, mit denen Investoren Miteigentümer von Immobilien, Windparks et cetera werden können.

Das klingt ja toll, könnten Sie jetzt denken. Doch Vorsicht! Zwar wurden viele Bereiche des sogenannten grauen Kapitalmarkts, zu denen diese Anlagen gerechnet werden, in den vergangenen Jahren stärker reguliert, doch im Vergleich zu den sehr strikt regulierten Börsen tummeln sich in diesem Bereich besonders viele Betrüger. Und die sind unglaublich kreativ. Daher sollten Sie bei diesen Anlagen besonders kritisch und vorsichtig sein.

Checkliste

So erkennen Sie unseriöse Anbieter

Wer Geld anzulegen hat, trifft meistens irgendwann auch auf unseriöse Anbieter. Gern kontaktieren Betrüger potenzielle Kunden ungefragt per Telefon oder erreichen sie über Anzeigen im Internet. Mit gewieften Argumenten appellieren sie an die menschliche Gier oder an das soziale Bewusstsein und ködern Anleger mit hohen Renditeversprechen. Schick aufgemachte Broschüren oder gefälschte Internetseiten sollen den Anschein der Seriosität erwecken. Dabei sehen die Webseiten oder Handelsplattformen im Internet hochprofessionell aus und versprechen hohe Gewinnchancen – meist mit binären Optionen, CFD oder Kryptowährungen. In der Praxis werden Geschäfte und Kontobewegungen – oft auch Gewinne – vorgetäuscht, die Gelder werden aber gar nicht angelegt, sondern landen auf den Konten der Kriminellen, die sie für eigene Zwecke verwenden.

Die Betrüger schrecken auch nicht davor zurück, gefälschte Botschaften von Prominenten zu verbreiten, um für unseriöse Handelsplattformen für Investitionen in Kryptogeld zu werben. Sie fälschen Namen sowie Handelsregisterauszüge und arbeiten mit Briefkastenfirmen. Teils gaben sie sich auch als Mitarbeiter der Bundesanstalt für Finanzdienstleistungsaufsicht (Bafin) aus, um Geschäfte zu vermitteln. Doch Vorsicht: Die Mitarbeiter der Bafin melden sich nicht bei Ihnen und bieten auch keine Geschäfte an!

Wenn Sie sich für eine Anlage interessieren, sollten Sie zunächst im Internet recherchieren und prüfen, ob die Firma oder die Geschäftsführer in der Vergangenheit negativ aufgefallen sind. Eine gute Quelle dafür ist auch die „Warnliste Geldanlage" von Finanztest. Namen und Anbieter, die dort genannt sind, sollten Sie auf jeden Fall meiden. Der Abruf der Liste ist kostenlos und kann viel Geld und Ärger ersparen. Zu finden ist diese unter: test.de/warnliste. Eine weitere Anlaufstation ist die Bundesanstalt für Finanzdienstleistungsaufsicht (Bafin), von der Anbieter von Finanzprodukten in Deutschland eine schriftliche Genehmigung benötigen, bevor sie Geschäfte tätigen. Ob diese vorliegt, kann jeder Verbraucher – kostenlos und ohne Anmeldung – über die Unternehmensdatenbank der Bafin online abfragen. Als Anleger können Sie im Zweifel die Aufsichtsbehörde auch kontaktieren – bafin.de oder Telefon 0800 / 21 00 500.

Bafin und Bundeskriminalamt sowie einige Landeskriminalämter veröffentlichten 2018 die nachfolgende Neun-Punkte-Liste. Sie soll Anlegern helfen, sich vor Betrügern zu schützen.

☐ Seien Sie misstrauisch bei Angeboten, die eine sichere Anlage, eine garantierte Rendite, dazu hohe Gewinne oder ein nur sehr geringes Risiko versprechen! Misstrauen Sie Bonusversprechungen und Erfolgen auf Demokonten.

☐ Bevor Sie Geld übergeben oder eine Anlage tätigen, holen Sie immer unabhängigen Rat (zum Beispiel bei Verbraucherzentralen) ein.

☐ Nutzen Sie bei Anlageangeboten im Internet verschiedene Suchmaschinen, um möglichst umfassende Informationen zum Anbieter und zum Produkt zu erhalten.

☐ Achten Sie bei Anlageangeboten im Internet darauf, ob ein Impressum angegeben ist. Wer ist Ihr potenzieller Vertragspartner und wo hat er seinen Sitz?

☐ Handelt es sich um ein von der Bafin oder einem anderen EU-Land lizenziertes Unternehmen? Dies können Sie über die Unternehmensdatenbank der Bafin jederzeit abfragen (https://portal.mvp.bafin.de/database/InstInfo/).

☐ Lehnen Sie unaufgeforderte Anrufe im Zusammenhang mit Anlageangeboten ab! Lassen Sie sich nicht auf Beratungsgespräche mit Unbekannten ein.

☐ Vorsicht vor zukünftigen Betrugsversuchen! Wenn Sie bereits Opfer wurden und in einen Betrug investiert haben, werden die Betrüger Sie wahrscheinlich wieder ins Visier nehmen oder Ihre Daten an andere Kriminelle verkaufen.

☐ Vorsicht bei Hilfsangeboten! Häufig geben sich Betrüger, die Ihre Kundendaten erworben haben, als „Samariter" aus, die Sie dabei unterstützen wollen, Ihr verlorenes Geld zurückzuholen.

☐ Seien Sie misstrauisch und kontaktieren Sie bei Verdacht die Polizei und/oder die Bafin!

Im Fokus: Contracts for Difference (CFD)

CFD sind Hebelpapiere. Mit wenig Kapitaleinsatz schnelle Gewinne erzielen, lautet das Motto der Branche. Klingt verlockend, aber ist es wirklich so leicht, schnell reich zu werden?

Über Hebelpapiere wie Optionsscheine und Knock-outs haben Sie bereits einiges gelesen. Hier lernen Sie eine weitere Spielart der Hebelpapiere kennen – CFD. Der volle Name „Contracts for Difference" deutet schon an, worum es geht: um eine Differenz. Oder anders ausgedrückt, Anleger wetten auf einen Kursanstieg oder -verfall des Basiswerts. Das kommt Ihnen sicher bekannt vor, denn letztendlich verhält sich das ähnlich wie bei den anderen Hebelpapieren, mit denen man ebenfalls auf steigende oder fallende Kurse setzen kann.

Im Gegensatz zu diesen tätigt der Anleger mit CFD aber ein Geschäft außerhalb des offiziellen Börsenhandels. Das bedeutet, dass die Kurse von den Anbietern ermittelt werden und keinen offiziellen Kontrollinstanzen wie der Handelsüberwachung der Börse unterliegen. Da Anleger mit CFD sehr hohe Verluste erlitten haben, wurden die Aufsichtsbehörden aktiv und verschärften 2018 die Regeln. Um die Risiken stärker in den Fokus zu rücken, muss nun jeder CFD-Anbieter veröffentlichen, wie hoch der Anteil seiner Kunden ist, der mit CFD Verluste erleiden. Eine Zahl, die Sie kennen und bei der Auswahl des Brokers beachten sollten! Übrigens: Nur ein geringer Teil der Anleger ist mit CFD erfolgreich. Laut den Internetseiten der Anbieter verlieren zwischen 66 und 89 Prozent der CFD-Käufer Geld. Im Umkehrschluss: Lediglich 11 bis 34 Prozent der Privatanleger erzielen im CFD-Trading Gewinne. Die schlechten Ergebnisse sollten Anlegern Warnung genug sein, aber auch die europäische wie die deutsche Wertpapieraufsichtsbehörde warnen Privatanleger vor den Risiken bei CFD. Wer es dennoch nicht lassen kann, sollte nur wenig Geld einsetzen, das er als Spielgeld reserviert hat.

CFD sind beliebt, weil sie sehr einfach funktionieren, sie vollziehen die Kursbewegungen des Basiswerts eins zu eins nach. Ein Beispiel: Für steigende Kurse wählen Anleger einen Long-CFD, für fallende entsprechend einen Short-CFD und „eröffnen" eine Position, wenn sie kaufen, oder „schließen" sie, wenn sie wieder aussteigen. Wer nun einen Dax-Long-CFD wählt, definiert zunächst, mit welchem Hebel er spekulieren will. Ein Hebel von 20 bedeutet zum Beispiel, dass jeder Punkt, den der Dax klettert, 20 Euro Gewinn bringt – oder eben 20 Euro Verlust, wenn der Dax fällt. Und da der Dax binnen weniger Minuten um 50 oder 100 Punkte schwanken kann, werden schnell hohe Summen bewegt. Viele Trader halten die Positionen daher oft nur wenige Minuten oder Stunden. Spekulieren kann man mit CFD auf Indizes, Aktien, Rohstoffe, Wechselkurse oder auch Kryptowährungen.

Wer eine Position eröffnet, muss eine Sicherheitsleistung, auch Margin oder Marge genannt, hinterlegen. Zudem kommen – abhängig vom Anbieter – eine Gebühr pro Transaktion sowie Finanzierungskosten dazu, die abhängig von der Haltedauer sind. Denn de facto handelt es sich um ein kreditfinanziertes Geschäft. Während Gebühren und Finanzierungskosten an den Broker gehen, wird die Sicherheitsleistung an den Anleger zurückgezahlt, sofern die Erwartungen erfüllt werden und nach dem Kauf des Dax-Long-CFD die Kurse klettern. Fallen sie hingegen, reduziert sich die Sicherheitsleistung. Im schlimmsten Fall ist sie rasch komplett aufgezehrt und das eingesetzte Kapital verloren. Eine Nachschusspflicht, wie bei Futures-Kontrakten üblich, wurde zum Schutz privater Anleger verboten.

Die Aufsichtsbehörden haben 2018 die Hebel beschränkt. Sie dürfen bei CFD-Geschäften folgende Werte nicht übersteigen:
- ▶ Währungen – maximaler Hebel 30,
- ▶ bedeutende Indizes, Gold und kleinere Währungen – maximaler Hebel 20,

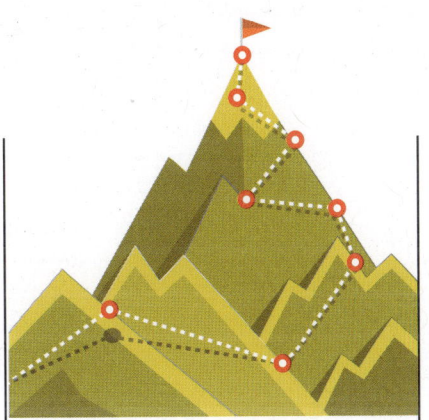

HÄTTEN SIE'S GEWUSST?

CFD-Anleger lieben Indexspekulationen. 86 Prozent des Handelsvolumens entfallen auf Aktienindizes, 9 Prozent auf Währungen und gut 3 Prozent auf Rohstoffe. Aktien und Anleihen spielen kaum eine Rolle, so die Daten von CFIN Research für das 1. Quartal 2021.

Gut die Hälfte der Indexspekulationen zielte auf die Entwicklung des Dax, rund ein Drittel auf den Dow Jones.

Die Wahl des Dow Jones bei US-Aktienindizes zeigt, dass CFD ein Privatanlegerinstrument sind. Professionelle Investoren bevorzugen in den USA nämlich den marktbreiten S&P-500-Index.

- Rohstoffe (außer Gold) und kleinere Aktienindizes – maximaler Hebel 10,
- Einzelaktien – maximaler Hebel 5 und
- Kryptowährungen – maximaler Hebel 2.

Wer trotz aller Risikohinweise CFD handeln möchte, sollte vor allem auf die Seriosität des Anbieters achten. In Deutschland bieten spezialisierte CFD-Broker sowie einige etablierte Onlinebanken den Handel an. Allerdings tummeln sich hier – insbesondere seitdem der Handel stärker reguliert wurde – auch viele unseriöse Anbieter, die vorwiegend aus dem Ausland kommen und teils illegal arbeiten. An diese können Anleger zwar Geld überweisen, bekommen ihre Guthaben aber oft nicht zurück. Ende 2018 warnten Bundeskriminalamt (BKA), Landeskriminalämter und Bafin vor unseriösen Maschen und Anbietern von Geschäften, die für Privatanleger in Deutschland verboten sind (siehe auch Checkliste Seite 114/115).

Checkliste

Checkliste für CFD-Anleger

Erwägen Sie, CFD-Geschäfte einzugehen, brauchen Sie einen seriösen Anbieter, der seinen Sitz in Deutschland hat und die Geschäfte hier abwickelt. Prüfen Sie, ob dieser bei der Bundesanstalt für Finanzdienstleistungsaufsicht (Bafin) registriert ist (https://portal.mvp.bafin.de/database/InstInfo/) und die Vorgaben der Bafin erfüllt.

☐ Vergleichen Sie die Konditionen der Anbieter und achten Sie auf die Verlustquote.

☐ Lassen Sie sich nicht auf Anbieter ein, die versuchen, die Regeln der Bafin zu umgehen.

☐ Investieren Sie nicht sofort. Idealerweise starten Sie erst mit einem Demokonto und sammeln Erfahrung, bevor Sie mit Echtgeld handeln.

☐ Wenn Sie mit echtem Geld handeln, bitte nur mit geringem Einsatz und nur mit Kapital, auf das Sie auch verzichten können.

☐ Legen Sie sich eine Strategie zurecht, sprich: wann gekauft wird und unter welchen Umständen Sie aussteigen. Diskutieren Sie die Strategie am besten mit Ihrem Partner oder einem Freund und bleiben Sie ihren Anlageprinzipien treu.

Im Check: Bitcoin, Ether & Co – Kryptowährungen und Token

Kryptowährungen funktionieren ganz anders als traditionelle Investments. Machen sie überhaupt Sinn? Was muss man beim Kauf beachten, und welche Alternativen gibt es?

Kaum ein Investment spaltet so sehr wie Kryptowährungen. Investmentlegende Warren Buffett bezeichnete sie als „Rattengift hoch zwei", während Tesla-Chef Elon Musk bekennender Anhänger und Investor in Bitcoin ist. Kritiker halten Kryptowährungen für eine Utopie, die sich langfristig nicht durchsetzen wird, und für reine Zockerinstrumente. Ihr Hauptargument: Hinter Kryptowährungen steht kein realer Wert wie Gold oder eine Volkswirtschaft, an deren Leistung der Wert einer Währung gemessen werden kann. Die Befürworter hingegen sind überzeugt von der Zukunft der Digitalwährungen, da diese unabhängig von politischen Entscheidungen oder den Notenbanken sind. Die meisten sind besessen von der Idee, Geldtransaktionen ohne Mittelsmänner, sprich gebührenhungrige Banken, tätigen und weltweit in einer Währung bezahlen zu können.

An sich ein genialer Ansatz. Doch auch der hat seinen Preis. Das „Schürfen" von Bitcoins benötigt mehr Strom als so mancher Staat. Da man Computer, Datenspeicher, zuverlässige Netzwerkleitungen et cetera benötigt, sind auch die Transaktionen weder kostenlos noch besonders günstig.

→ **Blockchain**

Die Technologie hinter Kryptowährungen stellt man sich am einfachsten als dezentrales Buchungssystem vor. Das heißt, jede Transaktion wird nicht auf einem Server oder bei einer Firma gespeichert, sondern in einem Kassenbuch (Blockchain) von vielen Computern gleichzeitig vorgehalten.

Die US-Zukunftsforscherin Amy Webb sieht in Kryptowährungen eine neue Assetklasse – ähnlich wie Gold und Diamanten –, deren Wert nicht auf einem funktionalen Wert basiere. Als Zahlungsmittel hingegen dürften ihrer Meinung nach Kryptowährungen an Bedeutung, Popularität und Relevanz verlieren. Denn die enorme Volatilität ist eine signifikante Hürde, und den Kryptowährungen fehlt die breite Akzeptanz, um als echte Währung anerkannt zu werden.

In der Tat: Kryptowährungen fehlen grundlegende Eigenschaften klassischer

Bitcoinfans brauchen starke Nerven
Die starken Kursbewegungen von Kryptowährungen wie Bitcoin locken viele Anleger. Während der Corona-Pandemie waren die Ausschläge extrem – nach oben wie nach unten. Auf die unglaubliche Kursrallye Ende 2020/Anfang 2021 folgte die große Ernüchterung bei den Investoren.

Quelle: Refinitiv, Börse Bitstamp

Währungen: Sie sind kein gesetzliches Zahlungsmittel, niemand ist verpflichtet, Bitcoins anzunehmen – außer in El Salvador, wo Bitcoin seit 2021 als Zahlungsmittel gilt. Da sie heftigen Kursschwankungen unterliegen, eignen sie sich auch nicht zur Wertübertragung. Und angesichts der Gefahr, das angelegte Vermögen komplett zu verlieren, warnen Bundesbank, Bafin und Anlegerschützer davor, Kryptowährungen als Wertaufbewahrungsmittel zu nutzen.

Ein weiterer Risikofaktor sind neben starken Schwankungen auch kriminelle Machenschaften. Betrüger oder Erpresser verlangen häufig Lösegeld in Bitcoin, und die Zahl der Angriffe auf Bitcoin-Börsen und -Marktplätze nimmt zu. Während die Token meist verloren sind, hatte der Kryptodienstleister Poly-Network im Sommer 2021 Glück. Die Angreifer überwiesen den Großteil der gestohlenen 600 Millionen Dollar wieder zurück. Im schlimmsten Fall ist das Geld aber weg. Zudem können Regierungen den Handel und Besitz von Kryptowährungen verbieten. So hat China 2021 den Handel sowie alle Aktivitäten rund um Kryptoanlagen untersagt und für illegal erklärt. In Europa wird hingegen an einer Regulierung für Kryptowährungen gearbeitet, um einheitliche Standards zu schaffen.

Volatile Marktentwicklung
Kursturbulenzen sorgen immer wieder für Verunsicherung bei den Anlegern. Sie sollten Warnung genug sein, dass es mit dem schnellen Reichtum nicht so leicht ist. Wer es trotz des Risikos selbst ausprobieren und investieren will, sollte sehr vorsichtig sein und den Kapitaleinsatz begrenzen.

Doch wie kommt man zu einer Kryptowährung, und welche sollte man wählen? Immerhin existieren neben Bitcoin Tausende verschiedene Digitalwährungen. Der Großteil davon ist kaum bekannt, die meisten werden nur selten gehandelt und sind wertlos, sie werden über kurz oder lang wieder vom Markt verschwinden.

Groß im Trend waren vor einigen Jahren Initial Coin Offerings (ICO), über die sich Unternehmen, oft Start-ups, Kapital beschaffen. Über diese Token (zu Deutsch Münzen) wird eine neue Kryptowährung ausgegeben. **Vorsicht:** Finanztest rät nachdrücklich vom Kauf von Token und anderen „Gutscheinen" ab, mit deren Verkauf Firmen versuchen, Kapital aufzunehmen. Es handelt sich um ein wenig reguliertes Feld. Die Bafin stellte eine „systembedingte Anfälligkeit von ICO für Betrug, Geldwäsche und Terrorismusfinanzierung" fest. Die Seriosität und Bonität des Anbieters zu beurteilen ist für private Anleger nur schwer möglich, Anleger- und Datenschutz sind nicht gewährleistet.

Daher sollten Sie allenfalls die größeren und etablierten Kryptowährungen in Betracht ziehen. Bitcoin ist ganz klar die bekannteste, gefolgt von Ether, die gemeinsam rund 70 Prozent der Marktkapitalisierung auf sich vereinen. Dahinter folgen Cardano, Tether, Binance Coin, Ripple, Polkadot, etc. Als Einzige unter diesen schwankt Tether kaum, weil der Wert immer einen US-Dollar reflektieren soll. Daher gilt Tether als Stable Coin. Für Spekulanten, die auf starke Kursbewegungen setzen, sind daher Stable Coins nicht interessant. Und Ethereum, die Basis der Kryptowährung Ether, wird ebenso wie Cardano als Blockchain für digitale Verträge, sogenannte Smart Contracts, genutzt.

Vermutlich haben Sie auch schon mal von Dogecoin gehört, der Spaßwährung, die Elon Musk populär gemacht hat. Man nennt diese Währungen auch Shitcoin oder Memecoin, da sie keinen wirklichen Zweck erfüllen und oft von Influencern getrieben werden, also extrem riskant sind. Neben den bisher erwähnten Coins und Token existieren auch nicht austauschbare Token, im Fachjargon Non-fungible Token, kurz NFT, genannt. Sie werden häufig für Krypto-Kunst, digitale Sammelkarten, et cetera eingesetzt. Voraussetzung: Es gibt nur eine begrenzte Anzahl des Sammlerobjektes. Wer hier aktiv werden will, muss viel Zeit mitbringen, um den Marktwert der Objekte vorher genau zu studieren.

Kryptobörsen und Onlinebroker

Auf einen Preisanstieg der klassischen Kryptowährungen können Anleger auf unterschiedliche Art und Weise setzen. Relativ einfach funktioniert das bei Onlinebrokern wie zum Beispiel justtrade oder Trade Republic. Sie bieten Anlegern neben dem Wertpapierhandel auch den Handel von Kryptowährungen an. Klassisch ist hingegen der Handel an einer Kryptobörse, einem Marktplatz oder einer Tradingplattform. Bekannteste Anbieter in Deutschland sind Binance, Bitcoin.de, Bitpanda, Börse Stuttgart (Bison), Coinbase oder eToro. Nutzer müssen sich bei einem Anbieter registrieren, bevor sie

Angebote einstellen dürfen. Dazu sind in der Regel E-Mail-Adresse, Mobilnummer sowie ein eigenes Bankkonto erforderlich. Ohne Legitimation darf kein Konto eröffnet werden! Auf dem Marktplatz stellen die Interessenten ihre Kauf- oder Verkaufsangebote ein. Finden sie einen Partner, der die vorgegebene Menge und den Preis akzeptiert, tätigen Käufer und Verkäufer das Geschäft direkt miteinander. Neben den Börsen wird Bitcoin zum Teil im Ausland am Automaten oder in Wechselstuben angeboten.

Wallet – die virtuelle Geldbörse

Mindestens so wichtig wie der Erwerb ist die Verwahrung der Kryptowährung. Gespeichert werden Kryptowährungen in einem sogenannten Wallet, der virtuellen Geldbörse. Das Wallet hat eine öffentliche Kontonummer – auch „public key" genannt – und einen privaten Schlüssel, den nur der Eigentümer hat. Ohne diesen Schlüssel geht nichts, daher gilt es, den Schlüssel gut zu verwahren. Geht er verloren, ist der Zugang zum Kryptogeld versperrt. Doch eins nach dem anderen: Zunächst muss man ein Wallet anlegen. Das funktioniert online schnell und unproblematisch – vorausgesetzt, man weiß, was man will. Denn das Angebot ist vielfältig, und die Unterschiede sind groß. Im Kern unterscheidet man zwei Arten: Hot Wallet und Cold Wallet. Den besten Schutz vor Hackerangriffen bieten Cold Wallets, sprich Hardware- und Paper-Wallet.

① **Desktop-Wallet (Hot Wallet):** Die klassische Variante wird auf dem privaten Computer installiert. Das Wallet ist in der Regel kostenfrei und gilt als sicher, sofern man die üblichen Vorsichtsmaßnahmen für den PC (Anti-Viren-Software, regelmäßige Softwareaktualisierungen) beachtet. Es kann nur von dem Computer aus genutzt werden, auf dem es installiert wurde.

② **Mobiles Wallet (Hot Wallet):** Eine Variante für alle, die viel unterwegs sind und gerne ihr Kryptogeld immer dabeihaben und unterwegs zahlen wollen. Das mobile Wallet funktioniert ähnlich wie das Desktop-Wallet, eben nur auf dem Mobiltelefon über eine App. Da der private Schlüssel auf dem Mobilgerät gespeichert wird, besteht das Risiko von Hackerangriffen. Geht das Telefon verloren, ist auch die Wiederherstellung schwierig.

③ **Exchange-Wallet (Hot Wallet):** Üblicherweise werden Online-Wallets von Kryptobörsen oder Handelsplattformen angeboten, bei denen man handeln und direkt die Währungen „lagern" kann. Das geht schnell und sehr komfortabel, weil die Kryptowährungen nicht erst übertragen werden müssen, bevor sie verkauft werden können. Doch hier lauert ein großes Risiko: Geht der Plattformbetreiber pleite oder wird Opfer eines Hackerangriffs, sind die Kryptowährungen meist weg.

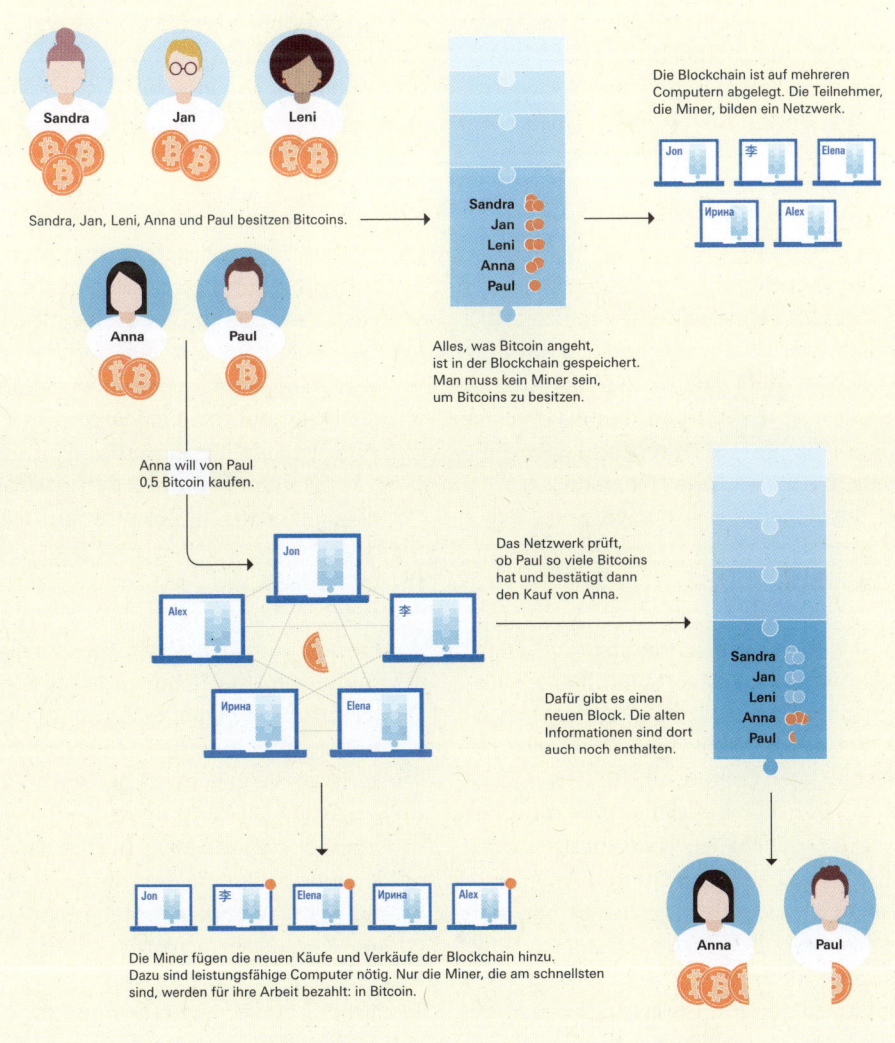

④ **Hardware-Wallet (Cold Wallet):** Sie gelten als besonders sicher und sind einfach zu nutzen. Der private Schlüssel wird dabei auf einem USB-Stick oder einer speziell für Kyptowährungen designten Hardware gespeichert und muss immer präsent sein, wenn eine Transaktion getätigt werden soll. Die zusätzliche Sicherheit kostet Geld, die Geräte müssen gekauft werden.

⑤ **Paper-Wallet (Cold Wallet):** Der öffentliche und der private Schlüssel werden nicht online oder auf einem anderen Gerät verwahrt, sondern ganz einfach auf Papier ausgedruckt. Diese sogenannte Offline-Variante ist sicher, solange das Papier mit dem Code gut verwahrt wird. Allerdings auch etwas umständlicher zu nutzen, weil die Schlüssel immer erst erfasst werden müssen.

Private Nutzer, die keine großen Summen in Kyptowährungen investieren, handeln über ihren Onlinebroker oder richten sich ein Wallet bei einem Bitcoin-Marktplatz, auf dem privaten Computer oder dem Mobiltelefon ein. Erfahrene Akteure, die möglichst viel Sicherheit haben wollen und den zeitlichen oder finanziellen Zusatzaufwand nicht scheuen, bevorzugen meist Papier- oder Hardware-Wallets. Bevor Sie aber ein Wallet anlegen, sollten Sie die Servicebedingungen lesen und die Sicherheitsstufen des Anbieters nutzen. So macht es zum Beispiel Sinn, beim Online- oder Desktop-Wallet die Mobilfunknummer anzugeben und eine mehrstufige Authentifizierung sicherzustellen.

Da Kryptobörsen und Handelsplattformen begehrte Ziele von Hackern sind, ist das Wallet auf dem eigenen PC die bessere Wahl, sofern man es wirklich gut schützt. Wer ein Wallet besitzt, kann auch schon loslegen und Bitcoin, Ether & Co kaufen und verkaufen. Allerdings sollte der Private Key gut geschützt werden. Geht dieser verloren, ist der Zugang zum eigenen Geld unwiederbringlich verloren. Rund 20 Prozent aller bislang geschürften Bitcoin seien wegen verlorener Zugangsdaten verschwunden, so schätzt die Datenfirma Chainanalysis.

Neben dem direkten Erwerb von Bitcoins existiert noch eine Reihe weiterer Spekulationsmöglichkeiten für Kryptowährungen wie zum Beispiel Zertifikate, CFD oder Exchange Traded Notes (ETN), sogar Sparpläne sind möglich. Zertifikate und ETN sind Wertpapiere und werden im Depot verwahrt. Daher ist keine separate Kontoeröffnung nötig. Sie zielen auf Kursveränderungen und sind in Anbetracht der extremen Schwankungen der Kryptowährungen hochriskant. ETN sind genauso wie Zertifikate Inhaberschuldverschreibungen, also Anleihen. Angeboten werden diese unter anderem von Häusern wie Van Eck, ETC Group oder Wisdom Tree und beziehen sich nicht nur auf Bitcoin, sondern auch andere Währungen. Nachteilig ist die Besteuerung: Gewinne mit ETN unterliegen der Abgeltungsteuer.

Im Trend: Crowdinvesting

Gemeinsam mit vielen anderen Anlegern neue Projekte finanzieren oder in Start-ups investieren und am Erfolg teilhaben, klingt verlockend. Charmante Ideen bergen aber auch Risiken.

Sie suchen etwas Ungewöhnliches und wollen in ein Start-up investieren, das eine innovative Krebstherapie, einen neuartigen Rollstuhl für Behinderte oder ein Cargobike entwickelt hat und Geldgeber sucht? Oder vielleicht doch lieber in ein neues Immobilienprojekt? Das Internet eröffnet privaten Anlegern Zugang zu Investmentmöglichkeiten, die lange Zeit nur kapitalkräftigen Anlegern oder einem kleinen Kreis vorenthalten waren. Das Zauberwort lautet Crowdinvesting, teils auch Crowdfunding oder Schwarmfinanzierung genannt. Crowd, zu Deutsch Menschenmenge, deutet an, worum es geht: Viele Investoren tun sich mit kleinen Beträgen zusammen, um größere Projekte oder Start-ups zu finanzieren. Mit einem klaren Ziel: Die Investoren wollen am Erfolg teilhaben. Populär wurde die Anlagevariante durch das Internet, durch das schnell eine breite Masse von Interessenten erreicht werden kann. Doch wie funktioniert Crowdinvesting, wie erfahren Anleger von interessanten Projekten, wo lauern Fallstricke, und wie groß sind die Risiken?

Fragen über Fragen, doch eins nach dem anderen. Ein Beispiel: Will ein Erfinder sich bei der Bank für die Umsetzung eines neuen Projekts Geld beschaffen, gewährt diese in der Regel nur einen Kredit, wenn er ausreichend Eigenkapital vorweisen kann. Hat er es nicht oder will nur einen Teil seines Vermögens einsetzen, kann er ein Crowdinvesting-Projekt starten und sein Projekt im Internet potenziellen Anlegern präsentieren.

Das funktioniert über Online-Plattformen. Zum Teil haben sich die Anbieter spezialisiert, wie zum Beispiel Exporo auf Immobilien, Companisto und Seedmatch auf Unternehmen oder Bettervest auf nachhaltige Energien. Am Markt existieren noch viele weitere Plattformen. Finanztest hat in Ausgabe 9/2017 Crowdfunding-Plattformen analysiert, die Ergebnisse sind kostenfrei auf test.de abrufbar. Die Plattformen sind Vermittler zwischen Investoren und Kapitalsuchenden. Ob die Angebote lukrativ sind und zu den Anlagebedürfnissen des Investors passen, müssen diese selbst entscheiden. Auf der Plattform nennen Kapitalsuchende ihren Finanzbedarf sowie den Zeitraum, bis wann sie das Kapital einsammeln möchten. Nur wenn sich genügend Investoren finden, wird das Projekt gestartet. Ansonsten wird das Geld, sofern es bereits eingezahlt wurde, wieder zurückgezahlt.

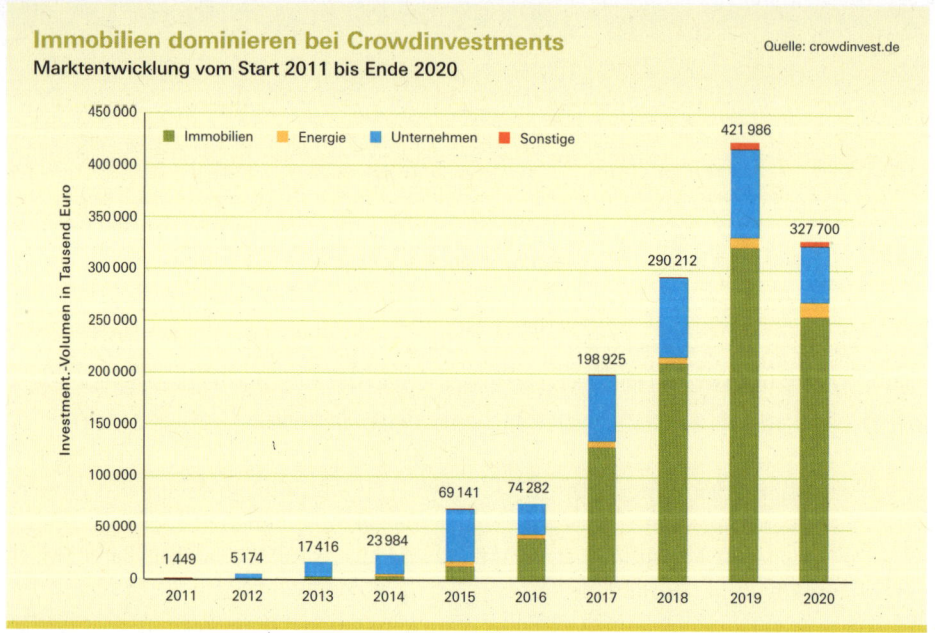

Informationen sind oft dürftig

Die Projektanbieter sind gesetzlich verpflichtet, ein drei Seiten umfassendes Vermögensanlagen-Informationsblatt (VIB) mit einer klaren Beschreibung ihrer Pläne, der geplanten Mittelverwendung, den Konditionen et cetera zu veröffentlichen. Es wird übrigens auch von der Aufsichtsbehörde Bafin auf deren Internetseite (bafin.de) zur Verfügung gestellt und ist dort zehn Jahre lang abrufbar. Das Informationsblatt sollte aber nicht einziges Entscheidungskriterium für potenzielle Anleger sein, denn die inhaltlichen Angaben in dem Informationsblatt werden von der Bafin zwar auf Vollständigkeit, aber nicht auf ihre Richtigkeit hin überprüft. Anleger sollten daher weitergehende Informationen – auch über die Zukunftschancen des Unternehmens – einholen, sprich: im Netz über die Firma, Konkurrenten et cetera recherchieren und, sofern vorhanden, einen Blick in frühere Bilanzen (zu finden auf bundesanzeiger.de) werfen. Am Rande: Bei großen Projekten muss ein umfangreicher Verkaufsprospekt mit detaillierten Informationen erstellt werden.

Die Rechte der Investoren sind bei Crowdinvestments häufig stark beschränkt: Eher selten sind direkte Beteiligungen am Unternehmenserfolg. Crowdinvestoren haben meist kein Mitspracherecht bei Entscheidungen des Managements, sondern sind stille Kapitalgeber. Bei Immobilienprojekten werden die Geldgeber üblicherweise nicht zu Immobilienbesitzern, sondern stellen lediglich Kapital für die Finanzierung der Immobilie zur Verfügung. In der Regel erhalten sie für ihr Geld ein Nachrangdarlehen, das im Erfolgsfall Zinsen bringt und am Ende zurückgezahlt wird.

Im Falle einer Insolvenz haben die Crowdinvestoren aber das Nachsehen: Forderungen von Mitarbeitern, Banken oder anderen Gläubigern werden erst beglichen, bevor die Nachranggläubiger an der Reihe sind. Selten bleibt für sie noch etwas übrig. Zum Teil wird bei Immobilienfinanzierungen auch eine Grundschuld eingetragen, die das Risiko der Investoren reduziert. Daher gilt: Vorher genau auf die Sicherheiten achten, den Kapitaleinsatz beschränken und die Risiken breit streuen. Investiert wird ohnehin in kleinen Beträgen, teilweise ab 10 Euro.

In der Studie „Crowdinvesting: Schwarmverbraucher?" von Februar 2021 schreibt Professor Andreas Oehler von der Universität Bamberg: „Obwohl bereits mehrere Crowdfunding-Projekte gescheitert und Verbraucherinnen und Verbrauchern dadurch finanzielle Verluste in Millionenhöhe entstanden sind, verzeichnet der Crowdfunding-Markt weiter steigende Investitionen. Hierbei rücken zunehmend Immobilienprojekte als vermeintlich wenig riskante Investments statt Beteiligungen an Start-ups in den Fokus."

Neue Gesetzesvorschriften verlangen mehr Transparenz von den Anbietern. Diese müssen zum Beispiel offenlegen, welche Verträge sie für ihr Projekt bereits abgeschlossen haben und ob die Nettoeinnahmen aus den Anlegergeldern allein ausreichend sind, um die voraussichtlichen Kosten des Anlageobjekts zu decken. Die seit November 2021 in Deutschland gültige Schwarmfinanzierungsverordnung schreibt Anbietern mit Sitz in Deutschland vor, dass sie für jedes Angebot ein Anlagebasisinformationsblatt zur Verfügung stellen und Ausfallquoten für vermittelte Kredite veröffentlichen müssen.

Mikrofinanzkredite

Zu den Schwarmfinanzierungen zählen auch Mikrofinanzkredite, hinter denen allerdings ein etwas anderer Ansatz steht. Kurz zur Geschichte: 2006 erhielt Muhammad Yunus für seine Idee, armen Menschen Geld zu leihen, damit sie sich eine Existenz aufbauen können, den Friedensnobelpreis. Denn von den klassischen Banken erhalten diese Menschen in der Regel keinen Cent. Das Modell, mit Mikrokrediten Existenzgründer zu unterstützen, wird längst nicht nur in den Entwicklungsländern praktiziert, auch die Bundesregierung hat 2015 einen Aktionsplan ins Leben gerufen, um mittellosen Bürgern neue Chancen zu bieten, da sie oft gute Ideen haben, aber kein Geld.

Wofür der Ökonomieprofessor Yunus 1983 noch eine eigene Bank, die Grameen Bank, gründen musste, wird heute über Mikrofinanzplattformen im Internet ermöglicht: Kapitalsuchende und Geldgeber zusammenzubringen. Obwohl die Klein- und Kleinstunternehmer kaum Sicherheiten vorzuweisen haben, hat sich das Modell etabliert. Allerdings sind die Zinsen für die Kapitalsuchenden häufig sehr hoch, denn der Aufwand für die Bearbeitung ist enorm und der Betrieb der Plattform kostet Geld. Viele Mikrofinanzinstitutionen werden daher subventioniert oder arbeiten mit freiwilligen Helfern. Anleger können in Mikrofinanzfonds investieren oder auf Online-Plattformen gezielt wählen, an wen sie Geld verleihen. Wer heiße Renditebringer erwartet, wird enttäuscht. Mikrofinanzfonds werfen oft nur magere oder zum Teil auch gar keine Erträge ab. So erhalten zum Beispiel Geldgeber, die auf Kiva (kiva-deutschland.org), der weltweit größten Online-Plattform für Mikrofinanzkredite, investieren, keine Zinsen. Auch als Renditebringer taugt das Konzept – pro Projekt können 25 Dollar investiert werden – nicht, denn nach 6 bis 18 Monaten wird lediglich das Kapital zurückgezahlt. Dafür beruhigen sie das Gewissen.

Checkliste

Crowdinvesting

- ☐ Investieren Sie nur Geld, das Sie nicht für den Lebensunterhalt benötigen, denn das Risiko ist hoch und das Kapital oft jahrelang gebunden.
- ☐ Prüfen Sie zunächst, ob die Anlage zu Ihnen passt.
- ☐ Informieren Sie sich über alle Vor- und Nachteile, bevor Sie investieren.
- ☐ Verteilen Sie das Risiko möglichst auf mehrere Objekte.
- ☐ Bedenken Sie: Hohe Renditeversprechen bergen höhere Risiken.
- ☐ Vertrauen Sie das Geld einem Anbieter an, der viel Erfahrung in dem Marktsegment vorweisen kann, sind die Chancen höher, da er potenzielle Risiken besser einschätzen kann.
- ☐ Achten Sie auf die Verschuldungsquote. Je geringer diese ist oder, anders gesagt, je mehr Eigenkapital eingesetzt wurde, desto besser ist die Erfolgschance.
- ☐ Bei Immobilien ist ein guter Standort von Vorteil. Hohe Leerstandsquoten oder ein schlechter Zustand der Immobilie sind Warnsignale.
- ☐ Wer Geld in Start-ups investiert, sollte auch Profil und Erfahrung der Gründer berücksichtigen. Haben Sie ein fundiertes Geschäftsmodell und bereits Kunden vorzuweisen, ist das von Vorteil. Bei Beteiligungsangeboten sollte die Bewertung der Anteile in Relation zu den erwarteten Ergebnissen und Wachstumsaussichten nicht zu hoch sein.

Vermeintliche Steuerwunder: Geschlossene Fonds (AIF)

Geschlossene Fonds, Alternative Investmentfonds (AIF) genannt, gibt es in vielen Facetten, die meisten Angebote basieren auf Immobilien. Die Auswahl ist groß, das Risiko ebenso.

Was viele Anleger als geschlossene Fonds kennen, heißt offiziell Alternative Investmentfonds (AIF). Dahinter stecken unternehmerische Beteiligungen, ähnlich wie beim Crowdinvesting, jedoch in weit größerem Volumen und in einer anderen rechtlichen Form. In der Regel wird der Anleger bei AIF nämlich Mitunternehmer und partizipiert am Gewinn sowie an Verkaufserlösen. Andererseits haftet er mit seiner Einlage aber auch, wenn Verluste anfallen.

Während man beim Crowdinvesting schon mit kleinen Scheinen dabei sein kann, muss man bei geschlossenen Fonds ein dickes Geldbündel mitbringen: Oft beträgt das Mindestanlagevolumen 10 000 Euro und mehr. Die Fonds selbst investieren häufig in Großprojekte wie zum Beispiel Immobilienanlagen, Containerschiffe oder Erneuerbare Energieprojekte im Wert von 20 bis mehreren Hundert Millionen Euro. Sobald das nötige Geld eingesammelt ist – was durchaus mehrere Monate dauern kann, manchmal auch länger als ein Jahr –, wird der Fonds geschlossen und das Geld in das Zielobjekt investiert. Die Käufer erhalten während der Laufzeit Ausschüttungen, die im Idealfall aus den erzielten Gewinnen oder Verkaufserlösen stammen sollten. Manchmal schütten die Unternehmen aber einfach einen Teil ihrer liquiden Mittel aus. Ist am Ende das Objekt – zum Beispiel alle Wohnungen einer Immobilienanlage – verkauft, was mehrere Jahre dauern kann, wird der Fonds abgewickelt. Die Laufzeit ist stark abhängig vom Projekt: Der Bau und der Verkauf einer Wohnanlage sind meist nach wenigen Jahren abgewickelt, ein Leasingvertrag für ein Flugzeug oder der Betrieb eines Windparks kann hingegen auf zehn oder 20 Jahre und länger ausgelegt sein. Für den Investor zeigt sich erst am Ende, ob das Investment ein Erfolg oder ein Flop war.

Steuervorteile sind begrenzt

Lange Zeit waren geschlossene Fonds bei Vermögenden und Bürgern mit hohem Einkommen aus steuerlichen Gründen ein Kassenschlager, doch die Finanzämter sind seit 2005 nicht mehr so großzügig. Generell gilt: Das Kapital bei geschlossenen Fonds wird anfangs in das Projekt investiert, woraus in den Startjahren Verluste oder hohe Abschreibungen entstehen können. Die Investoren erhalten dafür eine Verlustzuweisung aus negativen Einkünften und können so ihre Steuerlast mindern.

Die Verlustzuweisungen können aber nicht mehr mit anderen Einkunftsarten, also dem Gehalt oder Kapitalerträgen, verrechnet werden, sondern nur mit Einkünften der gleichen Einkunftsart. Da die Anleger meist Miteigentümer werden, zählen die Gewinne und Verluste überwiegend als Einkünfte aus Gewerbebetrieb. Damit unterliegen sie – im Gegensatz zu gewöhnlichen Aktien- oder Rentenfonds – nicht der Abgeltungsteuer, sondern werden nach dem persönlichen Steuersatz versteuert. Anders ist das bei geschlossenen Immobilienfonds, die den Einkünften aus Vermietung und Verpachtung zugerechnet werden. Und bei Containerbeteiligungen ist die Besteuerung davon abhängig, ob für den Container ein Rückkaufspreis festgelegt wurde.

Berater kassieren hohe Gebühren

Da geschlossene Fonds in der Regel von Finanzberatern an vermögende Kunden verkauft werden und die Verkäufer eine saftige Abschlussgebühr von rund 5 Prozent und mehr kassieren, ist das Interesse der Berater klar. Verkaufen lautet deren Motto, eine objektive Beratung darf man da nicht erwarten. Lassen Sie sich also nicht drängen, sondern prüfen Sie gründlich, ob das Objekt zu Ihrem Profil passt. Denn die in den schick aufgemachten Prospekten versprochenen Renditen fallen nicht immer so gut aus wie dargestellt, und das Kapital ist über Jahre hinaus fest gebunden. Zwar existiert ein Zweitmarkt (zweitmarkt.de), an dem die Beteiligungen wieder veräußert werden können, doch dafür muss der Verkäufer in der Regel einen satten Wertabschlag hinnehmen.

▶ **Weblinks:** test.de (Aktuelles), fondsboerse-deutschland.de, fondsvermittlung24.de (Angebote), zweitmarkt.de (Zweitmarkt).

Kleingedrucktes genau lesen

Treffen Sie auf keinen Fall die Entscheidung allein aus Steuergründen oder aufgrund der Werbeprospekte. Steueranreize und schicke Fotos blenden, doch in den Prospekten werden die Risiken meist nur kurz dargestellt oder schöngefärbt. Einen krassen Gegensatz stellt oft der offizielle Verkaufsprospekt dar, er bietet detaillierte Informationen und muss aufzeigen, wie und wo investiert wird. Nachteil: Verkaufsprospekte sind dicke Wälzer, in trockenem Juristendeutsch geschrieben und eher dröge zu lesen. Wenn Sie diesen Aufwand scheuen, sollten Sie aber auf jeden Fall das dreiseitige Informationspapier „Wesentliche Anlegerinformationen" gründlich studieren, inklusive des Kleingedruckten. Investieren Sie nur, wenn Sie die Anlage mit allen Vor- und Nachteilen im Detail verstehen und Sie auch nach reiflicher

Überlegung noch vom wirtschaftlichen Erfolg des Projekts überzeugt sind.

Nur bedingt brauchbar sind Analysen. Denn zum Teil bezahlen die Anbieter Geld für die Analyse und das Recht, sie zu veröffentlichen – ein klarer Interessenkonflikt. Anbieter, die ein Projekt erfolgreich abgeschlossen haben, wollen oft schnell ein neues starten und setzten in der Vergangenheit auf sogenannte Blindpools, bei denen der Investor im Vorhinein gar nicht genau weiß, wie sein Geld investiert wird. Diese hat der Gesetzgeber 2021 verboten und die Vorschriften für Anlagen am grauen Kapitalmarkt verschärft.

Damit die Gelder auch in die versprochenen Objekte fließen, muss jetzt vorab ein unabhängiger Mittelverwendungskontrolleur (Rechtsanwalt, Notar, Steuerberater, Wirtschaftsprüfer oder vereidigter Buchprüfer) bestellt werden. Dessen halbjährliche Berichte sind im Bundesanzeiger abrufbar. Denn mit Angeboten wie den geschlossenen Immobilienfonds von IBH verloren Anleger mehr als 120 Millionen Euro. Im Nachhinein stellte sich heraus, dass die insolvente P&R-Gruppe viele Container gar nicht gekauft hatte.

Doppelter Schaden

Besonders ärgerlich: Anleger, die auf eine Anlagefirma hereingefallen sind, bekommen oft Post von einem Anwalt. Geschädigte von Firmen wie Prokon, P&R oder Pim Gold wurden über Rundbriefe, Großveranstaltungen, Anzeigen oder eigens gegründete Anlegerschutzvereine von dubiosen Anwälten kontaktiert. Diese machen ihnen Hoffnung auf Entschädigungszahlungen, haben aber vor allem ein Ziel: Honorare zu kassieren. Wegen dubioser Geschäftspraktiken stehen auch Anwaltskanzleien auf der Warnliste Geldanlage der Stiftung Warentest. Tipp: Die örtlichen Verbraucherzentralen bieten für rund 50 Euro eine Rechtsberatung an. Dort erfahren Sie, ob eine Klage Sinn macht und ob eventuell die Rechtsschutzversicherung – sofern vorhanden – die Kosten übernimmt.

→ Breites Angebot – dünne Ergebnisse

Eine Finanztest-Studie, für die 2015 mehr als 1 100 geschlossene Fonds ausgewertet wurden, bescheinigt der Branche keine guten Ergebnisse. Auf Basis des eingesetzten Kapitals erlitten Anleger überwiegend Verluste, im Schnitt hatten nur 6 Prozent der geschlossenen Immobilien-, Umwelt-, Schiffs- und Medienfonds ihre Gewinnprognose erfüllt.

Ein kleinerer Test im Jahr 2019 nahm geschlossene Immobilienfonds, auch Alternative Investmentfonds (AIF) genannt, unter die Lupe. Dabei kam kein Anbieter über das Qualitätsurteil „Befriedigend" hinaus.

Nicht verwechseln: Genüsse und Genossenschaftsanteile

Sind Genossenschaftsanteile eine Alternative zu Anleihen? Sie unterscheiden sich gravierend von Genussrechten.

Die Welt für Kapitalanleger ist äußerst bunt, und immer wieder kommen zu altbewährten Anlagevarianten neue hinzu. Vor allem das Internet eröffnet Möglichkeiten, die oft verlockend klingen. Doch dort tummeln sich auch viele Betrüger. Nur wer sich auskennt, fällt nicht auf deren Maschen und Tricks herein. Allein auf gesetzliche Regelungen – sie wurden 2021 verschärft – ist kein Verlass. Denn zweifelhafte Anbieter dürften immer wieder Schlupflöcher finden, um Vorschriften zu umgehen.

Genossenschaftsanteile: Geteilte Welt

Genossenschaften sind eine clevere Idee. Einkäufer können sich zusammentun und bessere Konditionen verhandeln, Mieter können Eigentümer von Wohnungsbaugenossenschaften sein, und die Kunden der Raiffeisen- und Volksbanken besitzen sozusagen ihre Bank. Das klingt nach dem perfekten Modell. Erzielen nämlich die Genossenschaften Gewinne, werden die Erträge ausgeschüttet. Häufig werfen die Anteile von Banken oder Wohnungsbaugesellschaften Renditen zwischen 1 und 6 Prozent pro Jahr ab, weshalb Investoren sie auch gerne als Alternative zu Anleihen einsetzen.

Doch das Modell hat Schattenseiten: Zum einen kann eine Nachschusspflicht bestehen, zum anderen laufen Investoren Gefahr, Betrügern auf den Leim zu gehen. Die Nachschusspflicht sieht eine Nachzahlung vor, sollte die Genossenschaft insolvent werden. Wie hoch diese ist, ist in der jeweiligen Satzung geregelt, weshalb Interessenten diese vor dem Investment genau studieren sollten. Die Summe kann null betragen, so hoch wie die Einlage sein, aber auch ein Vielfaches davon.

Übrigens: Bei den genossenschaftlichen Banken wurde von den Mitgliedern noch nie ein Nachschuss gefordert. Sie gehören dem Sicherungsfonds der Deutschen Genossenschaftsbanken an, der im Krisenfall einspringt. Zudem haben viele Genossenschaftsbanken die Nachschusspflicht in den vergangenen Jahren abgeschafft. Daher gelten Genossenschaftsanteile als solide Investments – wenn da mal nicht die Betrüger wären. Seit einigen Jahren machen sich nämlich zwielichtige Anbieter das gute Image zunutze, um Privatanleger abzukassieren. Sie versprechen Investoren häufig eine hohe Ausschüttung und machen ihnen, nachdem sie Mitglieder geworden sind, ein Darlehensangebot. Laut Gesetz können die Mitglieder ihrer eigenen Genossenschaft nämlich ein Darlehen gewähren. Der Trick der Betrüger: Sie offerieren den Mitgliedern eine Kapitalanlage und ködern sie mit attraktiven Konditionen. Das Gesetz schreibt zwar vor, dass der Verwendungszweck des Geldes dargelegt werden muss, doch Abzocker weichen oft mit schwammigen Formulierungen aus. Vor dem Kauf eines Genossenschaftsanteils sollten Anleger

1. prüfen, ob die Vorschriften der Satzung zu ihrem Investmentprofil passen, insbesondere Nachschusspflicht, Stimmrecht und Kündigungsfrist;
2. klären, ob die Genossenschaft einem genossenschaftlichen Prüfungsverband angehört (als Mitglied sollten Sie den Prüfungsbericht anfordern);
3. die Liste der Mitglieder einsehen und recherchieren, ob die Vorstandsmitglieder in der Vergangenheit in dubiose Geldgeschäfte verwickelt waren;
4. zur Generalversammlung gehen und den Jahresabschluss lesen.

Genussrechte und Nachrangdarlehen: Besser meiden

Genießen und Rechte besitzen klingt sehr positiv. Wer will das nicht? Doch Genussrechte waren in der Vergangenheit oft alles andere, als der Name suggerierte – zumindest für Anleger. Bekannteste Großpleite in Deutschland aus diesem Segment ist Prokon: Rund 75 000 Anleger mussten mit ihren Genussrechten herbe Verluste hinnehmen. Sie hatten 1,4 Milliarden Euro in das Unternehmen gesteckt, das mit Anlagen zur Erzeugung erneuerbarer Energien groß geworden hatte. 2014 schlitterte Prokon in die Insolvenz, überlebte nur knapp und wurde 2015 in eine Genossenschaft umgewandelt.

Wortverwandt zu Genussrechten und daher leicht zu verwechseln sind Genussscheine. Sie werden meist von Banken als verbriefte Wertpapiere ausgegeben und sind börsennotiert, weshalb strenge Regeln gelten. Inhaber von Genussrechten sind hingegen Gläubiger; sie können wie ein Gesellschafter am Gewinn, aber auch am Verlust der Firma beteiligt werden. Gesellschafter haben ein Informationsrecht, jedoch kein Stimmrecht und können die Entscheidungen der Geschäftsführung nicht beeinflussen. Die Ansprüche der Investoren werden im Insolvenzfall nachrangig bedient, genauso wie bei Nachrangdarlehen, die ebenfalls hoch riskant sind. Im Falle einer Pleite werden nämlich zuerst die Forderungen der anderen Gläubiger bedient. Ein weiteres Risiko ist die fehlende Verwertbarkeit; ein vorzeitiger Ausstieg ist schwierig und zum Teil nur mit Zustimmung des Anbieters möglich. Das größte Risiko: unseriöse Anbieter. Sie stellen hohe Renditen in Aussicht, wirtschaften aber in die eigene Tasche, und Anleger müssen die Verluste tragen.

Praxis: Pläne clever umsetzen

Sie wissen jetzt, wie Sie geschickt investieren. In diesem Kapitel erfahren Sie, wie Sie die passende Bank finden, was beim Handeln zu beachten ist – und wie Sie Erträge auf Ihre Geldanlagen zu versteuern haben.

Vielleicht haben Sie bislang um ein eigenes Wertpapierdepot einen Bogen gemacht? Oder die Gebühren, die Sie derzeit für Ihr Depot oder den Kauf und Verkauf von Wertpapieren zahlen, kommen Ihnen ziemlich hoch vor – und Sie sind sich nicht sicher, ob Sie bei Ihrer Bank noch an der richtigen Adresse sind? Auf den folgenden Seiten erfahren Sie, was Sie bei der Auswahl der passenden Depotbank zu beachten haben. Denn die brauchen Sie auf jeden Fall, wenn Sie künftig ein gut strukturiertes Wertpapierdepot aufbauen möchten.

Doch auch beim Kaufen und Verkaufen von Wertpapieren gibt es einige wichtige Aspekte zu beachten, damit Sie nicht zu viel bezahlen. Sie fühlen sich auch unsicher, wann es Zeit ist, Wertpapiere zu verkaufen, oder wollen sich gegen drohende Kursverluste absichern? Dann finden Sie ab Seite 149 wichtige Hinweise dazu.

Und wenn Sie mit Gewinn verkaufen, möchte auch das Finanzamt einen Teil davon abbekommen. Im Abschnitt ab Seite 154 erfahren Sie die wichtigsten Grundregeln zur Versteuerung von Kapitalanlagen.

Filialbank oder Onlinebroker – wo bin ich besser aufgehoben?

Egal, ob Sie regelmäßig mit Fonds oder ETF sparen oder ein gut gestreutes Portfolio aufbauen – ohne Wertpapierdepot haben Sie keinen Zugang zur Börse. So finden Sie die richtige Adresse.

→ **Das Depot** ist die Schaltstelle für alle Ihre Wertpapiergeschäfte. Aber wo finden Sie für sich das Passende? Einfach zur Hausbank um die Ecke gehen, wo Sie bereits Ihr Girokonto führen? Oder doch lieber zu einer Direktbank oder einem Onlinebroker?

Anleger, die sich gut auskennen und selbst wissen, welche Wertpapiere sie kaufen wollen, sind mit einem Depot bei einer filiallosen Direktbank oder Onlinebroker gut beraten. Sie sind oft rund um die Uhr erreichbar und können bequem via Internet angesteuert werden – egal, ob vom heimischen Rechner, vom Tablet oder unterwegs vom Smartphone aus. Außerdem bieten sie in aller Regel erheblich günstigere Konditionen als herkömmliche Filialbanken.

Dafür muss man allerdings bei den meisten auf eine persönliche Anlageberatung verzichten. Aber um die steht es bei den Filialbanken ja auch nicht gerade zum Besten, wie Untersuchungen etwa von Verbraucherzentralen immer wieder zeigen. Der Verzicht auf Beratung muss also für gut informierte Anleger, die selbst wissen, welche Geldanlageprodukte sie kaufen und verkaufen möchten, kein Nachteil sein. Wenn Sie dieses Buch gelesen haben, sind Sie über die wichtigsten Anlageformen und -prinzipien gut im Bilde.

Sofern Sie aber einen persönlichen Ansprechpartner bei Gelddingen schätzen, sollten Sie trotzdem erst einmal bei Ihrer Hausbank nach dem Depotangebot fragen. Kostenlose Depots bei Filialbanken sind rar gesät und die Gebühren für Kaufe und Verkäufe meist kein Schnäppchen. Aber auch als Filialbankkunde lassen sich Gebühren sparen: Sie können Aufträge, für die Sie keine Beratung benötigen, künftig selbst per Internet aufgeben.

So weit zur Grundsatzfrage „Filialbank oder Direktbank". Doch noch weitere Aspekte sind zu berücksichtigen, wenn Sie das passende Depot finden möchten. Wichtig ist zum Beispiel, welcher Anlegertyp man ist und welche Wertpapiere man üblicherweise handelt. Auch wie häufig man handelt, ist ein wichtiges Kriterium. Hier finden Sie die wichtigsten Aspekte kurz erklärt, die Sie bei der Auswahl eines Depotanbieters beachten sollten.

Stiftung Warentest | Praxis: Pläne clever umsetzen

Das gebotene Anlagespektrum muss passen

Heutzutage können Anleger über die meisten Sparkassen, Banken und Onlinebroker die wichtigsten Wertpapiere handeln. Voraussetzung dafür ist ein Zugang zu den umsatzstärksten Börsen. Deutschlands wichtigster Handelsplatz, die elektronische Börsenplattform Xetra, zählt bei allen etablierten Instituten zum Standardrepertoire, bei den besonders günstigen seit 2019 gestarteten Neobrokern, die Wertpapierhandel zum Teil nur über das Smartphone ermöglichen, dagegen nicht. Nicht jeder Onlinebroker offeriert Zugang zu jeder deutschen Regionalbörse oder bietet den Handel an wichtigen ausländischen Börsen an. Dies ist häufig aber gar nicht nötig, weil viele Auslandsaktien auch in Deutschland gehandelt werden. Wer allerdings besonders exotische Märkte bevorzugt, Aktien direkt im Heimatland handeln will, gerne an Terminbörsen wie zum Beispiel der Eurex spekulieren möchte oder einfach nur eine breite Auswahl an Sparplänen mit attraktiven Konditionen sucht, muss vergleichen, welcher Onlinebroker dies anbietet.

Sparplananleger achten auf breites Angebot und günstige Konditionen

Ausländische Aktien oder die Terminbörse interessieren Sie nicht, Sie möchten stattdessen erst einmal regelmäßig mit Fonds- oder ETF-Sparplänen sparen und auf diese Weise langfristig einen Kapitalstock aufbauen? Gängig sind Mindestraten von 25 oder 50 Euro, doch inzwischen offerieren erste Anbieter Sparpläne schon ab einer Sparrate von einem Euro. Wer auf Fonds und ETF setzen möchte, wird übrigens auch bei spezialisierten Fondsdepotbanken fündig (siehe unten: „Günstig: Fondsvermittler").

Zunächst einmal sollte man auf die Breite der angebotenen Fondspalette achten. Doch die Masse allein macht es nicht. Denn auf die Güte der angebotenen Fonds kommt es an. Der Produktfinder Fonds auf test.de (gegen Gebühr) unterstützt Sie bei der Auswahl. Häufig bieten auch Onlinebroker Fonds und ETF ohne Orderkosten an.

Kostengünstige börsengehandelte Indexfonds (ETF) erfreuen sich bei Privatanlegern steigender Beliebtheit. Immer mehr Onlinebroker haben sie inzwischen im Angebot. Bei der Anzahl, aber auch bei den Ordergebühren gibt es noch Unterschiede. **Tipp:** Genau auf das Preismodell bei ETF-Sparplänen achten: Sofern Mindestgebühren fällig werden, im Zweifelsfall lieber seltener, dafür aber größere Orders erteilen.

→ Günstig: Fondsvermittler

Fondsvermittler im Internet sind oft eine gute Adresse, wenn es um den Kauf aktiv gemanagter Fonds geht. Bei ihnen gibt es Tausende Fonds ganz ohne Ausgabeaufschlag. Die Verwahrung ist allerdings in der Regel nicht kostenlos. Fondsvermittler leben vor allem von der Bestandsprovision, die sie jährlich von den Fondsgesellschaften für von ihnen vermittelte Fondsanteile in Kundendepots erhalten. Im Gegenzug verzichten die Vermittler meist vollständig auf den Ausgabeaufschlag, wenn Anleger Fonds über sie kaufen. Da Fondsvermittler selbst keine Banken sind, arbeiten sie mit Fondsbanken zusammen, die die Fondsanteile der Anleger verwahren. Sie sind als Sondervermögen auch für den Fall geschützt, dass die Fondsbank pleitegehen sollte. Unter test.de/Fondsvermittler finden Sie laufend aktualisierte Informationen zum Thema.

Aktive Anleger, die ihr Fondsdepot regelmäßig im Blick haben und bei Bedarf rasch umschichten möchten, sind bei Fondsvermittlern gut aufgehoben. Da sie für den Fondswechsel meist nichts zahlen müssen, können sie weniger gut laufende Fonds jederzeit austauschen.

Wichtig zu wissen: Fondsvermittler sind vor allem Spezialisten für aktiv gemanagte Fonds, börsengehandelte Indexfonds (ETF) sind für sie eher ein Nebengeschäft. Der Grund: Bei ETF erhalten sie in der Regel keine Provisionen. Anleger, die vor allem oder ausschließlich auf besonders kostengünstige ETF setzen möchten, sind daher bei einem günstigen Onlinebroker oft am besten aufgehoben.

Für Gelegenheitskäufer sind geringe Fixkosten wichtig

Sie kaufen und verkaufen nur wenige Male im Jahr Wertpapiere? Dann sollten Sie vor allem darauf achten, dass die Fixkosten für Ihr Wertpapierdepot möglichst gering ausfallen – sprich: die Depotgebühren günstig oder idealerweise gleich null sind. Obwohl die Banken angesichts der lang anhaltenden Nullzinsphase schon seit Längerem wieder an der Gebührenschraube drehen, gibt es bei einigen Instituten immer noch kostenlose Onlinedepots ohne Sternchen. So zum Beispiel (Stand: September 2021) bei der Consorsbank, ING, maxblue, NIBC Direct, Onvista Bank, Postbank und den Neobrokern Finanzen.net zero, justtrade, Scalable Capital (je nach Depotmodell), Smartbroker und Trade Republic. Bei anderen Instituten wie zum Beispiel comdirect, Sparkassen Broker, Targobank oder 1822 direkt ist das kostenlose Depot an – oft leicht erfüllbare – Bedingungen geknüpft, wie regelmäßiges Besparen eines Fondssparplan oder die Nutzung des Online-Postfachs (Targobank). Manche Anbieter verlangen auch eine regelmäßige Aktivität des Anlegers. Meist ist das Depot kostenlos, wenn das Girokonto ebenfalls beim Onlinebroker geführt wird.

Heavytrader brauchen die passende Handelsplattform

Sie handeln mehrmals im Monat oder noch häufiger mit Wertpapieren? Dann freuen Sie sich zwar auch über ein Kostenlosdepot, für Sie empfiehlt es sich aber, vor allem auf günstige Ordergebühren zu achten. Die Neobroker sind zumeist besonders günstig und haben den Preiswettbewerb am Markt verschärft, haben aber oft nur wenige Handelsplätze im Angebot. Da die Preismodelle der Broker im Detail recht unterschiedlich sind, sollte man sich überlegen, welche Ordergrößen man üblicherweise aufgibt und in welchen Wertpapieren man aktiv ist. So mancher Broker bietet zum Beispiel – manchmal befristete – Sonderkonditionen bei Derivaten bestimmter Emittenten oder bei Fonds und ETF von Gesellschaften an, mit denen er zusammenarbeitet.

Daneben ist es für Vieltrader wichtig, dass die vom Broker angebotene Handelsplattform schnelles Trading ermöglicht und man sehr gute Informationen bekommen kann, etwa Realtime-Börsenkurse und gute charttechnische Analysetools – zum Teil sind diese allerdings kostenpflichtig.

Aufpassen sollte man noch auf Ordernebenkosten, denn viele Broker verlangen börsenplatzabhängige Spesen in Form einer Pauschale oder aber reichen Fremdspesen einfach eins zu eins an die Kunden weiter. Erkundigen Sie sich vor der Entscheidung für einen Broker auch nach möglichen Zusatzkosten, etwa für Limitänderungen oder für Teilausführungen von Kaufaufträgen.

Tipp: Prüfen Sie genau, welches Preismodell am besten mit Ihrem Orderverhalten harmoniert. Ein sehr billiger Broker kann, muss aber nicht der beste für Sie sein.

Mehr als nur Aktien & Co

Sie haben ungern mehrere Bankverbindungen, denn Sie fürchten, dann weniger Überblick über Ihre Finanzen zu haben? Dann sehen Sie sich am besten nach einem Anbieter um, der neben dem Wertpapierdepot noch weitere Geldanlagemöglichkeiten bereitstellt. Tages- und Festgelder beispielsweise dienen als Parkplatz für die finanzielle Notreserve (siehe Seite 17) oder für kurzfristige Anlagen. Daher ist es sinnvoll, bei der Auswahl eines Anbieters auch auf die Konditionen für diese Anlageformen zu achten.

Und noch besser ist es, wenn der neue Depotanbieter auch ein leistungsstarkes Girokonto offeriert. Dann kann man gleich seine gesamten Geldgeschäfte bei einer Bank tätigen. Aber es kann auch sein, dass ein Onlinebroker oder eine Bank nicht in allen gewünschten Dimensionen top ist. Dann macht eine Aufteilung auf mehrere Geldhäuser durchaus Sinn.

Tipp: Bei manchen Anbietern ist es sogar möglich, das Tagesgeldkonto direkt als Wertpapierverrechnungskonto zu nutzen. Wenn die Zinsen auf Tagesgeld mal wieder steigen sollten, ist das ein Bequemlichkeitsvorteil. Denn dann braucht man gar kein separates Tagesgeldkonto mehr.

So wechseln Sie Ihr Depot

Viele Anleger verschenken eine Menge Geld, weil sie ihr Depot bei einer vergleichsweise teuren Bank führen. Untersuchungen von Finanztest anhand von Musterdepots zeigen, dass sich leicht mehrere Hundert Euro pro Jahr sparen lassen, wenn man sein Depot von einem teuren zu einem günstigen Anbieter umzieht. Eine Bank lockt mit hohen Wechselprämien? Schauen Sie genau, ob die Konditionen auch ohne Wechselprämie attraktiv genug sind. Vor einem Umzug brauchen Sie sich nicht zu scheuen, er ist einfacher erledigt, als Sie vielleicht denken. Ein paar Details gilt es aber zu beachten:

In fünf Schritten zum Onlinedepot:

❶ **Depot beantragen:** Leistungsstarke Depotanbieter finden Sie in der Tabelle „Depotanbieter" auf Seite 181 oder laufend aktualisiert (kostenpflichtig) unter test.de/depot. Zur Onlinedepot-Eröffnung müssen Sie auf der Internetseite der Direktbank das Formular zur Kontoeröffnung herunterladen und ausfüllen. Oftmals reicht es schon, das Formular direkt online auszufüllen.

❷ **Wertpapierübertrag beantragen:** Sie möchten Wertpapiere von einer anderen Bank auf Ihr neues Depot übertragen? Bei Ihrer neuen Bank stellen Sie am besten direkt in der Kontoeröffnungsstrecke den Antrag auf Depotübertrag und bei Bedarf Schließung des alten Depots. Die neue Bank kümmert sich dann um den „Transport" der Wertpapiere zu Ihrem neuen Depot. Auch etwaige Guthaben auf dem Depotverrechnungskonto zieht sie ein. In der Wechselphase kommen Sie für einige Arbeitstage nicht an Ihre Wertpapiere heran. Wichtig zu wissen: Bruchteile an Investmentfonds lassen sich übrigens nicht ins neue Depot übertragen. Sie sollten sie an die Fondsgesellschaft zurückgeben oder Ihre alte Depotbank beauftragen, sie zu verkaufen.

❸ **Risiken einschätzen:** Bei der Eröffnung werden Sie nach Ihren Erfahrungen mit und Kenntnissen zu verschiedenen Wertpapiergattungen gefragt. Beantworten Sie diese Fragen wahrheitsgemäß. Denn die Banken sind verpflichtet, eine sogenannte Angemessenheitsprüfung durchzuführen, bevor sie Wertpapieraufträge ausführen.

❹ **Post-Ident oder Video-Ident:** Sie erhalten ein Post-Ident-Formular. Damit sowie mit Ihrem Personalausweis gehen Sie zu einer Filiale der Post. Dort bestätigt ein Postmitarbeiter Ihre Identität gegenüber der Bank (sogenanntes Post-Ident-Verfahren). Bei vielen Online-Anbietern geht es inzwischen noch bequemer: Per Video-Ident-Verfahren müssen Sie sich dafür vom heimischen Sofa gar nicht wegbewegen. Per Videogespräch mit einem Mitarbeiter lässt sich das Konto in wenigen Minuten eröffnen, seinen Ausweis muss man auch hier vorzeigen.

❺ **Einloggen und loslegen:** Wenig später erhalten Sie die Depotunterlagen mitsamt Kontonummern für Depot und Verrechnungskonto. Sobald Sie sich mit Ihrer Kontonummer und dem per Post mitgeteilten Passwort einloggen, aktivieren Sie das Depot.

Ihr Passwort müssen Sie in der Regel nach dem ersten Login abändern. Nachdem man von seinem Girokonto Geld aufs Depotverrechnungskonto überwiesen hat, ist das Depot startklar und einsatzbereit für den ersten Wertpapierkauf.

Wichtig: Auch die Steuer muss Ihnen keine Sorge bereiten: Sofern Sie Ihre Wertpapiere von einem Depot auf ein anderes innerhalb Deutschlands übertragen, werden die für die Versteuerung relevanten Informationen gleich mitgeliefert.

Robo-Advisor: computergestützte Geldanlage

Anleger, die sich um ihr Geld teilweise oder in Gänze nicht gerne selbst kümmern, können digitale Robo-Advisors nutzen, sollten aber deren Vor- und Nachteile kennen.

Digitale Vermögensverwaltungen, bekannt unter der Bezeichnung Robo-Advisors, sind in Amerika längst weit verbreitet, aber auch in Deutschland inzwischen im Massenmarkt angekommen. Advisor bedeutet zwar auf Deutsch „Berater". De facto handelt es sich aber nicht um eine Anlageberatung, sondern um Finanzportfolio- oder Vermögensverwaltung. Ein Robo-Advisor ist ein Computerprogramm, das darauf ausgelegt ist, Geld zu verwalten – standardisiert, zumeist auf Basis von ETF oder aktiv gemanagten Investmentfonds, nach bestimmten, ihm vorgegebenen Algorithmen.

Wer sich für Robo-Advisors interessiert, sollte beim Angebot genau hinschauen. Die umfangreichsten Dienstleistungen sind bei von der Finanzaufsicht Bafin regulierten digitalen Vermögensverwaltern erhältlich. Sie nehmen die Verwaltung des Vermögens komplett in ihre Hände. Zunächst muss die Eignung eines jeden Kunden individuell ermittelt werden. Großer Wert wird darauf gelegt, der individuellen Risikoneigung und Risikotragfähigkeit des Kunden auf die Spur zu kommen – ähnlich wie das auch bei der Anlageberatung in der Bankfiliale vorgeschrieben ist.

Und so funktioniert der Weg zum Robo: Anlegerinnen und Anleger treten via Computer oder Smartphone mit einem Robo in Kontakt. Die Abfragen laufen digital, bloß für die Unterschrift unter die Verträge ist teils noch Papier erforderlich. Wer auf einen Robo-Advisor setzt, braucht sich selbst und seine Anlage in Fonds oder ETF nicht mehr zu kümmern. Der digitale Helfer fragt den Anleger zunächst, welche Erfahrungen er mit der Geldanlage hat, wie es um seine finanzielle Lage bestellt ist, und klärt ab, welcher Risikotyp man ist. Er muss diese Aspekte in Erfahrung bringen, um einen passenden Anlagevorschlag zu unterbreiten. Robo-Advisors stellen dann das Kundendepot zusammen und sorgen auch dafür, dass es umgeschichtet wird, falls erforderlich. Gut zu wissen: Auch Anleger, die Wert auf nachhaltige Geldanlage legen, werden bei Robos fündig, einige bieten gesonderte Portfolio-Lösungen an.

→ Mehrere Gut oder Sehr gut

Finanztest hat im Sommer 2021 25 Robo-Advisors näher untersucht, die eine Finanzportfolioverwaltung mit Fonds und teilweise auch ETF anbieten und bei der deutschen Finanzaufsicht Bafin als Finanzportfolioverwalter überwacht werden. Für ihre Anlageempfehlungen wurden Qualitätsurteile von Sehr gut bis Mangelhaft vergeben. Dafür wurde ein Musterkunde mit einem mittleren Risikoprofil definiert – und betrachtet, welche Anlageempfehlungen die Robos ihm gaben. Passend für ihn war ein ausgewogenes Portfolio. Unterschieden wurden zwei Modellfälle – die Anlage von 40 000 Euro und von 100 000 Euro. Ins Finanztest-Qualitätsurteil flossen die Noten für die jährlichen Kosten (40 %), Informationen zu Produkt und Kosten (45 %) sowie zur Ermittlung des Kundenstatus (15 %) ein. Zu Abwertungen kam es bei Mängeln im Portfolio, in den Vertragsbedingungen und den Datenschutzerklärungen. Der Robo sollte darlegen, wie das Depot aufgebaut ist, möglichst konkrete Produkte nennen – und die voraussichtliche Entwicklung des Portfolios darstellen. Beim 40 000-Euro-Depot schnitt Marktpionier Quirion am besten ab, gefolgt von Growney, Robin und VTB Invest. Alle vier genannten erhielten die Note Gut. Bei den größeren Depots erhielt Growney die Note Sehr gut, gefolgt von Liquid (das Angebot gibt es erst ab 100 000 Euro), Quirion und dahinter VTB Invest, Fintego und Robin.

Für wen Robos interessant sind

Für Privatanleger, die ohne größere eigene Mühe vergleichsweise kostengünstig ein gut diversifiziertes Portfolio aufbauen möchten, kann Robo-Advice hilfreich sein. Allerdings empfiehlt Finanztest digitale Vermögensverwaltung nur für Anleger, die sich mit Fonds und ETF schon ein wenig auskennen und auch die Renditechancen von Aktien nutzen möchten. Sie sollten in der Lage sein einzuschätzen, ob der Anlagevorschlag des Robos zu ihnen passt.

Robo-Advisors eignen sich in der Regel sowohl zur Einmalanlage als auch für einen monatlichen Sparplan. Das Geld wird dann Monat für Monat in ein diversifiziertes Portfolio investiert. Die Portfolios werden laufend überwacht. Wenn das Depot vom angegebenen Risikoprofil des Kunden allzu stark abzuweichen droht, wird es umgeschichtet. Wie gut sich die von den digitalen Vermögensverwaltern zusammengestellten Portfolios langfristig bewähren, das lässt sich derzeit allerdings noch nicht genau sagen, da die Angebote zum Teil erst zu kurz am Markt sind und daher noch keine Ergebnisse für verschiedene Börsenphasen vorliegen. Von den untersuchten Robos ist Quirion am längsten – seit 2013 – am Markt.

Nach der Lektüre dieses Buches sollten Sie durchaus selbst in der Lage sein, sich ein gut diversifiziertes Portfolio aufzubauen – und das dann zu günstigeren Kosten. Denn natürlich lässt sich ein Robo-Advisor seine Dienstleistung bezahlen. In puncto Kosten gibt es deutliche Unterschiede. Für die günstigsten Robos musste der Musteranleger der Finanztest-Untersuchung für ein Depotvolumen von 40 000 Euro jährlich rund 0,6 Prozent der Anlagesumme entrichten. Darin enthalten sind die Robo-Gebühr und sämtliche laufenden Fondskosten.

Der teuerste Robo im Test kostete dagegen happige 2,49 Prozent pro Jahr. Sofern der digitale Vermögensverwalter vor allem auf ETF setzt, ist er günstiger. Kommen aktiv gemanagte Fonds zum Einsatz, fallen die Kosten fürs Portfolio meistens höher aus, da die laufenden Kosten von aktiv gemanagten Fonds in aller Regel teurer sind. Allerdings bekommen Anleger zumindest die Vertriebsprovisionen erstattet. Das ist Vorschrift. Diese sogenannten Kickbacks müssen Sie allerdings versteuern – und zwar zu Ihrem individuellen Steuersatz.

→ **Robo-Advisor sinnvoll nutzen**

Sorgfalt: Beantworten Sie die Eingangsfragen des Robo-Advisors ehrlich – nur dann besteht die Chance, dass der Vorschlag wirklich zu Ihren persönlichen Anlagebedürfnissen und Ihrer Risikobereitschaft passt.

Kosten: Die Dienste eines Robo-Advisors sind nicht umsonst, aber in der Regel günstiger als eine herkömmliche Vermögensverwaltung. Günstige Robos kosten weniger als 0,6 Prozent des Portfoliovolumens pro Jahr, hinzu kommen noch die Kosten des Portfolios selbst – sofern der Robo vor allem auf ETF setzt, fallen diese Kosten geringer aus.

Richtig handeln an der Börse

Vor dem Kauf gilt es viele Fragen zu klären: Welche Anzahl, welcher Börsenplatz, wann handeln, wie setzt man das Limit? Erst lesen, dann loslegen!

An sich ist die Börse schnell erklärt: Sie ist ein Marktplatz, auf dem Käufer und Verkäufer aufeinandertreffen. Der eine will günstig kaufen, der andere möglichst viel beim Verkauf erzielen. Doch jeder Handel hat seine Eigenheiten – wer sie nicht kennt, tappt schnell in eine Falle. Und das kann an der Börse teuer werden.

Im Prinzip ist alles ganz einfach, wenn man ein Wertpapierdepot eröffnet hat. Aktien, Anleihen, ETF, Fonds, Optionsscheine und Zertifikate werden kontinuierlich an den Börsen gehandelt und können so ständig ge- und verkauft werden. Üblicherweise geben Anleger ihre Aufträge elektronisch ab, das heißt, sie loggen sich in das System ihrer Bank oder ihres Wertpapierbrokers ein – und schon kann es losgehen.

Taschenrechner zücken

Zunächst sollten Sie sich darüber im Klaren sein, wie viel Geld Sie investieren wollen. Wer seinen Auftrag am Computer erteilt, muss erst mal rechnen. Wollen Sie zum Beispiel 5 000 Euro in eine Aktie investieren, die aktuell 25,40 Euro notiert, kommen Sie ohne Berücksichtigung von Gebühren auf 196,85 Aktien. Bei Fonds werden in der Regel Bruchteile gehandelt, bei Aktien, Anleihen et cetera ist dies nicht üblich. Hinzu kommt, dass professionelle Investoren bei Aktien in der Regel runde Stückzahlen handeln, in unserem Beispiel also nicht 196 Stück, sondern eher 200 Stück. Stückzahlen von 50, 100 oder einem Vielfachen davon haben zudem den Vorteil, dass man beim Blick auf den Kurs im Kopf schnell den Wert seines Vermögens errechnen kann.

Ganz anders als bei Aktien, Fonds oder ETF wird bei Anleihen der Kurs in Prozent des Nennwerts angegeben. Der Nennwert, auch Nominalbetrag genannt, gibt an, zu welchem Kurs die Anleihe zurückgezahlt wird. Notiert zum Beispiel eine Anleihe mit 98 Prozent, bezahlen Sie beim Kauf für 100 Euro Nennwert 98 Euro – und bei 10 000 Euro entsprechend 9 800 Euro. Für einen Börsenauftrag geben Sie also 10 000 Euro an. Hinzu kommen eventuell Stückzinsen sowie Bank- und Börsenspesen.

Apropos Stückzinsen: Kaufen Sie eine dreiprozentige Anleihe ein halbes Jahr nach der Emission, bezahlen Sie an den Verkäufer zeitanteilig den Zins, also 1,50 Euro (die Hälfte von 3 Prozent) je 100 Euro Nennwert. Kaufen Sie keine einzelne Anleihe, sondern

Stiftung Warentest | Praxis: Pläne clever umsetzen

einen Anleihen-ETF oder Anleihenfonds, wird wiederum in Stück gerechnet, sie erwerben also eine bestimmte Anzahl Anteile, und aufgelaufene Zinsen brauchen Sie ebenfalls nicht zu berücksichtigen.

Kein Auftrag ohne Limit!
Im nächsten Schritt werden Limit und Handelsplatz festgelegt. Mit dem Limit bestimmen Sie, zu welchem Kurs höchstens gekauft beziehungsweise mindestens verkauft wird. Verzichten Sie darauf niemals! Denn an der Börse lauern viele Schnäppchenjäger, die gerne schnell ein paar Euro verdienen wollen. Sie platzieren viele Aufträge mit Limit, die leicht von den aktuellen Marktpreisen abweichen. Treffen sie auf einen Auftrag ohne Kurslimit, wird der Auftrag automatisch ausgeführt, da eine Kauf- und Verkaufsorder zusammenpassen.

Sie ahnen es: Der Kurs ist dann zu Ihren Ungunsten, Sie zahlen mehr als nötig oder bekommen weniger als erwartet. Das ist kein Grund, die Börse zu meiden, sondern ein Grund, strikte Limits zu setzen. Dazu orientiert man sich am besten am aktuellen Kurs. Gar nicht so leicht, denn auf vielen Internetseiten werden die Kurse meist mit einer Zeitverzögerung von 15 Minuten angezeigt – und manchmal sind sie noch viel älter. Das kann an der Börse – vor allem an turbulenten Tagen – eine halbe Ewigkeit bedeuten. Auch in der Ordermaske werden oft Kurse unterschiedlicher Börsenplätze angegeben, die zu unterschiedlichen Zeitpunkten festgestellt wurden. Das nützt wenig, denn für aktive Anleger, die ein sinnvolles Limit setzen wollen, ist ein aktueller Kurs wichtig. Aktive Anleger achten daher nicht nur auf den Kurs, sondern auch auf die Zeitangabe, wann der Kurs festgestellt wurde, und nutzen Echtzeitkurse. Diese gibt es bei vielen Brokern oder Börsen kostenlos, aber zum Teil nur für registrierte Kunden, sprich: Sie müssen Ihre E-Mail-Adresse angeben. Tipp: Unter boerse-frankfurt.de gibt es aktuelle Kurse auch ohne Registrierung.

Da Käufer wenig zahlen und Verkäufer viel erzielen wollen, gibt es Geld- und Briefkurse. Ersterer (Geldkurs) ist der Preis, zu dem Sie verkaufen können, und zum Zweiten, dem Briefkurs, können Anleger die Wertpapiere kaufen. Sehen Sie zum Beispiel eine Kursangabe im Internet von 12,20 zu 12,25 Euro und darunter eine Stückzahl von jeweils 3 000, bedeutet dies, Sie können 3 000 Aktien zu 12,20 Euro verkaufen oder 3 000 Stück zu 12,25 Euro kaufen.

Wenn Sie die Aktie jetzt sofort haben wollen, müssen Sie 12,25 Euro einsetzen. Haben Sie es aber nicht ganz so eilig und folgen dem Motto „Im Einkauf liegt der Gewinn", können Sie das Limit bei 12,20 Euro oder tiefer setzen. Mutig wären 11,95 oder 11,96 Euro, denn bei einem leichten Rücksetzer purzeln die Kurse schnell unter 12 Euro. Bedenken wir zudem, dass bei runden Marken wie 12 Euro häufig Stop-Loss-Aufträge (siehe Seite 151) im Markt liegen, die als unlimitierte Verkäufe ins Orderbuch wandern. Wenn der Kurs die Marke von 12 Euro touchiert, können Sie mit etwas Glück günstig einsteigen.

Das Risiko in diesem Fall ist klar: Korrigiert der Markt nicht und die Kurse klettern kontinuierlich nach oben, gehen Sie leer aus. Diese Strategie erfordert etwas Gelassenheit und eignet sich vor allem in Zeiten, in denen die Märkte stärker schwanken. In diesem Fall sollte der Auftrag nicht nur für einen Tag, sondern für mehrere Tage oder Wochen gültig sein.

Passenden Börsenplatz wählen …

Der Handelsplatz ist in den Systemen der Banken in der Regel voreingestellt. Dieser Vorgabe sollte man jedoch nicht einfach folgen, sie kann auch geändert werden. Der beste Börsenplatz ist nämlich nicht zwingend der von den Banken vorgegebene.

Es kann durchaus sein, dass Bank A für ein und dieselbe Aktie zur gleichen Uhrzeit Frankfurt als Börse vorschlägt, Bank B den Direkthandel über Tradegate und Bank C die Börse München oder Stuttgart. Warum? Die EU-Regeln für die Ordervergabe fordern von den Banken die Ausführung zu bestmöglichen Konditionen. Dazu werden in der Praxis aber nur Stichproben getätigt und eine Rangliste erstellt.

Die Banken geben dafür die Kriterien vor und können die einzelnen Faktoren nach eigenem Ermessen gewichten, weshalb der Abrechnungspreis nachrangig sein kann, wenn Gebühren oder Ausführungsgeschwindigkeit höher bewertet werden. Es lohnt sich zu prüfen, wie oft an der jeweiligen Börse Umsätze in dem gewünschten Wertpapier zustande kommen.

Aktien, Anleihen, Fonds und ETF werden fast überall gehandelt, die höchsten Umsätze werden aber meist im vollelektronischen Xetra-Handel getätigt. Bedauerlicherweise tummeln sich dort aber auch viele Schnäppchenjäger, die schnell zugreifen, wenn Anleger nicht streng limitieren. Privatanleger, die ihren Börsenplatz gezielt wählen, weichen daher zum Teil gerne auf eine Präsenzbörse wie zum Beispiel Frankfurt, München oder Stuttgart aus. Diese buhlen um die Gunst der Privatanleger und werben gerne damit, die Aufträge mindestens so gut wie an den Referenzmärkten auszuführen. Als Referenzmarkt wird dabei jeweils der Handelsplatz mit dem höchsten

> **Gut zu wissen**
>
> **Der Börsenhandel wird überwacht**
> Jede Börse hat eine Handelsüberwachungsstelle. Sie analysiert und überwacht die Kursfeststellung. Auch für Privatanleger ist sie Ansprechpartner. Sollte Ihnen ein Abrechnungspreis unfair erscheinen, kontaktieren Sie am besten die Handelsüberwachungsstelle der jeweiligen Börse und bitten um Überprüfung.

Umsatz betrachtet, meist ist das bei deutschen Aktien und ETF der vollelektronische Xetra-Handel.

Ob die Ausführungen an den Präsenzbörsen immer besser sind, wird nicht hundertprozentig garantiert, denn Einschränkungen wie zum Beispiel der Zusatz „generell" in den Handelsbedingungen der Börsen ermöglichen den Spezialisten, die für die Kursfestlegung verantwortlich sind, auch gewisse Spielräume. Daher gilt wie immer: nie ohne Limit!

… und Handelszeiten beachten

Wer dagegen den Haupthandelsplatz Xetra bevorzugt, sollte wissen, dass hier in der Zeit von 9 Uhr bis 17.30 Uhr vornehmlich fortlaufend gehandelt wird, aber zur Eröffnung, mittags und zum Handelsschluss üblicherweise Auktionen stattfinden. Dafür werden die Aufträge gesammelt und gemeinsam zu einem Kurs abgerechnet. Ziel ist es, einen marktgerechten Preis und ein hohes Umsatzvolumen zu erreichen. Wer also als Anleger den Zusatz „Auktion" wählt, muss dafür in der Regel etwas länger auf die Ausführung warten. Egal, wofür Sie sich entscheiden, auf ein Limit sollten Sie nicht verzichten. Und Banken und Broker bieten dieses – ebenso wie Limitänderungen – üblicherweise kostenlos an. Wenn Ihr Auftrag also nicht zum Zug kommt, können Sie das Limit jederzeit anpassen.

→ **Gebührenfrei ist nicht zwingend günstig**

Lassen Sie sich als Anleger nicht allein von Angeboten wie einem gebührenfreien Handel locken. Auch die Börsen müssen ihre Kosten decken, denn der Betrieb von Handelssystemen und die Beschäftigung von Mitarbeitern kosten Geld, weshalb die etablierten Börsen für gewöhnlich Börsengebühren berechnen. Wer auf die Gebühren verzichtet, muss an anderer Stelle verdienen – und das ist üblicherweise am Kurs.

ⓘ **Xetra versus Präsenzbörse** In Deutschland können Anleger ihre Orders an das vollelektronische Handelssystem Xetra weiterleiten oder an die Präsenzbörsen Frankfurt, Stuttgart, München, Düsseldorf, Berlin, Hamburg oder Hannover. Während im Xetra-Handel die Kurse vollelektronisch ermittelt werden, überwachen an den Präsenzbörsen in der Regel sogenannte Spezialisten den Handel und können in das Handelsgeschehen eingreifen. Zur Kursfeststellung orientieren sie sich meist an Xetra-Kursen.

Ein Aspekt, der gerne übersehen wird, ist die Handelszeit. An den Börsen wird zwar von morgens bis abends gehandelt, zum Teil von 8 Uhr bis 22 Uhr, und manche Broker bieten auch noch ein paar Stunden am Wochenende an. Doch Vorsicht, hier laufen Sie Gefahr, zu überhöhten Preisen zu kaufen oder im Verkauf ungünstig abgerechnet zu werden.

Der Grund: Die professionellen Investoren, sprich Banken, Versicherungen, Fondsgesellschaften oder Vermögensverwalter, handeln primär im vollelektronischen Xetra-Handel, in dem die Aufträge automatisch ausgeführt werden, sofern das die Limits erlauben. Die Profis sind besonders aktiv in der Zeit von 9 Uhr bis 17.30 Uhr, wenn der Xetra-Handel läuft. In den Zeiten vorher und nachher sind dagegen die Umsätze an den Präsenzbörsen oder anderen Handelsplattformen meist sehr dürftig. Dann sind die Spannen zwischen An- und Verkaufskursen oft deutlich größer, was zur Folge hat, dass auch die Abrechnungspreise für den Anleger ungünstiger sind. Hintergrund ist, dass der für deutsche Aktien relevante Handelsplatz Xetra nicht geöffnet hat, weshalb die Spezialisten an den kleineren Börsen nur eingeschränkte Möglichkeiten haben, ihre Risiken abzusichern.

Wenn Sie ausländische Aktien handeln, sollten Sie vornehmlich auf die Öffnungszeiten der Heimatmärkte achten. Dabei gilt: Aktien aus Fernost werden zu unserer Zeit vormittags rege gehandelt. Amerikanische Aktien handelt man hingegen besser am Nachmittag, wenn auch die US-Börsen geöffnet sind.

Zusammengefasst finden Sie hier unsere wichtigsten Tipps, die Sie berücksichtigen sollten, wenn Sie nicht zu viel Geld beim Kauf bezahlen oder zu wenig beim Verkauf erlösen möchten:

Die fünf besten Tipps zum Handeln

❶ **Limit.** Wenn Sie ein Kurslimit setzen, laufen Sie nicht Gefahr, zu ungünstigen Kursen abgerechnet zu werden.

❷ **Kursprüfung.** Um ein passendes Limit zu setzen, sollten Sie sich an den aktuellen Kursen orientieren. Doch Vorsicht: Häufig sind diese 15 Minuten alt, manchmal noch älter. Alte Kurse taugen aber nicht als Entscheidungskriterium für das Limit oder den Börsenplatz!

❸ **Handelszeit.** Für viele Anleger ist der Reiz groß, nach Feierabend noch schnell ein paar Aktien zu handeln. Wer zu bestmöglichen Konditionen handeln will, sollte in Deutschland zwischen 9 und 17.30 Uhr ordern, wenn die meisten Marktteilnehmer aktiv sind.

❹ **Börsenplatz.** Der in der Ordermaske Ihrer Bank vorgegebene Börsenplatz kann geändert werden. Entscheiden Sie besser selbst, wo Sie handeln wollen.

❺ **Gebühren.** Der Ansatz „Je niedriger die Gebühren, desto besser" stimmt nicht immer. Ein schlechter Abrechnungskurs fällt womöglich stärker ins Gewicht als Börsengebühren.

Das Depot gezielt anpassen und absichern

Ist ein Depot einmal zusammengestellt, heißt es nun, es regelmäßig zu überwachen. Wie häufig, hängt entscheidend davon ab, auf welche Anlageformen Sie gesetzt haben.

Als Grundregel kann gelten: Je riskanter und daher kurzfristig schwankungsintensiver die gewählten Anlageinstrumente, desto pflegeintensiver ist das Depot. Wer zur Depotbeimischung oder -absicherung etwa spekulative Hebelpapiere einsetzt, dem empfiehlt sich sogar mehrmals täglich ein Blick aufs Depot – und der Einsatz von Sicherungsinstrumenten wie Stoppkursen (siehe Seite 151). Nur so lässt sich verhindern, dass bei stärkeren Marktbewegungen Verluste entstehen oder gar aus dem Ruder laufen. Ausschließlich langfristig orientierte Anleger (zur Erinnerung: Es geht um Stufe 4 des Terrassenmodells) können es dagegen erheblich ruhiger angehen lassen.

Sie haben sich zum langfristigen Vermögensaufbau ein Basisportfolio auf der Grundlage von ETF zusammengestellt oder einen entsprechenden Sparplan abgeschlossen? Dann können Sie sich zurücklehnen und brauchen nicht dauernd die Börsenkurse mit Argusaugen zu verfolgen. Regelmäßig einmal im Jahr genügt der genaue, aber kritische Blick – sowohl bei der Einmalanlage als auch beim Sparplan. Denn Anleger sollten darauf achten, dass die Gewichtung ihres Portfolios während der Laufzeit nicht aus dem Gleichgewicht gerät. Es empfiehlt sich daher, regelmäßig nach einer bestimmten Systematik vorzugehen: Als Erstes sollten Sie einmal jährlich überprüfen, ob die früher einmal gewählte Depotaufteilung noch zur eigenen Lebensplanung passt. Vielleicht hat sich etwas Gravierendes geändert? Zum Beispiel, weil man früher in Ruhestand gehen möchte als ursprünglich geplant oder weil man vorzeitig eine Erbschaft gemacht hat, die die eigene Vermögenssituation verbessert. Dann sollte man die Zieldepotaufteilung gegebenenfalls abändern.

Als Zweites sollte man nachschauen, ob die festgelegte Zieldepotaufteilung auch noch in der Realität gegeben ist oder ob es hier während der letzten Monate zu deutlichen Abweichungen gekommen ist, etwa weil die Börsennotierungen stark gestiegen oder auch gefallen sind. Normalerweise genügt ein jährlicher Check. Sind die Nachrichten von den Kapitalmärkten aber entweder besonders euphorisch oder besorgniserregend, sollten Anleger auch zwischendurch nachrechnen. Eine große Hilfe kann Ihnen dabei der Pantoffelrechner sein, den Sie unter test.de/pantoffelrechner finden.

Nach Untersuchungen von Finanztest braucht man beim Basisportfolio allerdings erst dann aktiv zu werden, wenn die tatsächliche Zusammensetzung des Depots erheblich von der gewünschten Zusammensetzung abweicht. Beim ausgewogenen Pantoffel-Portfolio, das je zur Hälfte aus Aktien-ETF und Zinsanlagen besteht, ist der Schwellenwert für die Anpassung folglich dann erreicht, wenn eine der zwei Depotkomponenten ein Gewicht von 60 Prozent und mehr und die andere von nur noch 40 Prozent und darunter erreicht hat. Bei der defensiven oder offensiven Ausrichtung muss der Sparer sogar erst handeln, wenn der kleinere Anteil unter 15 oder über 35 Prozent des Gesamtportfolios rutscht. Nur dann sollten Sie das Portfolio anpassen.

Dieser Schwellenwert von zehn Prozentpunkten Abweichung von der Zielverteilung hat sich nach Untersuchungen von Finanztest als besonders vorteilhaft für die Depotumschichtung erwiesen – denn setzt man den Schwellenwert zu niedrig an, kommt es zu allzu häufigen Umschichtungen. Diese verursachen aber Kosten und drücken auf die Rendite. Setzt man den Schwellenwert zu hoch an, verpasst man dagegen womöglich gute Kaufgelegenheiten. Die 10-Prozentpunkte-Marke gilt daher als ein guter Richtwert.

→ 30 Jahre lang regelmäßig zu sparen zahlt sich aus

Finanztest hat ausgerechnet, was dabei herausgekommen wäre, wenn man in den letzten 30 Jahren Monat für Monat 200 Euro in einen ETF-Pantoffelsparplan investiert und die Gewichtung regelmäßig nach der 10-Prozentpunkte-Regel angepasst hätte: Bei der ausgewogenen Sparplanvariante (50 Prozent Aktien, 50 Prozent Zinsanlagen) wären aus insgesamt eingezahlten 72 000 Euro rund 173 513 Euro geworden (Stand: 31. Oktober 2021). Das entspricht einer Rendite von 5,3 Prozent pro Jahr. Bei der defensiven Variante (25 Prozent Aktienanteil) hätte sich das Depot auf 119 252 Euro belaufen – eine Rendite von 3,2 Prozent pro Jahr. Beim offensiven Portfolio (75 Prozent Aktienanteil) wären am Ende sogar 232 008 Euro zu Buche gestanden – die Jahresrendite hätte im Schnitt 6,9 Prozent betragen. Zwischendurch hätte man allerdings stärkere Nerven gebraucht, um durchzuhalten.

Der Clou liegt also darin, gegen den Trend zu handeln: Hat es an der Börse gekracht, ist entsprechend die Aktienkomponente im Wert gefallen und hat ein geringeres Gewicht im Depot, dann kauft man die Aktienkomponente nach und verkauft einen Teil der Zinsanlagen. Läuft es an der Börse besonders gut, geht man umgekehrt vor und verkauft Teile der Aktienkomponente zugunsten der Zinsanlagen. Dieses sogenannte antizyklische Verhalten mag psychologisch nicht ganz einfach sein, ist aber ein Erfolgsrezept.

Doch wie bringen Sie nun Ihr Depot wieder ins Gleichgewicht? Man kann zum Beispiel auf einen Schlag mehrere Wertpapierorders tätigen – den Teil der Papiere mit zu hoher Gewichtung im Depot verkaufen und den anderen Teil nachkaufen.

Bei Sparplandepots kann man auch anders verfahren: Man lenkt einfach die regelmäßige Sparplanrate so lange um, bis die gewünschte Depotaufteilung wieder erreicht ist. Ist zum Beispiel der Aktienanteil zu hoch, dann stoppen Sie für eine Weile die Sparplanrate für den Aktien-ETF und lenken die gesamte Sparrate zeitweise nur in Zinsanlagen. Ist dann die gewünschte Aufteilung im Basisportfolio wieder erreicht, ändert man die Sparplanraten wieder ab. Vorteil: Das ist in aller Regel kostenlos möglich. Nachteil: Unter Umständen dauert es etliche Monate, bis die gewünschte Depotaufteilung wieder erreicht ist.

Stoppkurse helfen beim gezielten Depotmanagement

Anleger, die auch Einzelaktien oder spekulativere Anlageformen im Depot haben, kommen indes um ein aktives und kontinuierliches Beobachten ihres Depots nicht herum. Stoppkurse können ihnen dabei helfen, Gewinne laufen zu lassen und unerwünschte Verluste zu begrenzen. Dabei gilt es, mehrere Spielarten von Stoppkursen zu unterscheiden. Sie haben jeweils ihre Vor- und Nachteile. Bei sehr vielen Depotanbietern, vor allem bei den Onlinebrokern, sind sie inzwischen kostenlos. Bei manchen Instituten kommt es allerdings auf das gewählte Depotmodell an.

Bei einer einfachen Stopporder wird der Titel im Depot zum nächstmöglichen Kurs unlimitiert verkauft, wenn die vorher festgelegte Stoppmarke erreicht wurde. Wenn es an den Börsen mal so richtig zur Sache geht, kann dieser Kurs aber schon sehr deutlich unter der Stoppmarke liegen – und man verkauft zu einem unerwünscht schlechten Kurs. Da gerade bei unlimitierten Aufträgen häufig Schnäppchenjäger lauern, sollten Anleger gut abwägen, ob sie diese Variante wählen. Interessantere Stoppkursvarianten für Börsianer sind daher Stop-Limit-Order und Trailing Stops.

Bei einer Stop-Limit-Order wird der Titel im Depot beim Erreichen des Stopps mit einem Limit versehen zum Verkauf gestellt. So vermeidet man als Anleger Ausverkaufskurse, läuft allerdings in einer Crash-Situation auch Gefahr, den Wert im Depot zu behalten, weil das Limit gar nicht mehr erreicht wird. Man muss also abwägen, was man mit dem Stopp bezwecken möchte.

Eine weitere Variante sind Trailing Stops, sich selbst aktualisierende Stoppkurse. Steigt ein Wert im Kurs, passt sich auch der

Stoppkurs um einen vorher festgelegten Prozentsatz oder Euro-Wert kontinuierlich nach oben an; fällt der Titel, greift irgendwann das Sicherheitsnetz. So muss man nicht andauernd checken, ob der Stoppkurs noch passt, und im Falle einer Korrektur wird die Position automatisch verkauft.

Nicht ganz einfach ist die Wahl des passenden Stoppkurses. Nicht zu eng setzen, aber auch nicht zu weit weg, lautet die Devise. Dabei sollte man die Liquidität des Papiers und die historische Schwankungsbreite seines Kurses in Betracht ziehen, aber auch die Aussichten, die man dem Wert zuspricht, und den eigenen Anlagehorizont. Auch die Charttechnik (siehe Seite 63 ff.) kann helfen, passende Stoppkurse zu ermitteln. Wer charttechnisch nicht so bewandert ist oder es sich einfacher machen möchte, behilft sich mit festen Prozentmarken, die das Papier maximal fallen „darf", etwa 15 oder 20 Prozent unter den aktuellen Kurs.

Doch einen Fehler sollte man unbedingt vermeiden: den Stoppkurs direkt auf oder unterhalb einer runden Euro-Marke zu setzen. Dort liegen nämlich erfahrungsgemäß meist viele Stoppaufträge vor – und bei einem Kursrutsch kommt es rasch zu einer Verkaufswelle, sodass das Papier womöglich weiter abrutscht. Fakt ist nämlich, dass sich Schnäppchenjäger dieses weit verbreitete Verhaltensmuster gerne zunutze machen und deshalb ihrerseits limitierte Kaufaufträge oft unterhalb runder Kursmarken platzieren.

So „versichern" Sie Ihre Aktienbestände vor herben Verlusten

Stoppkurse eignen sich für Börsianer jedes Kenntnisstands. Fortgeschrittene Anleger dagegen können ihr Depot zum Beispiel mit Puts „versichern", wenn sie mit herben Rückschlägen rechnen. Das funktioniert ähnlich wie beim Auto: Kommt es zum Schadensfall, also zum Crash am Aktienmarkt, fällt der Wert des Depotvermögens, und die „Versicherung" gleicht die Verluste ganz oder teilweise aus – je nachdem, welchen Versicherungsschutz Sie haben. Dazu gleich mehr anhand eines praktischen Beispiels.

Im Gegensatz zum Auto, das man kontinuierlich versichert, schützt man das Depot aber nicht dauerhaft, sondern nur, wenn die Gefahr eines herben Rückschlags steigt. Denn die Kosten zehren an der Performance, und die Aufwärtsphasen an den Aktienmärkten sind bekanntlich deutlich länger als die Abschwungphasen. Doch wenn es mal kracht, dann meist richtig. Dann zahlt sich die „Versicherung" aus. Wichtig ist, dass die Versicherung vorher gekauft wurde, denn sobald es an den Märkten turbulent wird, steigen die Prämien rasant an.

Angenommen, ein Depot ist 60 000 Euro wert und die Zeiten werden zunehmend unsicher. Für die Absicherung wählen wir in unserem Beispiel Put-Optionsscheine (mehr zu Hebelpapieren finden Sie ab Seite 98). Die Kurse der Puts steigen, wenn die Aktienkurse purzeln. Der Einfachheit halber erklären wir nun die Berechnung für die Absicherung eines Dax-Portfolios im Wert von 60 000 bei einem Dax-Stand von 15 000 Punkten mit Put-Optionsscheinen, zumal nur wenige Privatanleger Zugang zur Terminbörse Eurex haben. Und da in Deutschland, der Heimat des Dax, vor allem Dax-Puts rege gehandelt werden, konzentrieren wir uns in unserem Beispiel auf diese.

Ist das Depot überwiegend mit Dax-Titeln, mit Dax-ETF oder anderen Wertpapieren bestückt, die sich ähnlich wie der Index entwickeln, ist die Wahl perfekt. Bei einem breit diversifizierten Depot, wie es Finanztest empfiehlt, passt die Absicherung nicht so gut, da sich das Gesamtdepot nicht zwingend wie der Dax verhält. Dax-Puts sind also keine optimale, aber eine einfache Lösung, vor allem, wenn man bedenkt, dass sich die Märkte in Korrekturphasen meist einheitlich in eine Richtung bewegen und die Depotabsicherung für den Privatanleger ohne übermäßigen Aufwand und hohe Kosten durchführbar ist. Dafür nimmt der Anleger in Kauf, dass er über- oder unterversichert ist. Doch wie berechnet man, wie viele Puts man erwerben sollte?

Im ersten Schritt wird das Depotverhältnis errechnet. Dazu wird der Depotwert, in unserem Fall 60 000 Euro, durch den aktuellen Indexstand (15 000 Punkte) dividiert.

60 000 : 15 000 = 4

Da das Bezugsverhältnis bei Dax-Optionsscheinen 1/100 beträgt, muss das Ergebnis mit 100 multipliziert werden, sprich: Es sind 400 Puts zur Absicherung notwendig. Ein Dax-Put mit einem Basispreis von 15 000 Punkten und drei Monaten Laufzeit kostet in ruhigen Marktphasen rund 4,50 Euro, also insgesamt 1 800 Euro (4,50 x 400). Wenn es hingegen turbulenter wird, steigt der Kurs schnell auf 6 Euro und mehr. Denn auf den Optionspreis hat neben dem Kurs vor allem die Volatilität, genau genommen die erwartete Schwankungsbreite, einen hohen Einfluss. Diese klettert in turbulenten Börsenphasen rasant und erhöht die Preise für Optionen extrem.

Fällt der Dax nun von 15 000 auf 12 000 Punkte, bedeutet dies ein Minus von 20 Prozent, und der Wert des 60 000-Euro-Depots sinkt um 12 000 Euro. Und der Put? Er ist am Laufzeitende 30 Euro wert (15 000 – 12 000 : 100). Bei 400 Puts entspricht dies 12 000 Euro, also genau dem Betrag, um den der Wert des Depots fällt. Diese Betrachtung bezieht sich auf die Endfälligkeit, kommt es während der Laufzeit zum Crash, würden die Kurse stärker steigen.

Da der Schadensfall ungewiss und die „Versicherungsprämie" mit 1 800 Euro stattlich ist, kann man eine „Selbstbeteiligung" in Betracht ziehen. Das reduziert die Optionsprämie. Bei einem Dax von 15 000 und einem Basispreis von 14 000 Punkten trägt der Anleger das Risiko für die ersten 1 000 Punkte selbst. Dafür sinkt der Preis für den Put signifikant – auf rund 1 Euro, und die Absicherung kostet nur 400 Euro.

Geldanlagen richtig versteuern

Seit 2009 gilt in Deutschland bei der Versteuerung von Kapitalanlagen die Abgeltungsteuer. Wer die wichtigsten Vorschriften kennt, zahlt nur das, was dem Finanzamt wirklich zusteht.

Ein Viertel für den Fiskus – auf diese Kurzformel lassen sich die Regeln der Abgeltungsteuer auf Kapitalerträge herunterbrechen. Die Wirklichkeit ist natürlich komplizierter und detailreicher.

Deutsche Kapitalanleger müssen wie folgt kalkulieren: Auf Zinsen, Dividenden und Kursgewinne mit Wertpapieren wird seit 2009 hierzulande grundsätzlich pauschal 25 Prozent Abgeltungsteuer fällig – und nicht der persönliche Steuersatz in Höhe von derzeit bis zu 42 Prozent (beziehungsweise 45 Prozent – sogenannte Reichensteuer). Zusätzlich gehen 5,5 Prozent der Steuer als Solidaritätszuschlag ab.

Für Kirchenmitglieder kommen, je nach Bundesland, noch 8 oder 9 Prozent Kirchensteuer hinzu. Der Abzug beträgt daher unter dem Strich 27,82 oder 27,99 Prozent, ohne Kirchensteuer liegt er bei 26,38 Prozent. Gut zu wissen: Seit 2015 führen die Banken auch die Kirchensteuerschuld automatisch ab. Sie können dem Datenaustausch beim Bundeszentralamt für Steuern (BZSt) in Bonn widersprechen. Sie stehen dann aber in der Pflicht, die Kirchensteuer über Ihre jährliche Steuererklärung selbst anzugeben – und haben dann steuerlichen Mehraufwand.

Die Abgeltungsteuer ist eine Besteuerung an der Quelle: Noch bevor Ihnen Erträge aus Ihren Kapitalanlagen zufließen, zwackt Ihre Depotbank, sofern diese ihren Sitz in Deutschland hat, daraus 25 Prozent für den Fiskus ab. Führen Sie Ihr Depot bei einer Bank im Ausland, müssen Sie sich selbst um die korrekte Versteuerung Ihrer Kapitalerträge in Deutschland kümmern und sie in der Steuererklärung angeben (für 2021 relevant: Anlagen KAP, KAP-BET und KAP INV zur Steuererklärung). Vergessen gilt nicht – und fällt unangenehm auf. Dafür sorgt unter anderem der automatische Austausch von Finanzdaten der Organisation für wirtschaftliche Zusammenarbeit und Entwicklung (OECD), an dem mehr als 100 Staaten rund um den Globus teilnehmen.

Auch Deutschland ist dabei – ebenso einige Länder, die zuvor als Steuerparadiese galten. Bei dem Datenaustausch erhalten die Finanzbehörden im Wohnsitzland der Anleger neben persönlichen Daten vor allem Informationen über Zinserträge, Dividenden sowie Kontostände und Erlöse aus dem Verkauf von Vermögenswerten.

Wo auch immer auf Erden Sie also Ihr Geld investieren – als Anleger mit deutschem Wohnsitz müssen Sie Ihre Kapitalerträge auch hierzulande versteuern. Wichtig: Im Folgenden gehen wir davon aus, dass Sie Ihr Depot im Inland führen.

Günstigerprüfung bei niedrigem Einkommen

Die Steuerschuld auf Kapitalerträge ist mit dem 25-Prozent-Abzug grundsätzlich abgegolten, wie es der Name schon sagt. Eine Angabe in der Steuererklärung sollte eigentlich nicht mehr nötig sein. Doch wenn Sie es darauf beruhen lassen, verschenken Sie eventuell Geld. Haben Sie nicht so viel verdient, sollten Sie Ihre Kapitalerträge freiwillig melden. Der Fiskus führt nur auf Antrag die sogenannte Günstigerprüfung durch. Das bedeutet: Sie zahlen maximal den Abgeltungssatz auf Ihre Kapitalanlagen, eventuell aber auch weniger – eben nur denselben Steuersatz, den Sie auch sonst zahlen.

Abgeltungsteuer fällt übrigens nicht schon auf den ersten mit Ihren Geldanlagen verdienten Euro an. Steuerfrei bleiben Kapitalerträge bis zur Höhe des Sparerpauschbetrags von 801 Euro pro Person und Jahr, bei Ehe- und gesetzlichen Lebenspartnern bleiben Erträge bis 1602 Euro steuerfrei. Dafür erteilen Sie Ihrem inländischen Geldinstitut einen Freistellungsauftrag. Liegen die jährlichen Erträge dann unter dem freigestellten Betrag, zwackt die Bank keine Steuern ab.

Wer Erträge bei mehreren Instituten erzielt, kann mehrere Freistellungsaufträge erteilen und den Pauschbetrag aufteilen.

Wichtig: Unbedingt den Höchstbetrag von 801 Euro (für Verheiratete: 1602 Euro) einhalten. Der Fiskus wird sonst sofort hellhörig. Haben Sie vergessen, rechtzeitig einen Freistellungsauftrag zu erteilen, und mussten deswegen Erträge versteuern, obwohl noch etwas von Ihrem Sparerpauschbetrag übrig ist? Dann können Sie das über die Steuererklärung korrigieren lassen.

Werbungskosten wie etwa Depotführungsgebühren werden durch den Sparerpauschbetrag abgedeckt und können nicht gesondert geltend gemacht werden. Der Abzug der tatsächlich entstandenen Werbungskosten ist ausgeschlossen. Nicht zu verwechseln damit sind die Aufwendungen für den Kauf oder Verkauf von Wertpapieren. Die Banken berücksichtigen diese Spesen bei der Ermittlung eines steuerpflichtigen Gewinns oder Verlusts. Sie mindern also den steuerpflichtigen Gewinn.

Nichtveranlagungsbescheinigung spart Geld

Sind Sie eigentlich Geringverdiener, haben aber höhere Kapitaleinkünfte oberhalb des Sparerpauschbetrags? Dann können Sie bei Ihrem Finanzamt eine Nichtveranlagungsbescheinigung (NV-Bescheinigung) beantragen und sie Ihrer Bank einreichen, die dann keine Abgeltungsteuer einbehält. Dafür müssen Sie glaubhaft machen, dass Sie mit Ihren gesamten Einkünften im Jahr unter dem Grundfreibetrag (2021: 9744 Euro, 2022: 9984 Euro; Verheiratete jeweils das

Doppelte) plus Sonderausgaben-Pauschbetrag (36 Euro) und Sparerpauschbetrag (801 Euro) liegen. Interessant ist die NV-Bescheinigung zum Beispiel für Rentner, Studenten oder Kinder mit eigenen Kapitaleinkünften.

Verrechnung von Verlusten
Doch was ist, wenn Sie mit Wertpapieren mal Miese machen? Verluste aus Wertpapieren, die seit dem Start der Abgeltungsteuer 2009 angeschafft wurden, verrechnet Ihre inländische Depotbank grundsätzlich laufend automatisch mit positiven Erträgen.

Verluste aus dem Verkauf von Fonds und Anleihen beispielsweise können mit Kursgewinnen, aber auch Dividendenerlösen, Zinserträgen & Co verrechnet werden. Doch bei Miesen mit Aktien ist die Verrechnungsmöglichkeit eingeschränkt. Sie dürfen nur mit Gewinnen aus Aktien verrechnet werden. Ob das so bleibt, ist allerdings fraglich. Denn der Bundesfinanzhof hält diese Beschränkung für verfassungswidrig (BFH, Az. VIII R 11/18). Der Ball liegt aktuell beim Bundesverfassungsgericht. Betroffene Anleger sind gut beraten, Steuerbescheide in diesem Punkt per Einspruch bis zum Spruch der Verfassungsrichter offen zu halten.

Sie haben mehrere Depots bei mehreren Banken und auf einem davon Verluste erzielt? Dann beantragen Sie bei der Bank mit dem Verlustdepot bis zum 15. Dezember des jeweiligen Jahres eine Verluststeuerbescheinigung. Sie können dann über die Anlage KAP zur Steuererklärung die Verluste mit den realisierten Gewinnen auf dem anderen Depot verrechnen lassen.

Mit Start der Abgeltungsteuer wurde eine Altfallregelung für realisierte Kursgewinne aus Aktien, Anleihen, Fonds & Co eingeführt, die vor Ende 2008 angeschafft worden waren. Bis Ende 2017 waren sie komplett steuerfrei. Doch aufgepasst. Bei Fonds und ETF gibt es seit 2018 Einschränkungen. Mehr dazu auf Seite 158. Zinsen oder Dividenden, die Sie auf diese „Altanlagen" kassieren, unterliegen aber jährlich der Abgeltungsteuer.

Wieder kassiert hat der Gesetzgeber die ihm missliebige Rechtsprechung zu wertlos ausgebuchten Aktien, verfallenen Optionen etc. Aktientotalverluste dürfen daher seit 2020 nur bis zur Höhe von 20 000 Euro pro Jahr verrechnet, höhere Verluste auf Folgejahre vorgetragen werden. Bei Verlusten aus Termingeschäften gilt seit 2021 eine gleich hohe Verrechnungsbeschränkung. Hebelzertifikate und Optionsscheine zählen nicht zu diesen Termingeschäften, Verluste sind uneingeschränkt verrechenbar.

Übrigens: Verluste aus Geldgeschäften von vor 2009 lassen sich nicht mehr mit Gewinnen aus seit 2009 angeschafften Papieren verrechnen. Sie mindern nur noch Gewinne aus privaten Veräußerungsgeschäften, etwa aus dem Verkauf von Gold oder Immobilien. Dafür muss man die Anlage SO zur Steuererklärung ausfüllen.

Steuerliche Spezialregelungen für Investmentfonds

Für Besitzer von aktiv gemanagten Fonds sowie ETF-Anteilen gelten generell die allgemeinen Grundsätze der Abgeltungsteuer. Doch es kommen noch spezielle Regeln hinzu. Zum Jahresbeginn 2018 wurde das Besteuerungssystem bei Investmentfonds erheblich geändert. Denn bis dato waren in Deutschland Erträge auf Fondsebene selbst komplett steuerfrei. Anleger wurden im Wesentlichen genauso wie Direktanleger behandelt. Es galt das Prinzip: Nur der Anleger wird besteuert, nicht aber der Fonds.

Kernpunkt der Neuregelung ist, dass in Deutschland aufgelegte Fonds seit 2018 bereits auf Fondsebene Steuern in Höhe von 15 Prozent auf deutsche Dividenden, deutsche Mieterträge und auf Gewinne aus dem Verkauf deutscher Immobilien direkt aus dem Fondsvermögen zahlen müssen. Reine Rentenfonds, die nur Zinserträge erzielen, sind davon nicht betroffen. Veräußerungsgewinne von Wertpapieren bleiben auf Fondsebene weiter steuerfrei und unterliegen erst beim Anleger der Steuer.

Für Privatanleger heißt das, dass bei ihnen von den Erträgen eines Fonds oder ETF weniger ankommt. Zum Ausgleich für die steuerliche Vorbelastung auf der Fondsebene stellt der Fiskus Ausschüttungen aus den Fonds und Verkaufsgewinne beim Privatanleger daher teilweise frei. Das heißt, Sie zahlen für die Ausschüttungen des Fonds und Gewinne aus dem Verkauf von Fondsanteilen teilweise keine Abgeltungsteuer. Auf der anderen Seite werden Verkäufe mit Verlust auch nur anteilig berücksichtigt.

Die Höhe des steuerfreien Anteils richtet sich nach der Art des Fonds oder ETF: Bei Aktienfonds mit mehr als 50 Prozent Aktienanteil betragen die Teilfreistellungen für Privatanleger 30 Prozent. Für Mischfonds mit einem Aktienanteil von mindestens 25 Prozent sind Teilfreistellungen von 15 Prozent vorgesehen, für Mischfonds mit geringerem Aktienanteil dagegen keine. Bei Immobilienfonds sind 60 Prozent freigestellt, bei Immobilienfonds mit Auslandsschwerpunkt sogar 80 Prozent.

Vorteile für Anleger mit thesaurierenden Auslandsfonds

Deutlich leichter haben es Anleger mit thesaurierenden Auslandsfonds im Depot – sie sind nun grundsätzlich steuerlich genauso zu handhaben wie inländische. Inländische Depotbanken kümmern sich in beiden Fällen um die Versteuerung der laufenden Erträge. Bei thesaurierenden ebenso wie bei teilausschüttenden Fonds wird seither jährlich eine sogenannte Vorabpauschale als fiktiver Ertrag automatisch errechnet. Auf diese Vorabpauschale wird dann die 25-prozentige Abgeltungsteuer einbehalten. Je nach Fondstyp wird dabei noch die jeweilige Teilfreistellung berücksichtigt.

Die Vorabpauschale wurde eingeführt, damit der Fiskus auf jeden Fall auch bei thesaurierenden Auslands-ETF jährlich Steuern kassieren kann. Die Berechnung dieser Pauschale ist kompliziert. Da Sie als Anleger die Arbeit abgenommen bekommen, müssen Sie sich damit nicht im Detail beschäftigen, sollten aber wissen, dass es sie gibt.

Positiv für Sie als Privatanleger mit Inlandsdepot: Da Sie die Steuer auf die Vorabpauschale abgezogen bekommen, müssen Sie nicht mehr jährlich die Erträge von thesaurierenden Fonds in der Steuererklärung auflisten. Der Abzug erfolgt jeweils zu Beginn des neuen Jahres – für 2021 also Anfang 2022. Auch bei einem späteren Anteilsverkauf übernimmt die Depotbank das Rechnen, um eine Doppelbesteuerung zu vermeiden. Eine Vereinfachung für Investoren.

Es gibt auch Verlierer der Reform

Den Schwarzen Peter haben Anleger, die mit ihren Kapitalerträgen unterhalb des Sparerpauschbetrags von 801 Euro liegen und deshalb eigentlich gar keine Abgeltungsteuer zahlen müssen. Bei ihnen laufen die Teilfreistellungen nämlich ins Leere, da sie auf Fondsebene steuerlich vorbelastete Erträge ausgeschüttet bekommen. Auch wer aufgrund einer Nichtveranlagungsbescheinigung keine Steuern abführen muss, ist davon betroffen.

Verschlechtert hat sich auch die Situation für vermögende Fondsanleger: Wer ETF-Anteile noch vor dem Start der Abgeltungsteuer erworben hat, profitierte viele Jahre von dem Privileg, diese Anteile steuerfrei verkaufen zu können, sofern man sie mindestens ein Jahr lang im Depot hatte. Dieses Privileg wurde zum 31. Dezember 2017 abgeschafft. Zu diesem Datum wurden alle Anteile im Bestand unabhängig vom Kaufdatum als fiktiv veräußert und dann zum 1. Januar 2018 als wieder fiktiv angeschafft eingestuft; die Daten dafür wurden bei den Depotstellen gespeichert. Wenn Sie bis dahin auf Altanteile Gewinne zu Buche stehen haben, werden diese de facto konserviert und bleiben auch künftig steuerfrei.

Der Wert des Fonds- oder ETF-Anteils vom 1. Januar 2018 ist nun die neue Basis, von der aus künftige steuerpflichtige Kursgewinne berechnet werden. Verkauft man Fonds- oder ETF-Altanteile, dann sind Wertsteigerungen auf den Zeitraum ab 2018 nicht mehr unbegrenzt, sondern pro Anleger nur noch bis zu einem Gesamtwert von insgesamt 100 000 Euro steuerfrei. Über diesen Freibetrag hinausgehende Gewinne aus Altanteilen unterliegen dann der 25-prozentigen Abgeltungsteuer.

Unter steuerlichen Gesichtspunkten lohnt es sich also für alle Privatanleger, die noch vor 2009 erworbenen Altanteile wei-

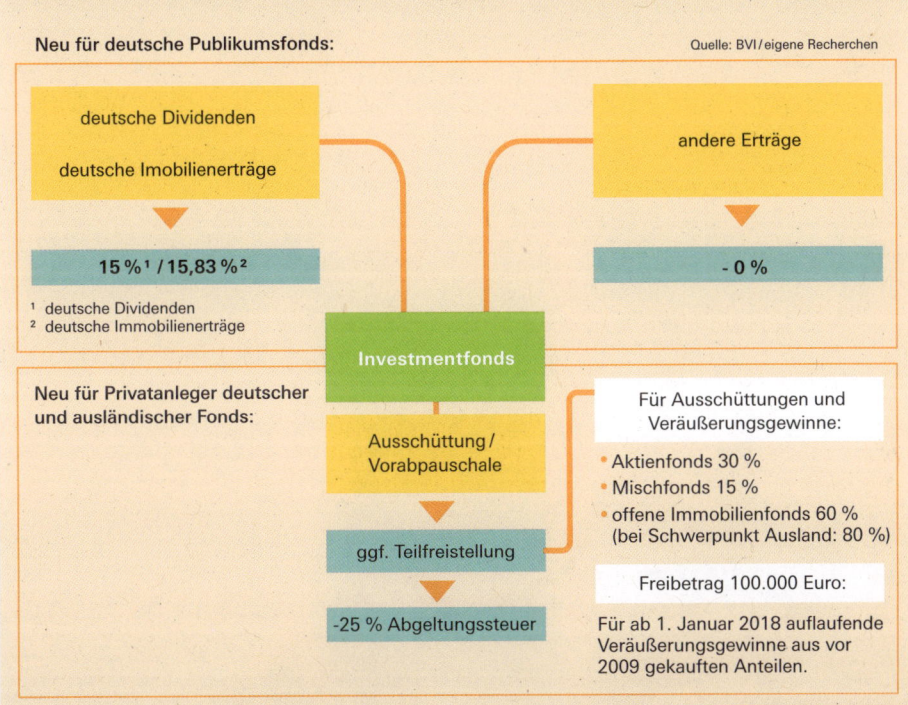

ter zu behalten, um den Freibetrag so weit wie möglich auszunutzen. Wichtig: Wenn Sie diesen Freibetrag in Anspruch nehmen möchten, müssen Sie eine Steuererklärung abgeben. Die Regelung zu den Altanteilen betrifft auch Anleger, die alte Anteile geschenkt bekommen oder erben.

Hier gilt die Abgeltungsteuer nicht

Nicht alle Gewinne auf Geldanlagen sind übrigens steuerpflichtig. Wer Goldbarren oder -münzen länger als ein Jahr besitzt, kann einen späteren Verkaufsgewinn steuerfrei einstreichen. Dasselbe gilt für börsengehandelte Inhaberschuldverschreibungen, wie Xetra Gold – vorausgesetzt, sie verbriefen einen Anspruch auf Lieferung von Gold und dieser Anspruch ist durch eingelagertes Gold jederzeit zu mindestens 95 Prozent gedeckt (Urteile des Bundesfinanzhofs (BFH), Az. VIII R 4/15, Az. VIII R 35/14 und Az. VIH R7/17). Auch Gewinne aus dem Verkauf von Antiquitäten sind nur innerhalb der Jahresfrist zu versteuern, und zwar zum persönlichen Steuersatz.

Auch auf Erträge aus geschlossenen Fonds, Münzen, Bitcoins und Kunstgegenständen fällt die persönliche Einkommensteuer an. Bei Riester- und Rürup-Renten sowie Kapitalversicherungen gelten ebenfalls andere Regeln, die hier nicht näher thematisiert werden.

Goldene Regeln für Anleger

Aus Fehlern wird man zwar bekanntlich klüger. Doch Fehler bei der Geldanlage aufgrund falscher Entscheidungen oder Unwissen können leider sehr kostspielig werden. Das muss nicht sein, wenn man die folgenden 15 goldenen Regeln für Geldanleger beherzigt.

Fühlen Sie sich jetzt gut gerüstet für die Börse? Sie haben viel über diverse Anlagemöglichkeiten gelesen, und vermutlich haben Sie inzwischen eine klare Vorstellung davon, wie Sie künftig Ihr Geld besser managen. Doch langsam: Bevor Sie loslegen und mutig investieren, bitten wir Sie, an dieser Stelle nochmals kurz innezuhalten. Denn Sie sollten sich ein paar ganz wichtige Regeln zu Herzen nehmen, um gravierende Fehler beim Geldanlegen zu vermeiden.

Zum Rüstzeug jedes Anlegers gehören neben dem eigenen Anlageziel und dem Wissen um die eigene Risikobereitschaft und -tragfähigkeit (siehe Seite 43) auch das Wissen, wie die Märkte funktionieren, und ein wenig Börsenpsychologie. Folgen Sie dem pragmatischen Ansatz des erfolgreichen amerikanischen Starinvestors Warren Buffett: „Wir lernen am besten aus Fehlern. Es müssen allerdings nicht unbedingt unsere eigenen sein."

Einige typische Anlegerfehler haben Sie in diesem Buch bereits kennengelernt. Auf den folgenden Seiten haben wir besonders wichtige Aspekte für Sie zusammengefasst und vertieft. Mit unseren 15 goldenen Regeln sind Sie bestens gerüstet für die Börse. Willkommen in der Welt der mutigen und – überwiegend – erfolgreichen Anleger!

Das Geheimnis des Erfolgs

Grundlegende Tipps und Erfahrungen anderer Anleger bewahren uns vor falschen Entscheidungen. Daher bitte erst lesen, dann investieren.

Private Börsianer verschenken viel Geld: Im Auftrag von Finanztest untersuchten die Wirtschaftsprofessoren Andreas Hackethal und Steffen Meyer 40 000 Wertpapierdepots von Direktbankkunden und werteten den Depotmix, die Kontenbewegungen und die Rendite aus. Mit ernüchterndem Ergebnis: Zwischen 2005 und 2015 gingen den Anlegern etwa 5,6 Prozent Rendite jährlich durch die Lappen. Denn nach der durchschnittlichen Bestückung der Depots mit 80 Prozent Aktien und 20 Prozent Rentenpapieren wäre eine Rendite von 8,7 Prozent realistisch gewesen. Erreicht haben die Anleger aber im Schnitt nur 3,1 Prozent. Ganz klar: Die Anleger hatten bei dieser durchschnittlichen Depotstruktur mit ihren Investments viel Mut bewiesen. Doch dieser hatte sich nicht wirklich bezahlt gemacht.

Nach Erkenntnis der Experten sind es nur wenige falsche Handlungsmuster und häufig leider die Kombinationen von mehreren, die den Anlageerfolg nachhaltig schmälern. Es lohnt sich, sie genauer anzusehen, denn nur wer die Fehler kennt, kann sie vermeiden und so langfristig erfolgreich an der Börse agieren.

1 Streuen Sie das Risiko

Legen Sie nicht alle Eier in einen Korb, lautet eine alte Börsenweisheit. Denn im Schadensfall, sprich: wenn man im Extremfall nur Aktien einer einzigen Firma besitzt, die dann insolvent geht, ist alles dahin. Streuen Sie dagegen das Anlagerisiko breit, idealerweise international und über mehrere Anlageformen, sind Ihre Chancen auf hohe Renditen größer als bei einem Einzelinvestment. Das ist wissenschaftlich erwiesen (mehr dazu unter „Mutige Anleger handeln rational" ab Seite 12). Wie stark ein Depot durch die Auswahl einzelner Aktien in Gefahr ist, lässt sich durch das Chance-Risiko-Verhältnis messen. Genau das haben die Professoren Hackethal und Meyer bei ihren Untersuchungen getan. Mit einem eindeutigen Ergebnis: Am schlechtesten stand das Fünftel der untersuchten Depots da, in denen die geringste Anzahl an Aktien lag. Aber selbst das Fünftel der Depots mit den meisten verschiedenen Einzeltiteln konnte nicht glänzen. Deren Chance-Risiko-Verhältnis lag immer noch meilenweit unter dem des weltweiten Aktienindex MSCI World. Ein börsengehandelter Indexfonds (ETF) darauf hätte also nicht nur die Nerven geschont, sondern auf einfache Art und Weise auch weit bessere Ergebnisse geliefert. Wer daher seine Anlagen breit streut und auf geeignete Indizes statt auf Einzelunternehmen setzt, fährt in aller Regel besser.

Klar, Börsianer suchen oft nach dem einen Unternehmen, das sie ganz schnell ganz reich macht. Eine Heerschar professioneller Anleger versucht den ganzen Tag nichts anderes, als bei der Investmentauswahl ähnlich erfolgreich zu sein wie der bekannte US-Value-Investor Warren Buffett, der für viele ein Vorbild ist, weil er aus ein paar Tausend Dollar mit richtigem Investieren ein Milliardenvermögen geschaffen hat. Doch gerade auch Buffett legt nicht alle Eier in einen Korb, sondern streut sein Anlagerisiko breit. Denn auch er ist nicht vor Rückschlägen gefeit.

Fakt ist auch, dass die wenigsten Profianleger eine bessere Rendite als der Gesamtmarkt erzielen – und schon gar nicht dauerhaft. Privatanleger haben da noch schlechtere Chancen. Ihnen fehlen oft nicht nur Hintergrundinformationen über Unternehmen und Börse, sondern meist schlicht auch die Zeit, sie auszuwerten. Daher sollten Sie keinesfalls das gesamte Vermögen in eine oder wenige Aktien stecken. Mit ein wenig „Spielgeld" kann man das durchaus machen, doch als Grundlage für die finanzielle Zukunft oder eine gute Altersvorsorge taugt es nicht. Der Großteil des Vermögens sollte breit diversifiziert werden, um die Risiken zu streuen. Beim langfristigen Vermögensaufbau hilft Ihnen die Orientierung am Pantoffel-Portfolio von Finanztest (das finden Sie auf Seite 42), bei Bedarf in Teilen ergänzt um erfolgreiche Strategien (siehe Seite 69).

2 Vermeiden Sie den Home Bias

Zu viel Heimatliebe kann bei der Geldanlage zum Problem werden. Wenn Sie viele deutsche Aktien besitzen, hat sich Ihr Depot vermutlich in den vergangenen Jahren ganz gut entwickelt. Doch Experten würden Ihnen jetzt sagen, dass Sie vor allem Glück hatten. Im Durchschnitt lag der Deutschlandanteil der von den Professoren Hackethal und Meyer für besagte Finanztest-Anlegerstudie untersuchten Depots bei 43 Prozent. Nach der Kapitalisierung der weltweiten Aktienmärkte hätte er aber nur bei rund 3 Prozent liegen dürfen. Der hohe Anteil der deutschen Aktien in den Privatdepots ist in den vergangenen Jahren erstaunlich konstant geblieben, obwohl es noch nie so einfach war, international anzulegen.

Vorwiegend auf die Aktien der eigenen Heimat zu setzen ist sehr riskant. Vermutlich hängen Ihr Vermögen und Ihre Zukunft ohnehin eng von der wirtschaftlichen Entwicklung in Ihrem Heimatland ab. Wahrscheinlich haben Sie hier Ihren Arbeitsplatz, vielleicht auch eine Immobilie, sind Sie künftig von der Funktionsfähigkeit des Rentensystems abhängig und vieles mehr. Läuft es in Zukunft aber hierzulande wirtschaftlich schlecht, würde auch noch Ihr Geldvermögen darunter leiden.

Die Deutschen kaufen bevorzugt deutsche Aktien, die Amerikaner lieber US-Titel. Diese bei Anlegern rund um den Globus verbreitete Tendenz, gerne in der Heimat zu investieren, in der man sich – vielleicht auch nur vermeintlich – gut auskennt, wird als „Home Bias" bezeichnet. Darunter fallen auch Mitarbeiteraktien oder Investments in der Branche, in der man tätig ist. Durch den Home Bias holt man sich ein starkes Klumpenrisiko ins Depot und läuft Gefahr, dass man negative Trends im „eigenen Nest" nicht rechtzeitig erkennt.

3 Denken Sie langfristig

Sicherheit vor Rendite – so könnte man schlagwortartig beschreiben, wie die Deutschen typischerweise gerne anlegen. Die Deutschen vertrauen ihr Erspartes traditionell am liebsten Banken oder Versicherungen an. Aktieninvestments werden wegen möglicher Kursverluste noch immer gemieden. Die Börse ist für viele ein Ort, an dem man nur kurzfristig herumzockt und nicht längerfristig investiert. Dabei liegen gerade die langfristigen Renditen von Aktien klar über denen von Bankeinlagen & Co.

Von zwischenzeitlichen Kursverlusten sollte man sich nicht irritieren lassen, sondern vielmehr auf die Langfristperspektive achten. Man muss nur den Mut haben, sein Geld über einen Zeitraum von mindestens zehn, besser 15 Jahren breit gestreut zu investieren, und muss.– das ist die große Herausforderung – zwischendurch die Nerven behalten, wenn es zu Wertschwankungen kommt. Mutige Anleger setzen daher auf Aktienindex-ETF und Aktienfonds und je nach Depotzusammenstellung und -größe auch auf ausgewählte Einzelaktien.

4 Gehen Sie strategisch vor

Der Verhaltensökonomie verdanken wir inzwischen nicht nur viele Erkenntnisse über unser Handeln in Sachen Geldanlage, sondern vor allem auch Empfehlungen, mit denen wir unsere Gefühle unter Kontrolle halten und bessere Investoren werden können. Schon für unsere Vorfahren, die Steinzeitmenschen, war die Fähigkeit zu intuitiver Reaktion überlebenswichtig. Wenn Gefahr drohte, war keine Zeit für lange Analysen der Situation oder Abwägungen der Möglichkeiten. Allein der Trieb zu fliehen hatte Aussicht auf Erfolg. Solche intuitiven Reaktionen werden gesteuert vom limbischen System, dem ältesten Teil des menschlichen Gehirns, das sich bis heute in jedem von uns erhalten hat. Was das mit Fehlern bei der Geldanlage zu tun hat?

Eine ganze Menge. Denn das limbische System ist schnell und mächtig. Leider mischt es sich auch bei Entscheidungen ein, in denen rationale Abwägung der bessere Weg wäre – wie beim Thema Börse. Angst, Gier und ein ganz ausgeprägter Herdentrieb sind die drei wichtigsten Emotionen, die sich auf Anlageentscheidungen negativ auswirken. Angst hindert uns daran, sich mit dem Thema Aktien auseinanderzusetzen, und die Gier nach dem großen Geld hat so manchen Anleger schon in die Falle gelockt.

Und der Herdentrieb? An der Börse verdichten sich all die persönlichen Bauchentscheidungen immer wieder einmal zu einem psychologischen Massenphänomen. Nur so ist zu erklären, warum so viele Anleger um die Jahrtausendwende bereit waren, immenses Geld für Anteile von jungen Techfirmen zu zahlen, die nie einen Cent Gewinn erzielt und auch kaum Aussichten darauf hatten. Untersucht wird das alles von einer vergleichsweise neuen Disziplin der Wirtschaftswissenschaften, der Behavioral Finance Theory, auf Deutsch Verhaltensökonomie. Einer ihrer Vordenker, Daniel Kahneman, erhielt 2002 den Wirtschaftsnobelpreis für seine Forschung.

Und so vermeiden Sie Fehler:
- Langsam werden: erst einmal informieren, dann agieren.
- Falsche Informationen erkennen: Gerüchte, Massenphänomene oder eigene Vorurteile herausfiltern.
- Ganz rational vorgehen: in Ruhe den eigenen großen, langfristigen Plan zur Geldanlage erstellen.
- Vorab feste Regeln setzen: zum Beispiel die Gewichtungen von breit gestreuten Aktien-ETF und verfügbaren Festgeldanlagen definieren und wie oft das Depot überprüft und gegebenenfalls neu austariert werden soll.
- Eine Anlagestrategie definieren, umsetzen und daran festhalten.

Ohne eigene Anlagestrategie, die man nicht nur einmal erstellt, sondern die man auch dauerhaft verfolgt, wird es schwer möglich sein, langfristig erfolgreich anzulegen.

5 Perfektes Timing gelingt nicht

Es wäre zu schön, um wahr zu sein: ein Wertpapier genau zu seinem Jahrestiefstkurs zu erwischen und zehn Jahre später genau auf den Punkt am Allzeithoch zu verkaufen. Die Vorstellung ist ja auch wirklich verlockend, bei einem Papier nur die guten Börsenphasen mitzunehmen und die schlechten links liegen zu lassen.

Doch Fakt ist, dass langfristig orientierte Anleger häufig ihre Zeit vergeuden, wenn sie auf den perfekten Zeitpunkt zum Ein- oder Ausstieg hoffen. Denn wie die zitierte Anlegerstudie von Finanztest zeigt, ist Timing an der Börse vor allem eines – Glücksache. Denn woran können Anleger wirklich festmachen, ob die Märkte nach einer Schwächephase jetzt wirklich schon ihren Tiefpunkt erreicht haben und es in Zukunft bergauf gehen wird? Auf Dauer lohnenswerter ist es, mit guter Strategie breit gestreut zu investieren und die Papiere langfristig zu halten. Auch wenn das natürlich eher langweilig ist, doch die Ergebnisse sind besser.

Die Wissenschaftler der Universität Frankfurt am Main sind der Jagd auf Trends nachgegangen. Sie fanden keine Hinweise dafür, dass die Versuche, sein Geld mit der Wahl der richtigen Ein- und Ausstiegszeitpunkte zu mehren, auf Dauer erfolgreich wären. Verluste lassen sich zwar auch keine nachweisen, die entstehen allerdings durch die vermehrten Transaktionskosten für die Käufe und Verkäufe. Buy and hold, zu Deutsch kaufen und halten, ist unter Umständen kostengünstiger.

Besonders mutige Anleger allerdings, die mit einem kleinen, wohldefinierten Teil ihres Vermögens gezielt höhere Risiken eingehen möchten und daher auch kurzfristiger agieren, sollten bei diesem Teil ihres Portfolios auf Timing-Aspekte achten. Sie sollten sich beim Kauf dieser Papiere schon Gedanken machen, unter welchen Umständen sie sie wieder verkaufen – und können dazu Stop-Loss-Orders und auch technische Indikatoren nutzen, um Verkaufszeitpunkte zu bestimmen. Bei der langfristigen Geldanlage dagegen sollten Sie als Anleger weder Zeit noch Nerven darauf vergeuden, nach dem perfekten Ein- oder Ausstiegszeitpunkt zu suchen.

Tipp: Führen Sie Buch über Ihre einzelnen Geschäfte und ziehen Sie Bilanz. Seien Sie ehrlich mit sich selbst, nicht alle Geschäfte laufen gut. Wer aber seine Entscheidungen auf den Prüfstand stellt und aus Fehlern lernt, hat mehr Erfolg.

6 Vertrauen Sie keinen selbst ernannten Gurus

Experten gibt es am Kapitalmarkt viele: Manche Finanzberater, manche Herausgeber von Börsenbriefen oder sonstige Tippgeber brüsten sich gern mit ihren Erfolgen.

Hört man den vermeintlichen Gurus zu, erzielen sie angeblich nur Gewinne, sie kaufen stets zum niedrigsten Kurs und verkaufen am Top, ja, sie wissen genau, was morgen an den Märkten passiert, und können sogar Trends vorhersagen. Pustekuchen! Keiner hat stets Glück an der Börse oder das perfekte Computerprogramm, das fehlerfrei alle Entwicklungen vorhersieht. Mal ganz ehrlich: Wenn dem so wäre, warum sollte jemand seine Geheimnisse teilen und nicht besser selbst investieren und dabei reich werden? Weder Börsianer noch selbst ernannte Gurus sind altruistisch veranlagt! Sie wollen einen teuren Börsenbrief verkaufen, offerieren gegen Gebühren Handelssignale oder ganz „persönliche" Tipps, im schlimmsten Fall sogar unseriöse Anlagen. Oder sie empfehlen Papiere, die sie vorher zu niedrigen Kursen selbst gekauft haben, um sie dann zu überhöhten Preisen an unerfahrene Anleger zu verhökern.

Eine besondere Spezies sind die sogenannten Graumarkthaie. So nennt man unseriöse Anbieter, die nicht an der Börse, sondern am sogenannten grauen – wenig überwachten – Kapitalmarkt agieren. Sie arbeiten oft mit aggressiven Verkaufsmethoden oder gar illegalen Schneeballsystemen und reizen potenzielle Anleger mit hohen Gewinnversprechen.

Tipp: Wenn Sie von einem Unbekannten ungefragt per E-Mail, schriftlich oder telefonisch konfrontiert werden, der Ihnen hohe Gewinne in Aussicht stellt, werfen Sie die Informationen gleich ungelesen in den Müll oder legen Sie einfach auf und blockieren den Anrufer nach Möglichkeit. Die Telefonakquisiteure unseriöser Anbieter appellieren gerne an die Gier, sie locken mit schnellem Reichtum und versprechen, dass Sie sich schon bald ein großes Haus oder ein schickes Auto leisten können, wenn Sie ihren Tipps folgen und diese oder jene Anlage tätigen. Oft ist das Geld, das Anleger diesen Anbietern überweisen, unwiederbringlich verloren.

7 Kaufen Sie nur, was Sie verstehen

Sie haben vom Kollegen oder Nachbarn einen vermeintlich todsicheren Anlagetipp bekommen oder sitzen beim Bankberater, der Ihnen die für Sie „perfekte" Geldanlage empfiehlt, die angeblich ideal zu Ihren Bedürfnissen passt. Kaum Risiko, gute Chancen und möglicherweise auch noch ein Steuervorteil obendrein? Egal, ob Immobilienbeteiligungen, Schiffscontainer oder ein interessantes Zertifikat, kaufen Sie bloß nicht einfach blindlings, was andere für gut befinden. Schon gar nicht, wenn Sie es nicht genau verstanden haben. Sie sollten genau durchschauen, was Sie in Ihr Depot legen, wohin Ihr Geld wandert und wie sich ein Investment verhält, wenn sich die Konjunkturaussichten eintrüben oder sich Zinsen, Dividenden, Volatilität oder Aktienkurse verändern. Haken Sie nach und stellen Sie so viele Fragen wie nur möglich. Bevor Sie etwas kaufen, sollten Sie im Detail verstehen, wie das Investment auf die unterschiedlichsten Einflussfaktoren reagiert.

Und lassen Sie sich keinesfalls drängen, kaufen Sie nicht sofort, sondern schlafen Sie erst mal ein paar Tage drüber. Oft kommen wichtige Fragen erst im Nachhinein auf. Druck aufzubauen, dass es sich um eine einmalige Gelegenheit nur für kurze Zeit handelt, ist eine beliebte Verkäufermasche. Lesen Sie zu Hause zuerst in Ruhe die Anlegerinformationen, die Ihnen der Verkäufer aushändigt, und wägen Sie Vor- und Nachteile gut ab. Nur wenn die Anlage wirklich zu Ihnen und Ihrer Strategie passt, können Sie wohlüberlegt zugreifen.

8 Zocken ist erlaubt, aber …

… nur in engen, wohldefinierten Maßen und keinesfalls, niemals mit dem Geld für Ihre Altersvorsorge. Wenn Sie den Nervenkitzel an der Börse lieben oder auch mal gerne Optionen kaufen, ist dagegen nichts einzuwenden, sofern Sie den Rahmen klar begrenzen. Zweigen Sie eine kleine Summe „Spielgeld" dafür ab, aber nur dann, wenn Sie auf das Geld wirklich verzichten können. Am besten richten Sie sich für die hochspekulativen Geschäfte ein eigenes Depot ein, so vermischen sich Gewinne und Verluste nicht mit denen aus anderen Geschäften, die für den Vermögensaufbau vorgesehen sind. Und Sie haben einen besseren Überblick. Läuft es gut, ist es ratsam, das anfangs abgezweigte Kapital wieder zurückzuführen. Dann können Sie beherzt neue Risiken eingehen und sich bei guten Erfolgen auch mal etwas Besonderes gönnen. Haben Sie hingegen keinen Erfolg, sollten Sie keinesfalls unbegrenzt Geld nachschießen, sondern lieber frühzeitig die Reißleine ziehen und die Zockerei einstellen.

9 Spekulieren Sie nicht auf Kredit oder mit dem Geld anderer

Sie sind erfolgreich und wollen mehr? Freunde und Nachbarn haben mitbekommen, dass Sie an der Börse ein gutes Händchen haben, und wollen Ihnen Geld anvertrauen? Oder Sie haben bei Ihrem Onlinebroker gesehen, dass Sie auch einen Wertpapierkredit in Anspruch nehmen könnten? Das ist sehr verlockend: Wenn Sie mehr Kapital einsetzen, können Sie vielleicht mehr Gewinn erzielen – doch Sie können auch mehr verlieren!

Was, wenn sich die Kurse nicht wie erwartet bewegen, sondern möglicherweise gar in die entgegengesetzte Richtung laufen? Dann kommen zu den Verlusten auf das eigene Kapital auch noch jene auf den Kredit hinzu, plus Zinsen und Rückzahlung des Kredits. Noch etwas: Wer auf Kredit spekuliert, steht unter größerem Erfolgsdruck, denn die Schuldzinsen wollen auch verdient sein. Und wenn Sie Geld von Freunden geliehen haben oder für Freunde investieren, ist die Freundschaft dick, solange die Gewinne sprudeln. Ob sie auch hohen Verlusten standhält, ist nicht garantiert.

10 Fallen Sie nicht auf typische Verkaufsstrategien herein

„Hätten Sie dieses Papier schon letztes Jahr gekauft, hätten Sie bis heute eine tolle Rendite eingestrichen" – es ist eine typische Verkaufsmasche von Beratern, Anlegern den nach oben gerichteten Kursverlauf eines Produkts aus der Vergangenheit zu zeigen. Denn jüngste Erfolge werten wir im Kopf in der Regel deutlich stärker als mögliche Risiken. Daher ist es für den Berater wesentlich leichter, dieses Produkt dann an den Anleger zu bringen – und dafür Provisionen einzustreichen. Doch gerne zeigt der Chart gerade die Phase aus der Vergangenheit, in der das Produkt besonders erfolgreich war. Historische Renditen sind keine Garantie für die zukünftige Entwicklung, sondern eben historische Renditen!

11 Limitieren Sie jeden Auftrag

Setzen Sie bei Börsenaufträgen immer ein Limit! Nur das schützt vor überhöhten Einstandskursen beim Kauf und allzu niedrigen Verkaufskursen. Ein Limit ist beim Kauf ebenso wichtig wie beim Verkauf – und auch dann, wenn Sie ein Wertpapier unbedingt erwerben wollen. Ein Kurs zu Ihrem Nachteil schmälert Ihren Gewinn. Und ganz egal, wie lange und wie intensiv Sie sich mit einem potenziellen Investment beschäftigt haben, wenn der Auftrag nicht ausgeführt wird, ergibt sich morgen eine neue Chance – entweder für dieses Wertpapier oder ein anderes, getreu dem Motto: Die Börse bietet

Stiftung Warentest | Goldene Regeln für Anleger

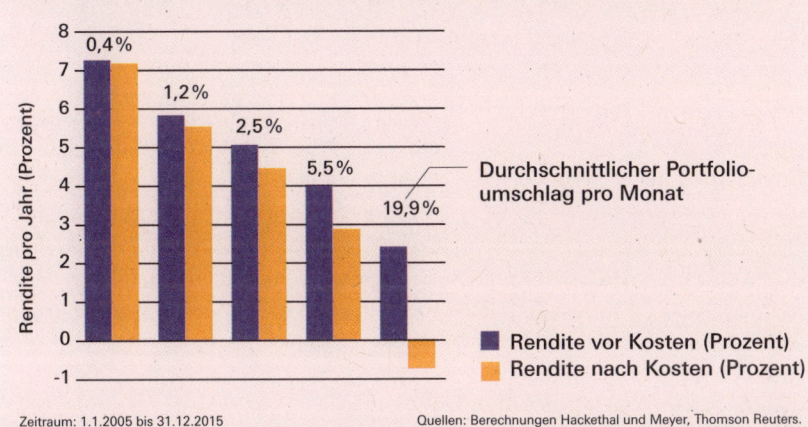

Aktive Anleger zahlen drauf
Anleger, die oft handeln, verdienen am Ende weniger als passive Depotinhaber. In der Studie der Professoren Hackethal und Meyer wurden die Depots in fünf gleich große Abschnitte eingeteilt. Die Aktivsten landeten nach Kosten sogar im Minus.

Zeitraum: 1.1.2005 bis 31.12.2015. Quellen: Berechnungen Hackethal und Meyer, Thomson Reuters.

jeden Tag neue Möglichkeiten. Tipps zum Setzen von Limits finden Sie auf Seite 145.

12 Halten Sie die Kosten in Grenzen

Hin und her macht Taschen leer, besagt ein alter Börsianerspruch. Er trifft vor allem Anleger, deren Bank oder Broker hohe Gebühren in Rechnung stellt. Die Kosten, die für den Kauf und Verkauf von Wertpapieren anfallen, lässt man gedanklich gerne unter den Tisch fallen. Viele Anleger haben meist nur im Kopf, zu welchem Kurs sie ein Papier gekauft haben. Wer zum Beispiel 500 Aktien zum Kurs von 12,15 Euro gekauft hat und sie zum Kurs von 13,25 Euro verkauft, hat unter dem Strich nicht pro Aktie 1,10 Euro oder insgesamt 550 Euro (500 Stück x 1,10 Euro) verdient, sondern weniger – es sei denn, er konnte gebührenfrei handeln. Daher ist für aktive Anleger der Blick auf die Kosten des Brokers besonders wichtig.

Anleger, die die Professoren Hackethal und Meyer für die Finanztest-Anleger-Studie unter die Lupe nahmen, waren zwar ganz unterschiedlich aktiv: Im Schnitt veränderten sie aber jedes Jahr ihre Depots um 24 Prozent – das ist viel. Die aktivsten 5 Prozent krempelten ihren Bestand sogar mindestens zweimal im Jahr komplett um. Im Schnitt brachte das häufige Handeln die Anleger um 0,9 Prozentpunkte Rendite. Ein Fünftel – diejenigen mit den meisten Trades – machte nach Kosten sogar ein Minus. Die wenigsten Depotbesitzer folgen wohl dem Rat von Experten wie Finanztest, die Kosten aller Aktionen im Blick zu behalten und im Zweifel ein Logbuch darüber zu führen. Auffällig ist aber auch, dass die Rendite der passiveren Anleger auch ohne Betrachtung der Kosten deutlich höher lag als die der Vieltrader. Sie haben wohl nicht nur die besseren Nerven, sondern auch die bessere Depotmischung.

13 Gewinne laufen lassen, Verluste begrenzen

Klasse! Ihr Depot entwickelt sich richtig gut, das eine oder andere Investment klettert vielleicht sogar höher als zunächst erwartet. Das macht Anleger oft nervös, sie fürchten einen Einbruch und verkaufen, um den Gewinn einzustreichen, getreu dem Motto: Was man hat, das hat man. Besser: Denken Sie langfristig und lassen Sie die Gewinne laufen! Das gilt vor allem für strategische Langfristinvestments wie das breit gestreute ETF-Basisdepot.

Ganz anders agieren Anleger dagegen oft, wenn es an den Märkten bergab geht. Nichts ist schlimmer, als sich eine Niederlage, sprich Verluste, einzugestehen. Doch an der Börse sind nun mal nicht alle Geschäfte von Erfolg gekrönt. Langfristig zu investieren heißt nicht, dass alle Depotpositionen zehn, 15 Jahre und länger gehalten werden müssen, egal was passiert. Was für international breit gestreute Aktienindex-ETF gilt, gilt nicht für Investments in Einzelaktien.

Sollten sich die Rahmenbedingungen für ein Investment grundlegend verändern, weil zum Beispiel eine Firma ihre Geschäftsbasis verliert oder sich die Zukunftschancen für ein Land oder eine Region verschlechtern, sollten Sie die Reißleine ziehen und verkaufen. Bei Verlusten fällt das vielen besonders schwer. Gerne werden 20 Prozent Kursrückgang als normale Korrektur gesehen, wenn es mehr wird, sind die steigenden Zinsen schuld oder negative Presseberichte, und bei 70 oder 80 Prozent Minus will man auch nicht mehr verkaufen und verschließt lieber die Augen.

Doch Vorsicht: Hoffnung und Resignation zählen zu den größten Feinden der Börsianer. Ein bereits entstandener Verlust lässt sich mit dem nächsten Engagement nicht so ganz leicht aufholen. Fällt zum Beispiel eine Aktie von 80 auf 40 Euro, beträgt der

Problem Verluste

Die Übersicht zeigt, wie schwer es ist, einen Kursverlust wieder aufzuholen.

Verlust	Notwendiger Gewinn, um das Kapital zu erhalten
−10 %	11 %
−20 %	25 %
−30 %	43 %
−40 %	67 %
−50 %	100 %
−60 %	150 %
−70 %	233 %
−80 %	400 %
−90 %	900 %
−100 %	Nicht möglich

Quelle: eigene Berechnungen

Verlust 50 Prozent. Werden die 40 Euro wieder investiert, muss sich das nächste Investment im Wert verdoppeln, damit der Verlust im Depot wieder ausgeglichen wird.

14 Prüfen Sie Ihr Depot regelmäßig

Rebalancing, also Neugewichtung, lautet das Erfolgsrezept vieler Profis. Wenn einer oder mehrere Vermögenswerte sich sehr positiv entwickeln und andere hingegen schlechter, verschiebt sich rasch die Gewichtung im Portfolio. Ganz schnell gerät ein Depot ins Ungleichgewicht, wenn die Aktien stark steigen. Dann hinkt der Zinsanteil hinterher, und das Risiko ist auf einmal viel höher als geplant. Daher sollten Sie – abhängig davon, wie aktiv Sie an den Märkten sind – das Depot regelmäßig überprüfen und die Positionen gegebenenfalls anpassen (Details finden Sie auf Seite 149).

Einmal jährlich ist das Minimum, wenn Sie überwiegend auf ETF setzen, wie beim Finanztest-Pantoffel-Portfolio. Handeln Sie mit einem kleinen, wohldefinierten Teil Ihres Geldes aber häufiger oder kaufen gelegentlich riskantere Produkte wie etwa Hebelpapiere, empfiehlt es sich, die Märkte kontinuierlich im Blick zu haben. Da dies für Berufstätige oft schwer ist, können Sie auch eine App auf dem Mobiltelefon einrichten oder bei einer Börse oder Ihrer Depotbank einen SMS-Nachrichtendienst aktivieren, der Sie bei stärkeren Kursveränderungen informiert.

15 Strategie und Anlageentscheidungen hinterfragen

Unser Gehirn ist auf eine Bestätigung unserer Meinung getrimmt, oft hören oder lesen wir nur, was uns gefällt. Kritische Punkte werden gern ignoriert oder ganz ausgeblendet. Das Internet macht es uns leicht, dort finden sich schnell Gleichgesinnte. Wer jedoch nur eine Bestätigung seiner These sucht und nicht Pro und Kontra sorgfältig abwägt, geht ein überhöhtes Risiko ein. Suchen Sie gezielt nach Schwachpunkten – jedes Investment und jedes Depot haben welche – und achten Sie vor allem auf die kritischen Punkte! Das heißt nicht, dass Sie an jedem Investment so viele kritische Punkte suchen sollen, bis Sie nicht mehr überzeugt sind. Doch wer nach konträren Meinungen sucht, lässt sich nicht nur von den Chancen blenden, sondern weiß, wo die Risiken lauern. Das erhöht die Erfolgschancen. Auch was das Depot im Ganzen angeht, sollten Anleger regelmäßig – alle paar Jahre – überlegen, ob sie noch so aufgestellt sind, wie es ihren Bedürfnissen entspricht. Beispielsweise kann sich die Risikotragfähigkeit durch Familiengründung oder Jobwechsel ändern. Auch die Risikobereitschaft kann nachlassen. Dann sollte man reagieren und seine Depotmischung anders abstimmen.

Wenn Sie diese 15 goldenen Regeln beherzigen, dann haben Sie das passende Rüstzeug, um langfristig erfolgreich Ihr Geld anzulegen. Dafür wünschen wir Ihnen zu guter Letzt viel Erfolg!

Hilfe

Fachbegriffe erklärt

1 Fachbegriffe erklärt
Die wichtigsten Begriffe, die Sie als Privatanleger kennen und verstehen sollten, finden Sie hier kurz erklärt.

2 Die günstigsten Depotanbieter auf einen Blick
Seite 181

3 Diese ETF sind 1. Wahl
Seite 182

4 Anlagestrategien mit ETF nachbilden
Seite 186

5 Stichwortverzeichnis
Seite 188

Abgeltungsteuer. Erträge, die Privatanleger mit → Aktien, → Anleihen, → ETF, → Fonds, aber auch anderen Anlageformen, zum Beispiel in Form von Kursgewinnen, → Dividenden oder → Zinsen erzielen, unterliegen in Deutschland dieser Steuer in Höhe von pauschal 25 Prozent; hinzu kommen der Solidaritätszuschlag sowie etwaige Kirchensteuer.

Aktie. Ein Anteilsschein, der den Anleger zum Miteigentümer an einem Unternehmen macht. Zumeist ist das Eigentum der Aktie mit einer anteiligen Beteiligung am Gewinn und einem Stimmrecht in der Hauptversammlung des Unternehmens verbunden.

Aktienfonds. Ein → Fonds, in welchem vorwiegend Aktien verwaltet werden.

Aktiv gemanagter Fonds. Ein → Fonds, bei dem ein Fondsmanagement aktiv einzelne Papiere auswählt, von denen es erwartet, dass sie sich besser entwickeln werden als der → Index, anhand dessen der Fonds seine Leistung misst. Es bestimmt zudem die Kauf- und Verkaufszeitpunkte (Timing). Ziel ist eine bessere Wertentwicklung als der Vergleichsmaßstab.

Anlagestrategie. Sie beschreibt vor allem die geplante Anlagedauer und das maximal erlaubte Risiko der gewählten Anlagen zusammen. Zusätzlich kann sie auch auf spezielle Marktentwicklungen zugeschnitten sein oder Anlagen unter speziellen Gesichtspunkten auswählen. Aus der Anlagestrategie eines Anlegers lässt sich eine passende → Asset Allocation ableiten.

Anleihe. Ein Wertpapier, das dem Anleger (Gläubiger) das Recht auf die im Voraus festgelegten → Zinsen und die Rückzahlung des angelegten Betrags zum vereinbarten Termin einräumt. Ausgegeben werden Anleihen hauptsächlich von Staaten, Unternehmen und Banken. Meist werden Anleihen großer → Emittenten auch an einer Börse gehandelt.

Asset Allocation. Aufteilung und Gewichtung verschiedener Anlageklassen. Auf oberster Ebene wird meist zwischen Aktien, Anleihen, Rohstoffen und Immobilien unterschieden. Weitere Unterscheidungen sind innerhalb dieser vier Anlageklassen möglich.

Ausgabeaufschlag. Einmalige Kaufgebühr, die der Vertrieb für den Kauf einer Anlage verlangen kann. Bei Fonds liegt der Ausgabeaufschlag meist zwischen 0 und 5 Prozent. Der Ausgabeaufschlag kann für den gleichen Fonds von Bank zu Bank variieren. Direktbanken verlangen meist geringere Ausgabeaufschläge als Filialbanken.

Ausschüttung. Ein Fonds kann seine Einnahmen aus Zinsen oder Dividenden an seine Anleger weiterreichen und somit (meistens jährlich) ausschütten. Alternativ kann er sie im Fondsvermögen behalten (→ Thesaurierung). In beiden Fällen profitieren die Fondsanleger.

Basiswert. Ein zugrunde liegendes Gut oder Finanzinstrument, zum Beispiel eine → Aktie, eine → Anleihe oder ein → Index, auf welches sich zum Beispiel ein → Derivat bezieht.

Benchmark. Vergleichsmaßstab, um den Anlageerfolg einer Geldanlage zu messen. Häufig wird ein → Index als Benchmark genommen. → ETF möchten ihren Index so genau wie möglich abbilden, während → aktiv gemanagte Fonds versuchen, ihre Benchmark zu schlagen.

Blue Chips. Ein Sammelbegriff für die bedeutendsten börsennotierten Aktiengesellschaften eines Landes.

Börsenhandel. Viele Wertpapiere wie → Aktien, → Anleihen und → ETF werden an der Börse gehandelt. Über ihre Bank können Anleger dort Anteile kaufen oder verkaufen. Der Preis bildet sich auf der Basis von Angebot und Nachfrage. Manchmal ist auch ein → Market Maker beauftragt, zusätzlich die Handelbarkeit zu verbessern.

Börsenindex. → Index.

Börsenwert. Wert eines börsengelisteten Unternehmens. Er errechnet sich aus der Anzahl aller → Aktien eines Unternehmens multipliziert mit dem Börsenkurs der Aktie. Ein anderer Ausdruck hierfür lautet Marktkapitalisierung. Manchmal wird der Börsenwert nicht anhand aller Aktien eines Unternehmens berechnet, sondern nur anhand der im → Streubesitz befindlichen Aktien.

Briefkurs. Bezeichnet den Kurs, zu dem ein anderer Marktteilnehmer bereit ist, ein Wertpapier zu verkaufen, sprich: Als Anleger kann man zu diesem Kurs kaufen. Das Pendant zum Briefkurs ist der → Geldkurs. Der Briefkurs liegt über dem Geldkurs. Die Differenz aus Geld- und Briefkurs nennt man → Spread oder Geld-Brief-Spanne.

Buy-and-hold-Ansatz. Frei übersetzt bedeutet das „kaufen und liegen lassen". Man erwirbt also Wertpapiere und behält sie ohne weitere Anpassung im Portfolio.

Call. Deutsch: Kaufoption. Zählt zu den → Derivaten. Der Käufer bezahlt dem Verkäufer eine Prämie, den Optionspreis, für das Recht, den Basiswert, zum Beispiel eine → Aktie, innerhalb einer bestimmten Frist oder zu einem festgesetzten Zeitpunkt und zu einem vereinbarten Preis zu beziehen.

CFD. Contracts for Difference zählen zu den → Derivaten und sind Hebelprodukte. Der Wert errechnet sich (oft mit einem Multiplikator) aus der Differenz der Kurse des → Basiswerts zum Kauf- und zum späteren Betrachtungszeitpunkt. Handelskosten oder Geld-Brief-Spannen können sehr hoch sein.

Charttechnik. Eine Methode der Finanzanalyse, die Kursprognosen nicht anhand fundamentaler Wirtschaftsdaten erstellt, sondern anhand von Kursverläufen der Finanzmärkte und Wertpapiere.

Core-Satellite. Klassische Anlagestrategie, bei der das Portfolio aus einem Kern (Core) und einer Beimischung (Satellite) besteht. Dabei bildet der Kern eine meist dauerhafte Basis, die Beimischungen können dagegen flexibel eingesetzt werden.

Crowdinvesting. Finanzierungsform, bei der viele Investoren meist kleine Beträge für ein bestimmtes Projekt über eine Online-Plattform zur Verfügung stellen.

Dax. Abkürzung für Deutscher Aktienindex. Der Dax ist das bekannteste deutsche Aktienbarometer, das die nach → Börsenwert 40 größten Aktiengesellschaften enthält.

Derivate. Abgeleitete Finanzinstrumente, deren Wert von der Entwicklung eines oder mehrerer → Basiswerte, wie → Aktien oder → Anleihen, abhängt.

Diversifikation. Bezeichnet die Vermögensaufteilung auf viele verschiedene Anlageklassen und innerhalb dieser Anlageklassen auf verschiedene Einzelinvestments. Durch Streuung mindert sich der Portfolioverlust, falls eine Aktie oder Anleihe einer Firma einen Totalverlust erleidet. Außerdem erlaubt es Diversifikation auch, Risiken im Sinne von Wertschwankungen überproportional zu senken, siehe auch → Korrelation.

Dividende. Unternehmen schütten die Erträge, die sie während eines Geschäftsjahres erwirtschaften, zumeist nicht vollständig, aber oft in Teilen an ihre Aktionäre aus. Diese Auszahlung heißt Dividende. Je nach Aktientyp kann sie neben der Kursentwicklung ein wichtiger Teil der Wertentwicklung sein.

Dividendenrendite. Gibt den Anteil der Dividenden im Verhältnis zum aktuellen Kurs einer → Aktie, eines → Index oder eines → Fonds an (in Prozent). Es können dazu die Dividenden der vergangenen 12 Monate berücksichtigt werden oder die geschätzten Dividenden der kommenden 12 Monate.

Dividendenstrategie. Eine → Anlagestrategie, die vor allem auf → Aktien mit hoher → Dividendenrendite setzt. Weitere Auswahlkriterien wie stetig steigende → Dividenden können bei der Auswahl auch herangezogen werden.

Duration. Die modifizierte Duration zeigt an, um wie viel sich der Anleihekurs verändert, wenn es zu einer einprozentigen Zinssatzänderung kommt. Sie ist damit ein Maß für die Zinssensitivität von → Anleihen.

Einlagensicherung. Sie soll Kundengelder insbesondere auf Girokonten und in Fest- und Tagesgeldern absichern. In der EU müssen so bis zu 100 000 Euro pro Person und Konto im Falle einer Insolvenz der Bank gesetzlich abgesichert und zurückgezahlt werden. Sicherungsfonds sollen dies gewährleisten. Wenn diese nicht ausreichen, soll der Staat einspringen. Somit hängt die Qualität der Einlagensicherung auch von der Wirtschaftskraft des Landes ab, in welchem die Bank ihren Sitz hat.

Emerging Markets. Darunter versteht man Schwellenländer wie China, Indien, Brasilien & Co. Die Kurse schwanken meist mehr als an Börsen der Industrienationen, und die politischen Risiken gelten auch als höher.

Emittent. Das ist der Herausgeber von Wertpapieren, bei → Aktien sind es Unternehmen, bei →Anleihen staatliche Stellen oder Unternehmen.

ETC. Abkürzung für Exchange Traded Commodity, auf Deutsch: börsengehandelte Rohstoffe. Anders als → ETF handelt es sich nicht um → Sondervermögen, sondern um Schuldverschreibungen, also → Anleihen oder → Zertifikate.

ETF (Exchange Traded Fund). Deutsch: börsengehandelter → Fonds. Die meisten ETF bilden einen → Index ab und werden an einer Börse laufend gehandelt. Es gibt aber auch ETF, die aktiv gemangt werden. ETF sind eine Variante der Fonds und müssen die gleichen Fondsrichtlinien einhalten.

Fonds. Auch Investmentfonds. Ein Gemeinschaftsvermögen, das aus vielen verschiedenen Anlagen besteht und das strenger gesetzlicher Regulierung unterliegt. Zu unterscheiden sind → aktiv gemanagte Fonds, bei denen ein Fondsmanagement darüber entscheidet, wie das Gemeinschaftsvermögen zusammengesetzt wird, und → Indexfonds, die bestimmte Indizes (→ Index) passiv nachbilden.

Free Float. → Streubesitz.

Full Replication. Methode zur Indexabbildung, insbesondere bei → ETF. Deutsch: vollständige Abbildung eines →Index. Die im Index enthaltenen Wertpapiere werden gemäß ihres Anteils am Index gekauft.

Futures. Termingeschäfte, bei denen sich der Verkäufer vertraglich verpflichtet, einem Käufer zu einem bestimmten Zeitpunkt in der Zukunft Waren oder Vermögenswerte zu liefern. Der Käufer verpflichtet sich zur Abnahme und Zahlung.

Geldkurs. Kurs, zu dem ein Marktteilnehmer bereit ist, ein Wertpapier zu kaufen. Das Pendant ist der → Briefkurs. Der Geldkurs liegt unter dem Briefkurs. Die Differenz aus Geld- und Briefkurs nennt man → Spread oder Geld-Brief-Spanne.

Grauer Kapitalmarkt. Schwach regulierter Teil des Kapitalmarkts. Häufig mangelt es an Liquidität und Transparenz. Der Graue Kapitalmarkt unterliegt kaum einer gesetzlichen Überwachung.

Growth-Aktien. Aktien schnell wachsender Unternehmen, vor allem aus dem Technologiesektor.

Hebel-Papiere. Anlageprodukte, die die Wertentwicklung eines → Basiswertes gehebelt nachvollziehen. Die Gewinnchancen, aber auch die Verlustrisiken, die bis zum Totalverlust reichen, sind höher als beim entsprechenden Basiswert.

Hedgefonds. Im Gegensatz zu klassischen Investmentfonds sind Hedgefonds weniger stark reguliert.

Index. Hier: Bildet die Entwicklung eines bestimmten Wertpapiermarkts ab. In den Indexstand fließen die Kursentwicklungen aller im Index enthaltenen Wertpapiere entsprechend ihrer Gewichtung ein. Bei sogenannten Performance- oder Total-Return-Indizes fließen auch die Dividenden oder Zinsen ein. Es gibt eine Vielzahl von Indizes auf → Aktien, aber auch → Anleihen und Rohstoffe.

Indexfonds. → Fonds, der einen → Index nachbildet; zum Beispiel für Aktien, Anleihen oder Rohstoffe. Indexfonds verfolgen somit meist eine passive Anlagestrategie.

Isin. Abkürzung für International Securities Identification Number, die zwölfstellige internationale Wertpapierkennnummer. Anhand der Isin ist jedes Wertpapier und jeder ETF oder Fonds auf der Welt eindeutig gekennzeichnet. Man braucht sie, um ein Wertpapier kaufen oder verkaufen zu können.

Korrelation. Sie misst die gegenseitige Abhängigkeit zweier Variablen – zum Beispiel den Kursverlauf von → Aktien oder → Börsenindizes. Anlagen zu kombinieren, die wenig miteinander korrelieren, also deren Kurse sich nicht im Gleichschritt entwickeln, ist ein wichtiges Ziel der → Diversifikation.

Kryptowährungen. Rein digitale Zahlungsmittel. Bitcoin und Ether sind die bekanntesten. Das Zahlungssystem ist meist dezentral und nutzt Verschlüsselungsmethoden (Kryptografie). Der Preis digitaler Währungen schwankt extrem, sie sind kein Bargeldersatz.

Kurs-Gewinn-Verhältnis (KGV). Die bekannteste Kennzahl für die Bewertung von → Aktien. Das KGV wird errechnet, indem der aktuelle Börsenkurs durch den Gewinn je Aktie eines Unternehmens dividiert wird. Bei einem vergleichsweise niedrigen KGV spricht man auch von niedriger Bewertung.

Laufende Kosten. Eine Kennzahl aus der Fondswelt. Die laufenden Kosten sind gesetzlich definiert und umfassen unter anderem Kosten für das Portfoliomanagement und die Wirtschaftsprüfer, für Vertriebsprovisionen und die Wertpapierverwahrung. Bei Dachfonds umfassen sie auch die laufenden Kosten der jeweiligen im Dachfonds enthaltenen Einzelfonds.

Limit. Wertpapieraufträge zum Kauf oder Verkauf lassen sich mit einer Preisbegrenzung versehen. Man kann einen Kurs festlegen, bis zu dem man maximal noch bereit ist, einen Wert zu kaufen, oder für den man minimal noch bereit ist, einen Wert zu verkaufen.

Market Maker. Sogenannte Kursmakler, die an der Börse anderen Finanzmarktteilnehmern kontinuierlich als Kontrahenten dienen und für Kauf und Verkauf einen Preis für bestimmte Stückzahlen anbieten.

Marktkapitalisierung. Siehe → Börsenwert.

MDax. Der kleinere Bruder des → Dax, enthält die 50 deutschen Aktien mit dem höchsten Börsenwert unterhalb des Dax. Bis September 2021 waren es 60 Aktien.

Mid Caps. → Aktien mittelgroßer (gemessen an der → Marktkapitalisierung) börsennotierter Unternehmen.

Mittelstandsanleihen. Finanzierungsmöglichkeit für mittelständische Unternehmen. Im Gegensatz zu gewöhnlichen → Anleihen sind die Emissionsvolumen gering. Zielkunden sind vornehmlich Privatanleger.

Momentum-Strategie. Eine → Anlagestrategie, die davon ausgeht, dass → Aktien und andere Anlageformen einen einmal eingeschlagenen Trend eine Zeit lang beibehalten. Aktien, die in einem bestimmten Zeitraum am meisten gestiegen sind, werden gekauft und so lange gehalten, bis der Trend zu schwach wird.

NAV (Net Asset Value). Auf Deutsch: Nettoinventarwert (NIW). Bezeichnet bei → Fonds und → ETF den Wert aller enthaltenen Wertpapiere, → Derivate und Verpflichtungen, bewertet zu Marktpreisen.

Nominalzins/Realzins. Ersterer gibt an, wie viel → Zinsen man auf eine bestimmte Geldanlage, zum Beispiel ein Tagesgeldkonto, bekommt. Der Realzins drückt aus, wie hoch der Zins abzüglich der Inflationsrate ist. Wenn der Realzins negativ ist, also der Nominalzins unter der Inflationsrate liegt, nimmt die Kaufkraft des angelegten Geldes ab.

Option. Eine Option lässt dem Inhaber die Wahl, ob er die Option ausüben möchte oder nicht. Durch den Erwerb einer Option hat man daher zwar das Recht, aber nicht die Pflicht, zum Beispiel Aktien zu erwerben. Der Verkäufer der Option hingegen ist zur Lieferung verpflichtet. Siehe auch → Call und → Put.

Put. Das Pendant zum → Call. Ein Put wird auch Verkaufsoption genannt. Der Käufer des Puts hat das Recht, die Wertpapiere zu einem bestimmten Zeitpunkt oder während eines Zeitraums zu veräußern, und das zu einem vereinbarten Preis. Der Verkäufer des Puts muss die Wertpapiere dann annehmen und den vorher vereinbarten Preis zahlen.

Rendite. Gesamtertrag einer Geldanlage in einem bestimmten Zeitraum. In der Regel wird sie in Prozent pro Jahr angegeben. Bei der Berechnung der Rendite sollten auch → Zinsen, → Dividenden und → Ausschüttungen miteingerechnet werden.

Risikoprämie. Renditeaufschlag einer risikobehafteten Anlage im Vergleich zu risikolosen Zinsen. Am bekanntesten ist die Risikoprämie von → Aktien. Aktienrenditen liegen langfristig über dem Zinssatz von Staatsanleihen erstklassiger Schuldner, dafür weisen Aktien das Risiko starker Kursschwankungen auf – auch über längere Zeiträume können sie in der Verlustzone notieren.

Robo-Advisor. Portfolioverwalter, welcher die Ermittlung des Anlegerprofils online durchführt. Auch die weitere Geschäftsbeziehung erfolgt fast ausschließlich online. Ermittlung des Anlegerprofils und Portfolioverwaltung erfolgen standardisiert. Ein deutscher Ausdruck dafür ist auch „digitale Vermögensverwaltung".

SDax. Index aus der Dax-Familie, enthält seit September 2018 70 → Aktien von Unternehmen, die eine geringere → Marktkapitalisierung aufweisen als Aktien im → Dax und → MDax.

Sondervermögen. Fonds und → ETF stellen Sondervermögen (auch Investmentvermögen) dar. In Fonds angelegte Kundengelder werden vom Vermögen der Fondsgesellschaft getrennt bei der Depotbank des Fonds aufbewahrt. Somit existiert für den Anleger selbst im Fall der Pleite einer Kapitalverwaltungsgesellschaft kein Risiko, sein Geld an deren Gläubiger zu verlieren.

Spread (andere Bezeichnung: Geld-Brief-Spanne). Der Spread ist die Differenz zwischen niedrigerem Ankaufskurs (Geld) und höherem Verkaufskurs (Brief), zu denen ein Wertpapier an der Börse gehandelt werden kann. Eine große Geld-Brief-Spanne deutet auf geringe Liquidität im Markt hin. Hohe Spreads bedeuten auch hohe Handelskosten.

Stock-Picking. Aus dem Englischen, bedeutet gezielte Aktienauswahl. Stock-Picker versuchen → Aktien zu finden, von denen sie höhere → Renditen als am Gesamtmarkt erwarten. Bei der Aktienauswahl können verschiedene Strategien Anwendung finden.

Stoppkurs. Dient zur Absicherung von Kursgewinnen und Begrenzung von -verlusten. Verschiedene Spielarten von Stoppkursen können unterschieden werden. Beim Erreichen eines Stopps wird das Wertpapier grundsätzlich zum nächstmöglichen Kurs verkauft.

Streubesitz. Meint die am Markt mehr oder weniger frei verfügbaren → Aktien. Aktien von Großaktionären, die mehr als 5 Prozent am Aktienkapital halten, werden nicht berücksichtigt. Die meisten Aktienindizes (→ Index) gewichten die Aktien jeweils anhand der Anzahl an Aktien im Streubesitz (multipliziert mit dem Aktienkurs).

Strukturierte Produkte. Finanzprodukte, deren Wertentwicklung von einem oder mehreren → Basiswerten und verschiedenen Bedingungen abhängig ist. → Zertifikate zählen zu den bekanntesten strukturierten Produkten.

Synthetische Replikation. Methode zur Indexabbildung bei → ETF. Es handelt sich um die künstliche Nachbildung eines → Index: Die Entwicklung des Index wird erreicht, indem der ETF-Anbieter mit einem Swap-(Tausch-)Partner vereinbart, dass dieser dem ETF die Index-Performance schuldet, während der ETF andere Wertpapiere hält. Diese anderen Wertpapiere stehen aber umgekehrt dem Swap-Partner in dem Tauschgeschäft zu.

TecDax. Er enthält die gemessen am Börsenwert 30 größten deutschen Technologieaktien. Seit September 2018 können → Aktien, die im TecDax enthalten sind, gleichzeitig in einem der klassischen Indizes → Dax, → MDax oder → SDax enthalten sein. Der TecDax wurde dadurch zu einem klassischen Technologieindex.

Thesaurierung. → Fonds können laufende Erträge aus → Zinsen oder → Dividenden an ihre Anleger ausschütten oder sie im Fonds behalten und wieder anlegen (thesaurieren). Thesaurierung mehrt das Fondsvermögen zusätzlich zu reinen Kurssteigerungen der Werte im Fonds.

Timing. Der Versuch, günstige Kauf- und Verkaufszeitpunkte für → Aktien und andere Anlagen zu finden. Dadurch sollen höhere Erträge erzielt werden als mit einer → Buy-and-hold-Strategie.

Tracking-Differenz. Sie zeigt an, wie stark die Rendite eines → ETF vom zugrunde liegenden → Index abweicht. Sie wird im Nachhinein berechnet und ist normalerweise negativ, da bei der Indexnachbildung ETF-Kosten anfallen. Je geringer die Tracking-Differenz ausfällt und je weniger sie schwankt, desto besser.

Transaktionskosten. Gebühren, die für die Ausführung eines Wertpapiergeschäftes anfallen. Dies können Broker-, Bankgebühren, aber auch der → Spread sein.

Value-Strategie. Eine klassische → Anlagestrategie, die auf langfristige Renditevorteile unterbewerteter → Aktien gegenüber anderen Aktien setzt. Value-Aktien werden auch Substanzwerte genannt. Sie sind, gemessen an fundamentalen Kennzahlen wie → Kurs-Gewinn-Verhältnis (KGV) und → Dividendenrendite, günstig bewertet.

Verwaltungsvergütung. Vergütung, die eine Kapitalanlagegesellschaft für die Verwaltung und das Management eines → Fonds erhebt. Für passive Produkte liegt diese Gebühr üblicherweise deutlich unter der für aktiv gemanagte Produkte.

Volatilität. Begriff für die Schwankungsintensität eines Wertpapiers und damit auch für das Risiko der Anlage. Je höher die Volatilität, desto riskanter ist ein Investment.

Wertpapierdepot. Konto, das als Verwahrstelle für Wertpapiere dient. Es ist Voraussetzung, um Wertpapiere wie → Aktien oder → ETF kaufen zu können. Wie ein Girokonto auch, hat es eine bestimmte Nummer, die Depotnummer.

Xetra. Die vollelektronische Handelsplattform der Deutschen Börse in Frankfurt ist der Hauptumschlagplatz für deutsche → Aktien, → ETF und viele andere Wertpapiere in Deutschland.

Zertifikat. Dies ist eine Schuldverschreibung, also eine (exotische) → Anleihe eines Emittenten. Der Anleger erwirbt mit dem Zertifikat das Recht auf Rückzahlung der Anleihe. Aber die Höhe der Rückzahlung ist abhängig von den Konditionen des Zertifikats und der jeweiligen Marktentwicklung. Es gibt viele unterschiedliche Arten von Zertifikaten, zum Beispiel Index-, Bonus-, Discount-, Express- oder Garantiezertifikate.

Zinsen. Vom Schuldner zu entrichtende Entlohnung des Gläubigers für die Überlassung von Kapital. Bei → Anleihen wird die Zinshöhe in der Regel im Voraus für eine bestimmte Laufzeit festgeschrieben.

Zinseszinseffekt. Erhält ein Anleger auf investiertes Geld eine Zinszahlung, die der Sparsumme wieder hinzugefügt wird, wird diese Zinszahlung beim nächsten Zahlungstermin mitverzinst. Dadurch mehrt sich das Geld nicht linear, sondern exponentiell – also mit der Zeit immer stärker.

Die günstigsten Depotanbieter auf einen Blick

Mittleres Depot (50 000 Euro), 13 Positionen: acht Aktien zu je 2 500 Euro und fünf ETF zu je 6 000 Euro. Wir führten drei Aktienverkäufe und -käufe zu je 2 500 Euro sowie drei Verkäufe und drei Käufe von ETF zu je 6 000 Euro durch. Drei Transaktionen pro Quartal.

Anbieter	Depotname	Bundesweit	Gesamtkosten pro Jahr (Euro)
Filialdepots			
Santander Consumer Bank	Wertpapierdepot	■	251
Leipziger Volksbank	Onlinedepot mit Beratung	☐	304
Targobank	Klassik-Depot	■	443
GLS Bank	Depot	■	473 [1]
Hamburger Sparkasse	Klassikdepot	☐	480
Postbank	Depot	■	503
Volksbank Köln Bonn	VobaDepot Klassik	☐	536
Degussa Bank	Beratungsdepot	■	540
BBBank	Depot	■	569
Deutsche Apotheker- und Ärztebank	Apoklassik Depot	■	584
Internetdepots			
Smartbroker	Depot [2]	■	48
Onvista Bank	Festpreis-Depot	■	84
Flatex	Depot [3]	■	91
Santander Consumer Bank	Wertpapierdepot	■	119
DKB	DKB-Broker	■	120
BBBank	Depot	■	149
Geno Broker	Online Basis Modell [4]	■	150
Deutsche Bank Maxblue	Depot	■	167
Targobank	Direkt-Depot / Klassik-Depot	■	167
Berliner Volksbank	Depot Aktiv	☐	186
Commerzbank	Direktdepot	■	186
Frankfurter Volksbank	FVB DepotDirekt	☐	186
NIBC Direct	EinfachInvestDepot	■	186

1) Inklusive GLS Beitrag von 60 Euro. 2) Ab einer Cashquote von 15 Prozent fällt ein Negativzins von 0,5 Prozent auf Guthaben an, das den 15 Prozent-Anteil übersteigt. 3) Es wird ein Negativzins von 0,5 Prozent auf Guthaben auf dem Verrechnungskonto erhoben. 4) Eröffnung nur für Girokonto-Inhaber einer genossenschaftlichen Bank möglich.

■ = Ja
☐ = Nein

Stand: 1. Oktober 2021

Diese ETF sind 1. Wahl

Die Tabelle zeigt eine Auswahl marktbreiter ETF für die wichtigste Fondsgruppe Aktien Welt (mit oder ohne Schwellenländer). Zusätzlich werden marktähnliche Welt-ETF aufgeführt, die bei der Aktienauswahl die strengsten Nachhaltigkeitskriterien

Nachgebildeter Index	Anbieter	
Aktien-ETF Welt		
MSCI World	HSBC	Ⓐ
	Lyxor	Ⓐ 5)
	Invesco	Ⓣ 5)
	iShares	Ⓣ
	Xtrackers	Ⓣ
	UBS	Ⓐ
	Amundi	Ⓣ 5)
FTSE Developed	Vanguard	Ⓐ
Aktien-ETF Welt inklusive Schwellenländer (Gewicht der Schwellenländer jeweils circa 12 Prozent)		
FTSE All-World	Vanguard	Ⓐ
MSCI All Country World (ACWI)	Lyxor	Ⓣ 5)
	SPDR	Ⓣ
	iShares	Ⓣ
MSCI ACWI Investable Market (IMI)	SPDR	Ⓣ
Aktien-ETF Welt, welche Nachhaltigkeitskriterien berücksichtigen (Nachhaltigkeit: Mittel)		
MSCI World SRI S-Series 5% Capped	BNP Easy	Ⓣ 6)
MSCI World SRI Low Carbon Select 5% Issuer Capped	UBS	Ⓐ 7)
MSCI World Select ESG Rating and Trend Leaders	Lyxor	Ⓣ 8)
MSCI World SRI Filtered ex Fossil Fuels	Amundi	Ⓣ 7) 8)
MSCI World SRI Select Reduced Fossil Fuels	iShares	Ⓣ 6) 8)

Fußnoten und Erläuterungen siehe Tabellenfuß auf Seite 184 (nächste Doppelseite) und 186 (übernächste Doppelseite).

Stiftung Warentest | Hilfe

berücksichtigen. Es folgt eine Auswahl von Schwellenländer- und Small-Cap-ETF, welche sinnvolle Beimischungen darstellen. Auch hier sind Varianten mit nachhaltiger Aktienauswahl im Angebot.

Risiko-klasse [1]	Isin	Max. Verlust (%) [2]	Rendite [3]		Kosten (% p. a.)
			5 Jahre	1 Jahr	
7	IE 00B 4X9 L53 3	-20	13,2	30,6	0,15
7	FR 001 031 577 0	-20	13,1	30,4	0,30
7	IE 00B 60S X39 4	-20	13,0	30,4	0,19
7	IE 00B 4L5 Y98 3	-20	13,0	30,4	0,20
7	IE 00B J0K DQ9 2	-20	13,0	30,3	0,19
7	IE 00B 7KQ 7B6 6	-20	13,0	30,1	0,30
7	LU 168 104 359 9	-20	12,9	30,2	0,38
7	IE 00B KX5 5T5 8	-20	12,9	30,1	0,12
7	IE 00B 3RB WM2 5	-20	12,3	28,8	0,22
7	LU 182 922 021 6	-20	12,3	28,7	0,45
7	IE 00B 44Z 5B4 8	-20	12,2	28,7	0,40
7	IE 00B 6R5 225 9	-20	12,1	28,9	0,20
7	IE 00B 3YL TY6 6	-21	11,8	29,8	0,40
7	LU 129 110 864 2	-16	13,9	27,7	0,25
7	LU 062 945 974 3	-17	13,7	29,0	0,22
-	LU 179 211 777 9	-	-	31,1	0,18
-	LU 186 113 438 2	-	-	28,5	0,18
-	IE 00B YX2 JD6 9	-	-	27,8	0,20

Nachgebildeter Index	Anbieter	
Aktien-ETF Schwellenländer		
MSCI EM Investable Market (IMI)	iShares	Ⓣ
MSCI Emerging Markets (EM)	SPDR	Ⓣ
	Amundi	Ⓣ 5)
	UBS	Ⓐ
	HSBC	Ⓐ
	iShares	Ⓣ
	Invesco	Ⓣ 5)
	Xtrackers	Ⓣ 5)
	Lyxor	Ⓣ 5)
	Deka	Ⓣ 5)
FTSE Emerging	Vanguard	Ⓐ
Aktien-ETF Schwellenländer, welche Nachhaltigkeitskriterien berücksichtigen (Nachhaltigkeit: Mittel)		
MSCI EM SRI Select Reduced Fossil Fuels	iShares	Ⓣ 6)
MSCI EM SRI Low Carbon Select 5% Issuer Capped	UBS	Ⓣ 7)
MSCI EM SRI Filtered ex Fossil Fuels	Amundi	Ⓐ 8)
Aktien-ETF Small Caps Welt		
MSCI World Small Cap	SPDR	Ⓣ
Aktien-ETF Small Caps Welt, welche Nachhaltigkeitskriterien berücksichtigen (Nachhaltigkeit: noch nicht überprüft)		
MSCI World Small Cap SRI Low Carbon Select 5% Issuer Capped	UBS	Ⓣ 8) 9)

Dargestellt werden alle marktbreiten ETF, die über eine fünfjährige Kurshistorie ohne Strategiewechsel verfügen und über 50 Millionen Euro groß sind. Nachhaltige ETF können jünger oder kleiner sein. Pro Anbieter und und Index wird jeweils nur ein ETF dargestellt. Reihenfolge nach Rendite fünf Jahre, ein Jahr und nach Kosten.

Weitere Fußnoten und Erläuterungen siehe Tabellenfuß auf Seite 186 (nächste Doppelseite).

Stiftung Warentest | Hilfe

Risiko-klasse[1]	Isin	Max. Verlust (%)[2]	Rendite[3] 5 Jahre	Rendite[3] 1 Jahr	Kosten (% p.a.)
8	IE 00B KM4 GZ6 6	-23	8,5	22,2	0,18
8	IE 00B 469 F81 6	-22	8,2	19,6	0,42
8	LU 168 104 537 0	-22	8,1	19,1	0,20
8	LU 048 013 287 6	-22	8,1	18,7	0,23
8	IE 00B 5SS QT1 6	-22	8,0	18,7	0,15
8	IE 00B 4L5 YC1 8	-22	7,9	19,5	0,18
8	IE 00B 3DW VS8 8	-22	7,9	19,1	0,19
8	LU 029 210 764 5	-22	7,9	18,9	0,49
8	FR 001 042 906 8	-22	7,8	18,9	0,55
8	DE 000 ETF L34 2	-22	7,3	18,4	0,65
8	IE 00B 3VV MM8 4	-22	8,0	19,1	0,22
9	IE 00B YVJ RP7 8	-27	9,1	30,7	0,25
9	LU 104 831 389 1	-27	7,1	28,0	0,27
-	LU 186 113 896 1	-	-	29,6	0,25
8	IE 00B CBJ G56 0	-28	11,3	41,3	0,45
4	IE 00B KSC BX7 4	-	-	-	0,23

Anlagestrategien mit ETF nachbilden

Die Tabelle enthält ETF, welche Indizes mit speziellen Anlagestrategien abbilden. Die Auswahl umfasst ETF der Fondsgruppe Aktien Welt. Aufgrund der breiten Streuung verringern sie das Risiko im Vergleich zu Länderindizes. In den letzten fünf Jahren lief die Momentum-Strategie sehr gut. Quality lief teilweise einen Deut besser

Nachgebildeter Index	Anbieter	
Momentum		
MSCI World Momentum	iShares	T
Fundamental		
FTSE Rafi All World 3000	Invesco	A 9)
Quality		
MSCI World Sector Neutral Quality	iShares	T
SG Global Quality Income	Lyxor	A 5) 10)
Multi-Faktor		
MSCI World Diversified Multiple-Factor	iShares	T
GS Equity Factor Index World	Invesco	T 5)
Value		
MSCI World Enhanced Value	iShares	T
Dividenden		
FTSE All-World High Dividend Yield	Vanguard	A
Morningstar Dev. Markets Large Cap Dividend Leaders	VanEck	A
Stoxx Global Select Dividend 100	Xtrackers	A 5)
	iShares	A
Nasdaq Global High Equity Income	First Trust	T 9)

T = Thesaurierender Fonds. Die laufenden Erträge bleiben im Fondsvermögen.
A = Ausschüttender Fonds. Teilthesaurierungen sind möglich.

Stiftung Warentest | Hilfe

als der Markt. Die restlichen Strategien liefen schlechter bis erheblich schlechter als der Markt. Da Faktoren über sehr viel längere Zeiträume wirken sollen, ist die Wertentwicklung der letzen 5 Jahre eventuell kein passendes Auswahlkriterium.

Risiko-klasse[1]	Isin	Max. Verlust (%)[2]	Rendite[3]		Kosten (% p.a.)
			5 Jahre	1 Jahr	
7	IE 00B P3Q Z82 5	-16	16,5	20,8	0,30
8	IE 00B 23L NQ0 2	-25	9,3	38,1	0,39
7	IE 00B P3Q Z60 1	-18	13,2	28,2	0,30
7	LU 083 243 651 2	-20	3,6	15,5	0,45
7	IE 00B Z0P KT8 3	-21	10,4	28,3	0,50
7	IE 00B FG1 RG6 1	-22	9,9	27,5	0,55
9	IE 00B P3Q ZB5 9	-25	7,1	37,6	0,30
8	IE 00B 8GK DB1 0	-25	7,1	31,3	0,29
8	NL 001 168 359 4	-26	6,2	30,6	0,38
8	LU 029 209 618 6	-27	5,8	36,6	0,50
8	DE 000 A0F 5UH 1	-27	5,5	36,1	0,46
8	IE 00B YTH 612 1	-26	4,4	26,8	0,60

1) Je höher die Risikoklasse, desto riskanter der ETF. 2) Der maximale Verlust gibt an, wie stark ein Fonds in den vergangenen fünf Jahren unter einen zuvor erreichten Höchststand gefallen ist. Berechnung auf Basis von Monatsendwerten. 3) Die Rendite wird in Euro unter Berücksichtigung aller Ausschüttungen sowie der internen Fondskosten berechnet. Grundlage sind die offiziellen Nettoinventarwerte. 4) Laufende Kosten laut „Wesentlichen Anlegerinformationen" (KIID). 5) Bildet den Index synthetisch nach (Swap-ETF). 6) Berücksichtigt seit 2019 geänderte Nachhaltigkeitskriterien. 7) Berücksichtigt seit 2020 geänderte Nachhaltigkeitskriterien. 8) Keine Angabe von Kennzahlen über fünf Jahre möglich, da der Fonds zu jung ist. 9) Das Fondsvolumen liegt unter 50 Mio. Euro. 10) Bildet hauseigenen Index ab.

Quellen: FWW, Refinitiv, eigene Erhebungen und Berechnungen

Stand: 30. September 2021

Stichwortverzeichnis

A

Abgeltungsteuer 154, 159
Abwärtstrend 65
Aktien 13, 14, 17, 19, 23, 25, 27, 29, 60, 69, 91, 96, 109
Aktienanalyse 61, 63
-, charttechnische 63, 89, 152
-, fundamentale 61
- qualitiative 61
-, quantitative 61
Aktienanleihen 92, 95, 108
Alternative Investmentfonds
 siehe Geschlossene Fonds
Anlagehorizont 15
Anlageklassen 11
Anlagestrategie 164, 171
Anleihe 24, 91, 107, 109
Aufgeld 102
Aufwärtstrend 65
Ausgabeaufschlag 30
Auslandsfonds, thesaurierende 157

B

Basisinformationsblatt 92
Basiswert 91, 98
Behavioral Finance 35, 165
Bezugsverhältnis 99
Bitcoin 121, 159
Bloomberg Commodity Index 87
Bonuszertifikate 96
Börse 22, 24, 33, 144, 146
-, Handelszeiten 147
-, Gebühren 147
Börsenkrisen 33, 47, 69
Börsenplatz 146
Börsenwert 51, 52
Börsenzyklus 34

Briefkurs 145
Buffett, Warren 163
Bundesanleihen 24
Bundeswertpapiere 26
Buy and hold 166

C

Call 90, 98, 99, 100, 109
Cap 94
Chance-Risiko-Verhältnis 34, 51, 57, 162
Chartanalyse 63, 89, 152
Commodities 86, 87
Contracts for Difference (CFD) 116
Crowdinvesting 125

D

Dax 9, 14, 32, 39, 41, 67, 70, 73, 76, 83, 95, 106, 117, 153
Delta 100
Depotanbieter 3, 181
Depotwechsel 139
Depotwert 153
Derivate 93
Devisenkurs 88
Direct Listing 36
Direktbank 136
Discountzertifikate 92, 94, 95, 108
Diversifikation 13, 42, 51, 57, 69, 142, 162
Dividende 13, 30, 34, 38, 77, 94, 103
- Dividendenaristokraten 77
- Dividenden-ETF 78
- Dividendenrendite 34, 62, 75, 76
- Dividendenstrategie 76
Dow Jones 64

E

Edelmetalle 23, 86, 87
Einlagensicherung 12, 89
Einmalanlage 45, 143, 149
Einzelwertrisiko 31
Emittent 25
Emittentenrisiko 91
Entnahmeplan 46
ESG 48
ETC 86
ETF 39, 40, 83, 138
ETF, 1. Wahl 182, 183
ETF-Sparpläne 137
Ethereum 121
EuroStoxx 50 39, 41, 73
Expresszertifikate 92, 97, 109

F

Faktor-ETF 106
Faktorzertifikate 104, 106, 109
Fama, Eugene 69, 76
Filialbank 136
Fixkosten 138
Fonds, geschlossene 37, 129, 159
Fonds, offene 37
Fondsdepotbanken 137
Fondsfamilien 50
Fondskategorien 37, 38
Fondsvermittler 137
Fremdwährungsanlagen 88
Fremdwährungsanleihen 89
French Kenneth 69, 76
Frühindikatoren 32
Future 87, 107, 117

G

Garantiezertifikate 92
Geldkurs 145

Geldwertanlagen 22
Genossenschaftsanteile 132
Genussrechte 133
Geschlossene Fonds 37, 129, 159
Gleitender Durchschnitt 66, 68
Gold-ETC 88
Graumarkthaie 166
Growth 73, 74
Günstigerprüfung 155

H

Hackethal, Andreas 162
Handelsüberwachungsstelle 146
Heavytrader 138
Hebel 93, 100, 101, 102, 104, 105, 149
- Hebel, theoretischer 100, 101
- Hebeleffekt 100
- Hebel-ETF 104, 106, 109
- Hebelpapiere 90, 91, 98, 116, 171
Home Bias 163
Hypothekenpfandbriefe 26

I & J

Immobilien 23
Inflation 10, 22, 23, 27
Inhaberschuldverschreibung 92
-, börsengehandelte 159
Initial Public Offering (IPO) 36
Investitionszyklus 87
Investmentfonds 37
Junk-Bonds 27

K

Kassamarktpreis 87
Kickbacks 143
Knock-outs 93, 101, 104, 105, 109
Knock-out-Schwelle 105

Konjunkturindikatoren 33
Konjunkturzyklus 54
Kosten 169
- ETF 41
- Fonds 38
Kryptowährungen 119
Kurs-Buchwert-Verhältnis (KBV) 62, 751
Kurs-Gewinn-Verhältnis (KGV) 52, 61, 75
Kursverlust 170

L

Länderrotation 54
Langfristperspektive 164
Large Caps 71
Laufende Kosten 38, 41
Laufzeit 98
Leverage siehe Hebel, theoretischer
Leveraged ETF siehe Hebel-ETF
Limit 145, 147, 148
Liquidität 19
Long siehe Knock-Outs

M

Marge siehe Sicherheitsleistung
Marginkonto 105
Market Cap siehe Marktkapitalisierung
Markowitz, Harry Max 13, 51
Marktkapitalisierung 51
Marktrendite 25
Marktrisiko 31, 91
MDax 32, 70, 71, 72
Megatrends 55
Meme-Aktien 110
Meyer, Steffen 162
Micro Caps 71
Mid Caps 71
Mini-Futures siehe Knock-Outs
Mittelstandsanleihen 27
Momentum-Strategie 79, 80, 82

MSCI All Country World 44
MSCI Europe 45
MSCI Europe Mid Cap 72
MSCI Europe Small Cap 72
MSCI World 14, 39, 44, 46, 50, 52, 83, 162
MSCI World Growth 73
MSCI World Momentum 83
MSCI World Value 73
MSCI All Country World 52

N

Nachhaltig anlegen 19, 48, 142
Nachrangdarlehen 133
Nachschusspflicht 117, 132
Nebenwerte 71
Nennwert 144
Neobroker 138
Nichtveranlagungsbescheinigung 155, 158
Nominalbetrag siehe Nennwert
Notreserve 17

O & P

Obligation 24
Onlinebroker 136
Onlinedepot 140
Optionen 92, 95, 98, 101, 107; 16
Ordernebenkosten 139
Pantoffel-Portfolio 42, 49, 150, 163
Präsenzbörse 147
Primärtrend 6
Put-Optionsscheine 90, 93, 98, 101, 109, 152

R

Rebalancing 149, 171
Relative Stärke 68, 79, 80
Rendite 19, 29, 40, 48, 88
-, reale 10
Rendite-Risiko-Verhältnis 14

Rente 27
Rentenwert 24
Restlaufzeit 103
Risiko 12, 19, 31, 88, 100, 152, 162
Risikoprämie 15, 34
Risikotragfähigkeit 28, 42, 43, 142, 171
Robo-Advisor 141
Rogers International Commodity Index 88
Rohstoffe 23, 86, 91, 117

S

S&P 500 14, 117
Sachwertanlagen 22
Schuldverschreibung 24, 26
Schwankungsbreite Volatilität, 153
Schwellenrisiko 96
Schwellenwert 150
SDax 71, 72
Seitwärtstrend 65
Sektorrotation 54, 55
Sekundärtrend 64
Short siehe Knock-Outs
Short-ETF 109
Shortselling 93
Sicherheitsleistung 117
Small Caps 70
Social Trading 110
Socially Responsible Investing (SRI) 48
Soft-Commodities 86
Sparerpauschbetrag 155
Sparplan 45, 143, 149, 151
Special Purpose Acquisition Companies (SPAC) 36
Stillhalter 101
Stoppkurse 145, 149, 151, 166, 168
Stoxx Europe 600 45
Stoxx Europe Small 200 72
Stoxx Global Select Dividend 100 78
Strukturierte Produkte siehe Zertifikate
Stufenzinsanleihen 92

T

Technische Analyse siehe Chartanalyse
Terminbörse 101, 103, 106, 137, 15
Tertiärtrend 64
Timing 165
Trailing Stop 151
Turbo siehe Knock-Outs

U & V

Unternehmensanleihen 26
Value 69, 73, 75
VDax 95
Verluststeuerbescheinigung 156
Verlustverrechnung 156
Volatilität 92, 95, 96, 103, 107, 108, 153
Vorabpauschale 158

W

Währungen 88, 117
Währungskonto 89
Wallet 122
Wave siehe Knock-Outs
Wert, Innerer 101, 102

X

X-Dax 106
Xetra 147, 148
Xetra-Gold 88

Z

Zeitwert 102
Zertifikat 91, 95, 107, 167
Zinsanlagen 10, 13, 17
Zinsdifferenzen 88
Zinseszinseffekt 15, 45
Zinskupon 89, 95, 96, 97, 108

Die Stiftung Warentest wurde 1964 auf Beschluss des Deutschen Bundestages gegründet, um dem Verbraucher durch vergleichende Tests von Waren und Dienstleistungen eine unabhängige und objektive Unterstützung zu bieten.

Wir kaufen – anonym im Handel, nehmen Dienstleistungen verdeckt in Anspruch.

Wir testen – mit wissenschaftlichen Methoden in unabhängigen Instituten nach unseren Vorgaben.

Wir bewerten – von sehr gut bis mangelhaft, ausschließlich auf Basis der objektivierten Untersuchungsergebnisse.

Wir veröffentlichen – anzeigenfrei in unseren Büchern, den Zeitschriften test und Finanztest und im Internet unter www.test.de

Die Autoren: Antonie Klotz, Hans G. Linder und Brigitte Wallstabe-Watermann sind freie Journalisten. Sie sind auf Anlegerthemen spezialisiert und arbeiten für namhafte Print- und Online-Medien. Für die Stiftung Warentest haben sie unter anderem die Bücher „Anlegen mit ETF" und „Die Finanztest-Strategie" geschrieben.

© 2022 Stiftung Warentest, Berlin

Stiftung Warentest
Lützowplatz 11–13
10785 Berlin
Telefon 0 30/26 31–0
Fax 0 30/26 31–25 25
www.test.de
email@stiftung-warentest.de

USt-IdNr.: DE136725570

Vorstand: Hubertus Primus
Weitere Mitglieder der Geschäftsleitung:
Dr. Holger Brackemann, Julia Bönisch, Daniel Gläser

Alle veröffentlichten Beiträge sind urheberrechtlich geschützt. Die Reproduktion – ganz oder in Teilen – bedarf ungeachtet des Mediums der vorherigen schriftlichen Zustimmung des Verlags. Alle übrigen Rechte bleiben vorbehalten.

Programmleitung: Niclas Dewitz

Projektleitung/Lektorat: Philipp Sperrle
Mitarbeit: Merit Niemeitz
Korrektorat: Christoph Nettersheim, Nürnberg
Fachliche Unterstützung: Roland Aulitzky, Karin Baur, Renate Daum, Marieke Einbrodt, Simeon Gentscheff, Yann Stoffel
Titelentwurf: Josephine Rank, Berlin
Layout: Büro Brendel, Berlin
Grafik: Sylvia Heisler, Christian Königsmann
Infografiken/Diagramme: Michael Römer, Berlin (S. 15, 23, 26, 31, 34, 54, 64, 65, 66, 68, 72, 83, 99, 120, 126, 159, 169); Finanztest/René Reichelt (S. 46/47, 104, 123)
Bildredaktion: Sylvia Heisler
Bildnachweis: Getty Images/Caroline Fink (Titel); Fotolia (S. 3); istock (S. 2, 20, 25, 117, 134); shutterstock (S. 3); Avenue Images (S. 8, 58, 84, 112); Gettyimages (S. 160)

Produktion: Christian Königsmann
Verlagsherstellung: Rita Brosius (Ltg.), Romy Alig, Susanne Beeh
Litho: tiff.any, Berlin
Druck: Fromm + Rasch GmbH & Co. KG., Osnabrück

ISBN: 978–3–7471–0351–7

Wir haben für dieses Buch 100 % Recyclingpapier und mineralölfreie Druckfarben verwendet. Stiftung Warentest druckt ausschließlich in Deutschland, weil hier hohe Umweltstandards gelten und kurze Transportwege für geringe CO_2-Emissionen sorgen. Auch die Weiterverarbeitung erfolgt ausschließlich in Deutschland.